6

NVOY

iés.

Roy.

M. Batteries et Canons des Francois

N. Partie de l'armée du Roy qui passa le Main pres Seeligenstatt et vint se ranger en bataille pres Dettingen.

O. Gros detachement francois qui prit l'aile droite des Anglois en flanc par le bois.

P. Troupes francoises lesquelles prirent l'aile gauche des Alliés en flanc.

Q. Camp des troupes du Roy apres la bataille.

R. Camp des alliés apres la bataille.

S. Bois appelé Hanenkam.

HANS-BERND SPIES – HELMUT WINTER (Hrsg.)

DIE SCHLACHT BEI DETTINGEN 1743

Für Ritter Tonio mit
[illegible] [illegible]
vom Verfassenden
[illegible]
5. im Lenzmond a. U. 134

**Veröffentlichungen des**
**Geschichts- und Kunstvereins Aschaffenburg e.V.**

38

Herausgegeben
von
Hans-Bernd Spies

HANS-BERND SPIES – HELMUT WINTER (Hrsg.)

# Die Schlacht bei Dettingen 1743

ASCHAFFENBURG 1993
Geschichts- und Kunstverein Aschaffenburg e.V.

HANS-BERND SPIES – HELMUT WINTER (Hrsg.)

# Die Schlacht bei Dettingen 1743

## Beiträge zum 250. Jahrestag

ASCHAFFENBURG 1993
Geschichts- und Kunstverein Aschaffenburg e.V.

GESCHICHTS- UND KUNSTVEREIN ASCHAFFENBURG E.V.
Schönborner Hof · Wermbachstraße 15 · D-8750 Aschaffenburg

Gedruckt mit finanzieller Unterstützung

des Bezirks Unterfranken,
des Landkreises Aschaffenburg
sowie
der Gemeinde Karlstein

ISBN 3-87965-061-6
ISSN 0433-843 X



GESAMTHERSTELLUNG

VERLAGSDRUCKEREI SCHMIDT GMBH
8530 NEUSTADT A. D. AISCH

# Inhalt


Vorwort der Herausgeber . . . . . . . . . . . . . . . . . . . . 7

Peter Claus Hartmann, Die politische und militärische Lage in Europa um 1743 . . . . . . . . . . . . . . . . . . . . . . 9

Jakob Jung, Darstellung der Schlacht bei Dettingen . . . . . . . . . 22

Werner Loibl, Die Schlacht bei Dettingen nach mainzischen Zeitzeugen . . . 86

Martin Goes, Über Verwundete und Kranke im Zusammenhang mit der Schlacht bei Dettingen . . . . . . . . . . . . . . . . . . . . 112

Hans-Bernd Spies, Die doppelte Datierung der Schlacht bei Dettingen . . . 127

Hans-Bernd Spies, Britische Soldaten und die Zivilbevölkerung im Umfeld der Schlacht bei Dettingen . . . . . . . . . . . . . . . . 134

Konrad Schneider, Medaillen auf die Schlacht bei Dettingen . . . . . . . 145

Hans-Bernd Spies, Friedrich der Große und die Schlacht bei Dettingen . . . 157

Edmund Löffler, Das „Dettinger Te Deum" und seine Entstehung . . . . 177

Jürgen Weiß, Monumentale Wirkung trotz sparsamer Mittel. Anmerkungen zu Händels „Dettinger Te Deum" unter besonderer Berücksichtigung des Schlußteiles . . . . . . . . . . . . . . . . . . . . 182

Hugo Bergmann, Das „Dettinger Anthem" . . . . . . . . . . . . . 203

Helmut Winter, Abbildungen und Pläne der Schlacht bei Dettingen. Ergänzung der Dettingen-Bibliographie Gustav Stadelmanns . . . . . . . . 209

Erhard Bus, Anmerkungen zur inhaltlichen Konzeption des Ausstellungsraumes „Die Schlacht bei Dettingen 1743" im Heimatmuseum Karlstein . . . 237

Abbildungsverzeichnis . . . . . . . . . . . . . . . . . . . . 245

Register . . . . . . . . . . . . . . . . . . . . . . . . . 247

## Mitarbeiterverzeichnis

Hugo Bergmann, Eichenweg 4, 8759 Hösbach

Erhard Bus, Terra Incognita – Institut für kulturgeschichtliche Medien e.V., Nordendstr. 65, 6000 Frankfurt am Main 1

Dr. med. Martin Goes, Backoffenstr. 3, 8750 Aschaffenburg

Prof. Dr. phil. Peter Claus Hartmann, Johannes Gutenberg-Universität Mainz, Fachbereich Geschichtswissenschaft, Historisches Seminar, Abt. I: Allgemeine und Neuere Geschichte, Saarstr. 21, 6500 Mainz

Jakob Jung, Markt Mömbris, Archiv, Schimborner Str. 6, 8752 Mömbris

Dr. phil. Edmund Löffler, Luitpoldstr. 14, 8757 Karlstein

Werner Loibl, Spessart Museum, Schloßplatz 1, 8770 Lohr

Dr. phil. Konrad Schneider, Königsteiner Str. 59, 6230 Frankfurt am Main 80

Dr. phil. Hans-Bernd Spies, M.A., Neubaustr. 27, 8752 Mainaschaff

Jürgen Weiß, Alzenauer Str. 3, 8757 Karlstein

Helmut Winter, Vinzenz-Rüfner-Str. 5, 8757 Karlstein

# Vorwort der Herausgeber

„Die sich des Vergangenen nicht erinnern,
sind dazu verurteilt, es noch einmal zu erleben."
George Santayana (1863-1952)

Der Anlaß für diesen Sammelband ist der 250. Jahrestag der Schlacht bei Dettingen. Dieses kriegerische Ereignis hat – die „Bibliographie der Schlacht bei Dettingen" von Gustav Stadelmann belegt es – eine Publikations-Lawine ausgelöst, so daß die Frage nach dem Sinn weiterer Veröffentlichungen durchaus berechtigt ist.

Auch für Johann Wolfgang von Goethe (1749-1832) gehörte die Schlacht bei Dettingen wie der ganze Österreichische Erbfolgekrieg, der im Jahr vor seiner Geburt durch den Aachener Frieden beendet worden war, zu den Ereignissen, die ihm als Kind immer wieder erzählt wurden. Darüber schrieb er im ersten Teil von „Dichtung und Wahrheit":

> „Mit vieler Begierde vernahm der Knabe sodann, was ihm die Seinigen sowie ältere Verwandte und Bekannte gern erzählten und wiederholten, die Geschichten der zuletzt kurz aufeinander gefolgten Krönungen: denn es war kein Frankfurter von einem gewissen Alter, der nicht diese beiden Ereignisse und was sie begleitete, für den Gipfel seines Lebens gehalten hätte. So prächtig die Krönung Karls des Siebenten gewesen war, bei welcher besonders der französische Gesandte, mit Kosten und Geschmack, herrliche Feste gegeben, so war doch die Folge für den guten Kaiser desto trauriger, der seine Residenz München nicht behaupten konnte und gewissermaßen die Gastfreiheit seiner Reichsstädter anflehen mußte.
>
> War die Krönung Franz des Ersten nicht so auffallend prächtig wie jene, so wurde sie doch durch die Gegenwart der Kaiserin Maria Theresia verherrlicht, deren Schönheit ebenso einen großen Eindruck auf die Männer scheint gemacht zu haben als die ernste würdige Gestalt und die blauen Augen Karls des Siebenten auf die Frauen. Wenigstens wetteiferten beide Geschlechter, dem aufhorchenden Knaben einen höchst vorteilhaften Begriff von jenen beiden Personen beizubringen. Alle diese Beschreibungen und Erzählungen geschahen mit heitrem und beruhigtem Gemüt: denn der Aachner Friede hatte für den Augenblick aller Fehde ein Ende gemacht, und wie von jenen Feierlichkeiten, so sprach man mit Behaglichkeit von den vorübergegangenen Kriegszügen, von der Schlacht bei Dettingen, und was die merkwürdigsten Begebenheiten der

verflossenen Jahre mehr sein mochten; und alles Bedeutende und Gefährliche schien, wie es nach einem abgeschlossenen Frieden zu gehen pflegt, sich nur ereignet zu haben, um glücklichen und sorgenfreien Menschen zur Unterhaltung zu dienen."

Wurden Goethe die Ereignisse aus dem Österreichischen Erbfolgekrieg als unterhaltsame Erzählungen vermittelt, so dient heute die Beschäftigung mit der Geschichte eher dazu, im Verstehen der Vergangenheit einen möglichen Schlüssel zur besseren Zukunftsbewältigung zu finden. Unter dieser Prämisse ist es Absicht dieses Sammelbandes, Gründe, Rahmenbedingungen und Zusammenhänge des Österreichischen Erbfolgekrieges und damit auch der Schlacht bei Dettingen zu untersuchen und vor allem die Folgen und lokalen Auswirkungen des kriegerischen Geschehens zu beleuchten. Wenn in diesem Sammelband über die Schlacht bei Dettingen berichtet und ein Erinnerungszeichen gesetzt wird, dann auch unter dem Aspekt der Not und des Leides der Soldaten und der einheimischen Bevölkerung, dann auch unter dem Aspekt der Sinnlosigkeit von Kriegen. Wenn über eine Schlacht geschrieben wird, soll auch die Frage provoziert werden, warum trotz der an den Folgen sichtbaren Sinnlosigkeit von Kriegen immer wieder an diese Sinnlosigkeit erinnert werden muß. Kann man aus der Geschichte wenigstens soviel lernen, daß das Schlimme nicht immer wieder von vorne beginnt?

Kriege gehören zur Geschichte der Menschheit, genauer: zur Leidensgeschichte der Menschheit. Die Autoren dieses Bandes richten unter Verwendung bisher nicht herangezogener Quellen den Blick auf Bedingungen, Ursachen und Folgen des schrecklichen Geschehens und wollen damit zu einem reflektierten historischen Bewußtsein beitragen, das die Vergangenheit nach ihrer Bedeutung für Gegenwart und Zukunft befragt.

Mit den Beiträgen zu Georg Friedrich Händels „Dettinger Te Deum" und „Dettinger Anthem" ist auch an diejenigen gedacht, die den Zugang zu einer uns vielleicht schon fremden Zeit über eine triumphale Musik gewinnen.

Als Herausgeber dieses Sammelbandes bleibt uns abschließend die angenehme Pflicht, allen, die dieses Werk finanziell, durch Gewähren von Akteneinsicht und durch Beiträge unterstützt haben, herzlich zu danken.

Aschaffenburg und Karlstein, 18. Januar 1993

Dr. phil. Hans-Bernd Spies, M.A.
Leiter des Stadt- und Stiftsarchivs
Aschaffenburg

Helmut Winter
Bürgermeister der Gemeinde Karlstein

# Die politische und militärische Lage in Europa um 1743

von Peter Claus Hartmann

Die Monate von Herbst 1740 bis Sommer 1741 bedeuteten für die europäische Geschichte einen wichtigen Einschnitt. Obwohl es seit dem Ende des Spanischen Erfolgekrieges 1714 und des Nordischen Krieges 1721 immer wieder Spannungen im Konzert der europäischen Mächte gegeben hatte, die sich in wechselnden Bündniskonstellationen, Kriegsdrohungen und kleineren Kriegshandlungen (Polnischer Thronfolgekrieg 1733-35/38) dokumentierten, gelang es doch Staatsmännern wie dem greisen französischen Premierminister Kardinal de Fleury, die Ruhe, den Ausgleich und damit den Frieden in Europa im wesentlichen zu erhalten[1].

In dieser Situation trat ein Ereignis ein, das Europa in einen großen Krieg stürzen sollte. Am 20. Oktober 1740 starb nämlich überraschend in Wien Kaiser Karl VI. (1711-1740), der letzte männliche Habsburger, im 56. Lebensjahr ohne Sohn. Er hatte zwar versucht, durch die Pragmatische Sanktion von 1713, die er überall anerkennen bzw. garantieren ließ, die Nachfolge seiner ältesten Tochter Maria Theresia als Landesherrin bzw. Königin der österreichisch-böhmischen bzw. ungarischen Erblande zu sichern, aber die Erbfolge wurde nun von einigen Mächten und Monarchen nicht anerkannt. Es kam zum Österreichischen Erbfolgekrieg (1741-1748)[2].

Ansprüche auf die habsburgischen Territorien erhoben Spanien, Sachsen und Bayern. In Madrid glaubte der Bourbone Philipp V. (1700-1746), der im Spanischen Erbfolgekrieg den letzten Habsburger in Spanien, Karl II. (1665-1700), beerbt und 1714 Gebiete in den Niederlanden und in Italien an Wien verloren hatte, Rechte auf das Erbe zu besitzen[3]. Auch Kurfürst Friedrich August II. von Sachsen (1733-1763), seit 1733 als Friedrich August III. gleichzeitig König von Polen, Gatte der älteren Tochter Kaiser Josephs I.,

[1] Vgl. dazu u. a. *Fritz Wagner*, Europa im Zeitalter des Absolutismus und der Aufklärung. Die Einheit der Epoche, in: Theodor Schieder (Hg.), Handbuch der europäischen Geschichte, Bd. 4, Stuttgart 1968, S. 1-163, dies S. 40 ff.; *Lucien Bély*, Les relations internationales en Europe XVIIe-XVIII[e] siècles, Paris 1992, S. 434 ff.; 448 ff.; *Michel Antoine*, Louis XV, Paris 1989, S. 353 ff.; *Heinz Duchhardt*, Das Zeitalter des Absolutismus (Oldenbourg Grundriß der Geschichte, Bd. 11) München 1989, S. 98 ff.

[2] Vgl. *Fritz Wagner*, Kaiser Karl VII. und die großen Mächte 1740-1745, Stuttgart 1938, S. 1 f., 9 ff. u. 23 f.

[3] Vgl. *Ricardo Krebs*, Die iberischen Staaten von 1659 bis 1788, in: Schieder (wie Anm. 1), S. 549-584, dies S. 564.

Sysang sc.
MARIA THERESIA
ROMANORVM IMPERATRIX
HVNGARIÆ BOHEMIÆQVE
RE = GINA. etc.

Maria Josepha, meinte, erbberechtigt zu sein[4]. Schließlich erhob Karl Albrecht, Kurfürst von Bayern (1726-1745), der mit der jüngeren Tochter Josephs I., Maria Amalie, vermählt war, ebenfalls Ansprüche auf die habsburgischen Erblande; Ansprüche, die er allerdings mit Rechten aus dem 16. Jahrhundert (Regensburger Vertrag von 1546, Ehevertrag Albrechts I. mit Anna von Österreich 1546 und Testament Kaiser Ferdinands I. von 1543) begründete[5].

Zur Habsburger Monarchie gehörten 1740 mehrere Territorien, die seit alters her Teile des Heiligen Römischen Reiches waren: Vorderösterreich mit dem Breisgau und der Hauptstadt Freiburg, Tirol, Innerösterreich mit der Steiermark, das eigentliche Erzherzogtum Österreich, das Königreich Böhmen mit seinen Nebenländern, der Markgrafschaft Mähren und dem Herzogtum Schlesien. Dazu kamen große Gebiete außerhalb des Reiches, nämlich das Königreich Ungarn, die Österreichischen Niederlande (ein Großteil des heutigen Belgien) und Territorien in Italien (Mailand, Toskana u. a.). Diese waren zum großen Teil erst in den Türkenkriegen und im Spanischen Erbfolgekrieg gegen Ende des 17. und in den ersten Jahrzehnten des 18. Jahrhunderts habsburgisch geworden. Erst durch diese Neuerwerbungen war diese Monarchie zur wirklichen Großmacht aufgestiegen. Dies führte jedoch dazu, daß sich der traditionelle Rivale Habsburgs, Frankreich, in seiner europäischen Führungsrolle allmählich bedroht fühlte und andere Länder in Europa diesen österreichischen Aufstieg ebenfalls mit Mißbehagen sahen[6].

Nach dem Willen des verstorbenen Kaisers und gemäß Pragmatischer Sanktion war die 23jährige, auf ihr Herrscheramt schlecht vorbereitete Maria Theresia die Erbin des gewaltigen Länderkomplexes. Ihr fiel sofort die angesichts der militärischen und finanziellen Schwäche ihrer Monarchie schwierige Aufgabe zu, all ihre Territorien gegen die Ansprüche von Spanien, Sachsen und Bayern zu verteidigen[7].

Der erste Angriff kam jedoch zur Überraschung ganz Europas von einer Seite, von der ihn Maria Theresia nicht erwartete: von Friedrich II. von Preu-

[4] Vgl. *Hellmut Kretzschmar*, Friedrich August II., in: Neue Deutsche Biographie, Bd. 5, Berlin 1961, S. 573-574.

[5] Vgl. *Peter Claus Hartmann*, Karl Albrecht – Karl VII. Glücklicher Kurfürst. Unglücklicher Kaiser, Regensburg 1985, S. 163 ff.; *Andreas Kraus*, Bayern im Zeitalter des Absolutismus (1651-1745). Die Kurfürsten Ferdinand Maria, Max II. Emanuel und Karl Albrecht, in: Max Spindler/Andreas Kraus (Hg.), Handbuch der bayerischen Geschichte, Bd. 2, München [2]1988, S. 458-532, dies S. 521 ff..

[6] Vgl. *Hugo Hantsch*, Die Entwicklung Österreich-Ungarns zur Großmacht, in: Geschichte der führenden Völker, Bd. 15, Freiburg 1933, S. 1-163.

[7] Zu Maria Theresia siehe *Alfred von Arneth*, Geschichte Maria Theresias, Bd. 1-10, Wien 1863-79; *Richard Suchenwirth*, Maria Theresia – ein Kaiserleben, Leoni a. Starnberger See 1975; *Henry Vallotton*, Maria Theresia, die Frau, die ein Weltreich regierte, München [2]1980.

ßen (1740-1786), der kurz vor der Habsburgerin an die Regierung gekommen war und noch als Kronprinz ein Jahr vorher seinen aufgeklärt-humanitären „Antimachiavel“ entworfen hatte. Ganz im Gegensatz zu seinen dort geäußerten Gedanken begann er jetzt eine ausgesprochene Eroberungspolitik. Dabei kam ihm zugute, daß sein Vater Friedrich Wilhelm I. (1713-1740) ihm einen beachtlichen Staatsschatz und eines der bestausgebildeten Heere Europas in beträchtlicher Truppenstärke hinterlassen hatte. Damit schuf der Vater die Grundlagen für die Eroberungs- und Großmachtpolitik des Sohnes. Friedrich richtete sein Augenmerk auf das an Brandenburg-Preußen grenzende Herzogtum Schlesien, das wirtschaftlich am besten entwickelte Territorium der Habsburger Monarchie, das immerhin an Einwohnerzahl und Wirtschaftskraft etwa die Hälfte der preußischen Monarchie von 1740 repräsentierte. Wenn Friedrich die schwache Position Österreichs und die von allen Seiten bedrohte Lage Maria Theresias ausnutzte, um ihr Schlesien zu entreißen, so war dies eine rein machtpolitische Entscheidung, bei der Rechtsansprüche eine untergeordnete Rolle spielten. Hier wurde nach dem Grundsatz Macht vor Recht verfahren.

Der überraschende preußische Einmarsch begann am 16. Dezember 1740, und schon vor dem 1. Januar 1741 befand sich der größte Teil dieses so wichtigen, aber kaum militärisch abgesicherten Herzogtums in preußischer Hand. Zwei Tage später zog Friedrich II. in die Hauptstadt Breslau ein. Nach dieser militärischen Überrumpelung fielen schnell die letzten österreichischen Bastionen, so am 8./9. März die Festung Glogau. Am 10. April siegte schließlich der preußische König in der Schlacht bei Mollwitz über das von Maria Theresia entsandte Verteidigungsheer und entschied damit, wie die Geschichte zeigte, über das weitere Schicksal Schlesiens[8].

Bald eröffnete auch das mit Frankreich verbündete Spanien den Krieg gegen Maria Theresia. Philipp V. ging es dabei in erster Linie um die Rückeroberung der 1714 an Wien verlorenen Gebiete in Italien und den Niederlanden, während er die deutsch-österreichischen Erblande Karl Albrecht von Bayern überlassen wollte[9].

Frankreich trat erst mehrere Monate später in den Krieg ein, nachdem sich in Versailles die Exponenten der französischen Kriegspartei um den Grafen Belle-Isle gegen den 87jährigen, immer noch auf eine friedliche Lösung hoffenden Premierminister Kardinal de Fleury durchgesetzt hatte. Sie sahen die gün-

[8] Vgl. *Theodor Schieder*, Friedrich der Große. Ein Königtum der Widersprüche, Frankfurt a. M. 1983, S. 102 ff. u. 127 ff.; *Reinhold Koser*, Geschichte Friedrichs des Großen, Stuttgart/Berlin [7]1921 (Neudruck 1963), Bd. 1, S. 235 ff. u. 265 ff.; *Leo Just*, Der aufgeklärte Absolutismus, in: ders. (Hg.), Handbuch der Deutschen Geschichte, Bd. 2, Konstanz 1956, Abschnitt 4, S. 27-31.

[9] Vgl. *Wagner*, Karl VII. (wie Anm. 2), S. 30 ff.

FRIEDRICH II.

stige Gelegenheit gekommen, den riesigen Länderkomplex des alten habsburgischen Rivalen zu zerschlagen und aufzuteilen und dann Europa im französischen Interesse neu zu ordnen. Erst jetzt wurde der bayerische Alliierte mit seinen Erbansprüchen für Frankreich wieder interessant als Werkzeug für die Zerschlagung der großen Monarchie. Deshalb war man bereit, dem ehrgeizigen Wittelsbacher die nötige finanzielle Unterstützung zu gewähren[10].

Der bayerische Kurfürst sollte durch diese hohen Subsidien in die Lage versetzt werden, gegen Österreich zu marschieren, um seine Ansprüche durchzusetzen, denn seine finanzielle Lage und damit auch der Zustand seiner Truppen waren bisher katastrophal[11]. Erst nach Absprache mit dem verbündeten Frankreich, der Zahlung der neuen hohen Subsidien sowie nach Kampfbündnissen mit Spanien und Preußen war Karl Albrecht in der Lage, seine bisher nur politisch und juristisch vertretenen Erbansprüche auch militärisch durchzusetzen. Er begann damit im Juli 1741[12]. Der Habsburgerin Maria Theresia stand somit eine Koalition gegenüber, die aus Frankreich, Spanien, Preußen und Kurbayern bestand und der sich bald noch das zunächst mit Maria Theresia verbündete Kursachsen anschloß (Frankfurter Vertrag 19. September 1741), außerdem Kurköln sowie die Königreiche Schweden und Neapel. Als Verbündete konnte Maria Theresia hingegen Großbritannien, Rußland und die Generalstaaten gewinnen[13].

Im Sommer 1741 waren die bayerischen Rüstungen weit genug vorangeschritten, so daß Karl Albrecht Ende Juli den Feldzug mit der Besetzung von Passau eröffnete, was ihm den leichteren Weg nach Oberösterreich freigab. Er brach jedoch erst am 10. September auf und überschritt am 11. die österreichische Grenze. Es ging weiter nach Linz, das der Kurfürst ohne großen Widerstand einnehmen konnte. Dort ließ er sich am 2. Oktober, von vielen als rechtmäßiger Landesherr empfunden, als Erzherzog von Oberösterreich huldigen. Als die französischen Hilfstruppen vollständig versammelt waren, ging es weiter donauabwärts in Richtung Wien bis St. Pölten. Obwohl der preußische König dringend dazu riet, die kaiserliche Hauptstadt Wien anzugreifen, um somit die Monarchie Maria Theresias im Herzen zu treffen, schwenkte Karl Albrecht mit seinen französischen und bayerischen Truppen nach Norden in Richtung Prag um. Er tat dies – was wahrscheinlich ein großer Fehler war –, weil er seiner Ansicht nach für eine Belagerung Wiens nicht genügend Artille-

[10] Vgl. ebd., S. 34 ff.

[11] Vgl. *Peter Claus Hartmann*, Geld als Instrument europäischer Machtpolitik im Zeitalter des Merkantilismus (Studien zur bayerischen Verfassungs- und Sozialgeschichte, Bd. 8), München 1978, S. 189 ff., 197 ff., 207 ff. u. 216.

[12] Vgl. *Hartmann*, Karl Albrecht (wie Anm. 5), S. 178 ff.

[13] Vgl. *Just* (wie Anm. 8), S. 30 ff.; *Bély* (wie Anm. 1), S. 494 ff.

rie besaß und vor allem, weil er mit Frankreich die Marschroute nach Prag vereinbart hatte und die französischen Generäle jetzt auf dieser Route bestanden. Der Kurfürst, von Frankreichs Soldaten und Hilfsgeldern abhängig, konnte sich dem nicht entgegenstellen. Den Franzosen ging es nämlich nicht darum, wie es eine Denkschrift darlegt, den mächtigen habsburgischen Kaiser durch einen machtvollen Wittelsbacher zu ersetzen, sondern darum, die riesige Ländermasse des Hauses Österreich aufzuteilen und damit die Rolle eines beherrschenden Schiedsrichters in Europa zu gewinnen.

Zunächst stand es günstig für Karl Albrecht und ziemlich schlecht für Maria Theresia. Als allerdings der Kampfgenosse des Bayern, Friedrich der Große, am 9. Oktober 1741 auf Schloß Kleinschnellendorf mit Österreich einen Waffenstillstand unterzeichnete, änderte sich die Situation. Österreich hatte jetzt freie Hand, um sich mit ganzer Wucht den Bayern und Franzosen entgegenzuwerfen. Für Karl Albrecht galt es nun, dem großen österreichischen Heer zuvorzukommen und Prag noch schnell vor dessen Ankunft zu erobern. Dies gelang in einem listigen Handstreich am 26. November 1741 den vereinigten bayerischen, französischen und sächsischen Truppen, und schon am 19. Dezember huldigte ein großer Teil der böhmischen Stände dem Bayern als ihrem neuen König[14].

Nicht nur beim Feldzug sah es zunächst für den bayerischen Kurfürsten günstig aus, sondern auch bei den Bemühungen, diesen Wittelsbacher zum Kaiser wählen zu lassen. Zum ersten Mal seit Jahrhunderten hatte es wieder einen wirklichen Wahlkampf mit mehreren ernsthaften Kandidaten für das Kaisertum gegeben. Zunächst schien der Gatte Maria Theresias, Franz Stephan von Lothringen, die meisten Chancen zu besitzen. Nachdem der dritte Kandidat, der Kurfürst von Sachsen, wenig Unterstützung gefunden hatte und französische und preußische Diplomaten eifrig für Karl Albrecht geworben hatten, erklärten sich immer mehr Kurfürsten für ihn, und er wurde – bei Suspension des böhmischen Votums – einstimmig gewählt und am 12. Februar 1742 im Dom zu Frankfurt mit ungeheurer Prachtentfaltung als einziger Nichthabsburger oder Lothringen-Habsburger der Neuzeit zum Kaiser des Heiligen Römischen Reiches gekrönt[15].

Karl VII., wie er sich als Kaiser nannte, schien auf dem Höhepunkt seines Erfolges zu sein, erlebte jedoch sehr rasch einen schnellen Abstieg. Der französische Philosoph Voltaire bemerkte dazu[16]:

[14] Vgl. *Hartmann,* Karl Albrecht (wie Anm. 5), S. 180 ff., 185 ff., 189 ff., 195 ff. u. 200 ff.

[15] Vgl. ebd., S. 168 ff. u. 215 ff.

[16] *Voltaire (François Marie Arouet),* Histoire de la Guerre de 1741, éd. de J. Maurens, Paris 1971, S. 22.

KAREL DE VII.
ROOMSCH KEIZER,
Keurvorst van Beyeren.

George de Marrés pinx. D. Onder de Linden Excudit. P. Tanjé sculp. 1752

„Man hätte ihn auf dem Gipfel seines Ruhmes und Glückes geglaubt; aber das Schicksal wollte es anders, und er wurde einer der unglücklichsten Herrscher der Erde, gerade durch seinen Aufstieg."

Maria Theresia war nämlich inzwischen nicht untätig gewesen und zeigte trotz ihrer verzweifelten Lage eine erstaunliche, von den Gegnern nicht erwartete Energie. Nachdem sie sich durch ihr überzeugendes persönliches Auftreten bei der Huldigung in Preßburg die Unterstützung der Ungarn gesichert hatte, organisierte sie den Gegenstoß und ließ ihre Truppen unter dem Feldmarschall Khevenhüller in Oberösterreich einrücken. Nach der Eroberung von Linz besetzte dieser mit seinen Truppen einen großen Teil Bayerns und nahm zwei Tage nach der Kaiserkrönung Karls VII. München ein. So war dieser zu einem Kaiser ohne Land und zu einem vor allem von Frankreich völlig abhängigen Spielball der Mächte geworden[17].

Maria Theresia konnte auch in Italien Erfolge gegen die Truppen Spaniens und Savoyens erzielen. Für sie war es aber von entscheidender Bedeutung, daß in Großbritannien bei den Wahlen von 1741 die Kriegspartei gewann, im Februar 1742 Robert Walpole gestürzt wurde und sich das Land mehr auf Europa konzentrierte. Der neue Außenminister Carteret organisierte den Kampf gegen die Bourbonen auf dem Kontinent. Bald sahen sich die Franzosen neuen Kriegsschauplätzen in Flandern und am Niederrhein gegenüber.

Im Reich war es Karl VII. inzwischen gelungen, Hilfstruppen aus der Kurpfalz, aus Hessen-Kassel und aus dem Fürstentum Bayreuth zu gewinnen, um zusammen mit bayerischen und französischen Korps die Österreicher aus Kurbayern zu vertreiben. Entscheidener war jedoch ein Vorstoß Friedrichs II. von Preußen nach Mähren. Er konnte am 15. Februar Iglau, am 17. Znaim und am 20. Nikolsburg besetzen. Da die preußischen Husaren bis nach Wien vorstießen, zog Maria Theresia einen Teil ihrer Truppen aus Bayern ab, was dort eine Entlastung brachte.

Da Friedrich II. jedoch von den in Böhmen stehenden Franzosen unter Marschall Broglie und den Sachsen kaum unterstützt wurde, mußte er sich zurückziehen. Obwohl er dann am 17. Mai 1742 bei Chotusitz das von Herzog Karl von Lothringen geführte österreichische Heer schlug, trennte er sich nach den schlechten Erfahrungen von seinen Verbündeten und schloß unter Vermittlung Großbritanniens am 11. Juni 1742 den Breslauer Präliminarfrie-

[17] Vgl. *Karl Staudinger*, Geschichte des kurbayerischen Heeres unter Kurfürst Karl Albrecht – Kaiser Karl VII. – Kurfürst Max III. Joseph 1726-1777 (Geschichte des Bayerischen Heeres, hg. v. K. B. Kriegsarchiv, Bd. 3), München 1908, S. 588 ff.; Oestereichischer Erbfolge-Krieg 1740-1748. Nach den Feld-Acten und anderen authentischen Quellen bearbeitet im K. K. Kriegsarchiv, Bd. 1-9, Wien 1896-1914, dies Bd. 4, S. 261 ff. u. 297 ff.

Georges de Brunswick, II.
Roy de la Grande Bretagne Electeur
d'Hanower né le 9. Novembre 1683
Suite de
Ce Roy dans ses etats fait revivre Themis,
Aux Loix de la nation rend leur force suprême,
Et montre en voulant bien s'y soumettre luy même
Qu'il merite de voir à ses loix tout soumis.
a Paris chez Petit rue S. Jacques à la couronne d'epines près les Mathurins.

den mit Maria Theresia, die ihm Schlesien und die Grafschaft Glatz überlassen mußte. Am 28. Juli wurde der Friede in Berlin ratifiziert und der mit den Kriegshandlungen des Erbfolgekriegs verwobene Erste Schlesische Krieg damit beendet. Preußen schied aus der Koalition mit Frankreich, dem Kaiser und Sachsen aus, das sich auf Vermittlung Großbritanniens und Preußens bald dem Frieden anschloß[18].

Trotz mangelnder Aktionsbereitschaft der französischen Truppen gelang es, die Österreicher allmählich aus Bayern hinauszudrängen, das im Oktober 1742 wieder in kaiserlicher Hand war. Dies wurde möglich, da Maria Theresia Truppen abzog, um sich auf die Belagerung von Prag zu konzentrieren. Obwohl die Franzosen dorthin zahlreiche Truppen beorderten, die sich allerdings nicht zur Entlastungsoffensive durchringen konnten, kapitulierte am 27. Dezember das von französischen Truppen verteidigte Prag. Während Maria Theresia sich nun rüsten konnte, Bayern wieder zu erobern, das sie als Entschädigung für Schlesien erwerben wollte, versuchte Karl VII., dem entgegenzuwirken. Aber es gelang ihm nicht, den französischen Marschall Duc de Broglie, der mit 50. 000 Franzosen in Bayern stand, zur Offensive gegen die Österreicher zu bewegen. Vielmehr zog der Marschall es vor, seine Truppen zu schonen und langsam aber stetig ohne Kampf zurückzuweichen und schließlich Bayern zur Empörung des Kaisers preiszugeben[19]. In dieser Zeit zog eine große Pragmatische Armee, die aus Niederländern, Briten, Österreichern und deutschen Söldnern bestand und von König Georg II. von Großbritannien (1727-1760) geführt wurde, von den Niederlanden rheinaufwärts nach Süden, um gegen die Franzosen vorzugehen. Am 27. Juni 1743 griffen die französischen Truppen unter der Führung des Marschalls Duc de Noailles die etwa 35. 000 Mann starke Pragmatische Armee an, wurden jedoch von diesem unter dem persönlichen Befehl Georgs II. stehenden Heer nach mehrstündigem Kampf bei Dettingen geschlagen. Allerdings veränderte diese Schlacht die allgemeine Kriegslage kaum nachhaltig[20].

Nachdem Großbritannien in Geheimverhandlungen den sich neutral verhaltenden Kaiser nicht zum Abfall von Frankreich und Maria Theresia nicht zu einer Verständigung mit dem schwachen Reichsoberhaupt hatte bewegen können, wurde im Hauptquartier der Pragmatischen Armee in Worms am 13. November 1743 ein Traktat geschlossen, d. h. ein Bündnis zwischen Groß-

[18] Vgl. *Wagner*, Karl VII. (wie Anm. 2), S. 245 ff.; *Staudinger* (wie Anm. 17), S. 612.

[19] Vgl. *Hartmann*, Karl Albrecht (wie Anm. 5), S. 271 ff.

[20] Vgl. *Bély* (wie Anm. 1), S. 501 ff.; *Wolfgang Handrick*, Die Pragmatische Armee 1741 bis 1743. Eine alliierte Armee im Kalkül des Österreichischen Erbfolgekrieges (Beiträge zur Militärgeschichte, Bd. 30), München 1991, bes. S. 143 ff., 169 ff. u. 273 ff.

britannien, Österreich und Sardinien, dem sich Sachsen, Rußland und Kurköln anschlossen. Da sich Frankreich durch diesen Wormser Traktat bedroht fühlte, erklärte es Sardinien den Krieg und war auch bereit, sich im Reich wieder für Karl VII. zu engagieren und eine von diesem angestrebte Union mit mehreren Reichsständen zu finanzieren, die Maria Theresia zum Friedensschluß, zur Rückgabe Bayerns und zur Anerkennung des Kaisers zwingen sollte. Nachdem Hessen-Kassel und Kurpfalz gewonnen waren, weihte man auch den preußischen König ein. Dieser fühlte sich ebenfalls durch den Wormser Traktat bedroht und fürchtete um den Besitz Schlesiens.

So wurde schließlich am 22. Mai 1744 die Frankfurter Union zum Schutze des Kaisers und der Reichsverfassung abgeschlossen, und zwar vom Kaiser, Friedrich II. von Preußen, dem pfälzischen Kurfürsten und dem Landgrafen von Hessen-Kassel. Frankreich, das später beitrat, finanzierte einen großen Teil der Truppen dieser Union. Am 6. Juni unterzeichneten Frankreich und Preußen außerdem den Pariser Allianzvertrag, der einen Doppelangriff gegen die österreichischen Lande vorsah[21].

Mit dem Vorstoß Friedrichs II. in Böhmen begann nun der Zweite Schlesische Krieg. Hierauf mußte Maria Theresia ihre nach Lothringen eingedrungenen Truppen zur Verteidigung Böhmens zurückziehen. Friedrich II. hatte inzwischen am 26. September 1744 Prag nehmen können. Vergeblich hatte Friedrich gehofft, die französischen und kaiserlichen Truppen würden rasch nach Linz marschieren, um ihm zu Hilfe zu kommen. Da er schon in Südböhmen stand, mußte er sich angesichts der bevorstehenden Vereinigung der sächsischen und österreichischen Truppen und der eigenen Nachschubschwierigkeiten zurückziehen. Wegen der unangreifbaren Position, in der sich die österreichisch-sächsischen Armeekorps bei Marschowitz südlich von Prag befanden, konnte Friedrich sie nicht angreifen, so wurde die Lage für ihn recht bedrohlich, da die Gefahr bestand, daß man ihm den Rückzug abschneiden würde[22].

Für den Kaiser und sein bayerisches Stammland hatte der preußische Feldzug in Böhmen allerdings die positive Folge, daß die meisten österreichischen Truppen von Bayern nach Böhmen abgezogen wurden. So konnte der kaiserliche Feldmarschall von Seckendorff die verbliebenen Österreicher aus Bayern

[21] Vgl. *Wagner*, Karl VII. (wie Anm. 2), S. 420 ff. u. 518 ff.; *Just* (wie Anm. 8), S. 34 ff.; *R. Lodge*, Studies in Eighteenth-Century Diplomacy 1740-1748, London 1930, S. 12 ff.; *Hartmann*, Karl Albrecht (wie Anm. 5), S. 294 ff.; *Jeremy Black*, Natural and Necessary Enemies. Anglo-French Relations in the Eighteenth Century, Athens 1987, S. 45 ff.

[22] Vgl. Oesterreichischer Erbfolge-Krieg (wie Anm. 17), Bd. 5, S. 413 ff. u. 488 ff.; *Schieder*, Friedrich (wie Anm. 8), S. 158 ff.

hinausdrängen. Dies ermöglichte Karl VII., am 23. Oktober 1744 nach München zurückzukehren, wo er am 20. Januar 1745 starb[23]. Sein Tod führte zum Ausscheiden des wieder von den Österreichern bedrohten Bayern aus dem Krieg; denn der Nachfolger Karls VII. Albrecht, der bayerische Kurfürst Max III. Joseph (1745-1777), schloß nach der französischen Niederlage gegen die Österreicher bei Pfaffenhofen am 15. April 1745 mit Maria Theresia den Frieden von Füssen (22. April/2. Mai 1745). Darin mußte der Bayer endgültig die Pragmatische Sanktion von 1713 anerkennen und versprechen, bei der Kaiserwahl 1745 für den Gemahl Maria Theresias, Franz Stephan von Lothringen, die Stimme abzugeben[24].

Nach dem Ausscheiden Bayerns aus dem Krieg konzentrierte Frankreich seine Aktionen auf das benachbarte Flandern und zog sich ansonsten weitgehend vom Reich zurück. Somit war Friedrich II. praktisch in seinen Kämpfen allein. Der überlegene Feldherr errang trotzdem mehrere Siege gegen die Österreicher bei Hohenfriedberg am 4. Juni und bei Soor (30. September) und über die mit diesen verbündeten Sachsen bei Hennersdorf (23. November) und Kesselsdorf (15. Dezember) mit anschließender Kapitulation der Hauptstadt Dresden. Erst jetzt war Maria Theresia bereit, am 25. Dezember 1745 den Frieden von Dresden abzuschließen, der Friedrich II. den weiteren Besitz Schlesiens sicherte und den Zweiten Schlesischen Krieg beendete[25]. Frankreich, Großbritannien, Österreich und Savoyen führten jedoch den Krieg mit wechselnden Erfolgen weiter. Während Frankreich im Mai 1745 bei Fontenoy in den Niederlanden die Seemächte Großbritannien und die Generalstaaten schlug, in Norditalien Mailand besetzte und Savoyen zum Frieden zwang, besiegte die britische Flotte die französische 1747 zweimal. Schließlich kam es am 18. Oktober 1748 zum allgemeinen Frieden von Aachen, der zu einem vorläufigen Ausgleich zwischen Großbritannien und Frankreich führte und das zur zweiten deutschen Großmacht aufgestiegene Preußen international als solche anerkannte[26].

[23] Vgl. *Hartmann*, Karl Albrecht (wie Anm. 5), S. 298 ff.

[24] Vgl. *Alois Schmid*, Max III. Joseph und die europäischen Mächte. Die Außenpolitik des Kurfürstentums Bayern von 1745-1765, München 1987, S. 79 ff., 82 ff., 88 ff. u. 103 ff.

[25] Vgl. *Schieder*, Friedrich (wie Anm. 8), S. 160 ff.

[26] Vgl. *Bély* (wie Anm. 1), S. 504 ff.; *Black* (wie Anm. 21), S. 45 ff.; *Wagner*, Europa (wie Anm. 1), S. 45 f.

# Darstellung der Schlacht bei Dettingen

von Jakob Jung

## 1. Einleitung

Der Herzog von Wellington, der Sieger von Waterloo, sagte einmal, die Geschichte einer Schlacht zu schreiben sei ebenso vergebens wie der Versuch, die Geschichte eines Balles zu schreiben. Einzelne Zeugen könnten alle einzelnen kleinen Geschehnisse bemerken, deren Resultat eine gewonnene oder verlorene Schlacht sei. Aber niemand könne die Reihenfolge dieser Geschehnisse oder ihren genauen Zeitpunkt feststellen, die ihren wahren Wert und ihre Wichtigkeit bestimmten[1]. Speziell auf die Schlacht bei Dettingen bezogen, heißt dies, daß die Schilderung des Verlaufes der Schlacht mit letzter Sicherheit nicht möglich ist. Auch verbietet es sich, wie z. B. zahlreiche Schilderungen der Schlacht von Waterloo es tun, die Schlacht völlig isoliert als militärisches Ereignis zu betrachten und das Umfeld als bekannt vorauszusetzen.

Sie kann auch nicht nur als einzelne Schlacht betrachtet werden, da sich Vergleiche vor allem mit Fontenoy und Roßbach von selbst aufdrängen. Der Österreichische Erbfolgekrieg gehört zu den etwas vernachlässigten Epochen der Geschichtsschreibung. Daher ist eine Einbettung in die politische Geschichte jener Jahre ebenso erforderlich wie die Berücksichtigung der Sozial- und Wirtschaftsgeschichte[2].

Die Schlacht bei Dettingen ist Schnittpunkt der Schicksale Großbritanniens, Frankreichs, Österreichs und des Reiches. Als solches war sie ein Ereignis von äußerster politischer Bedeutung für ganz Europa, die ihren Niederschlag in den Aktionen der Diplomatie fand. Gegenüber Clausewitz' Wort, Krieg sei die Fortsetzung der Politik mit anderen Mitteln, ist bemerkt worden, daß in den Kabinettskriegen des 18. Jahrhunderts die Trennung beider gar nicht gegeben war[3]. Diplomatische und militärische Aktionen waren eins. Andererseits geht es nicht an, diesen Kriegsakt nur von der Warte der Großen

[1] Vgl. *John Keegan*, The Face of Battle, Harmondsworth 1978, S. 117.

[2] Wie Duchhardt ausgeführt hat, ist durch die Vernachlässigung der Haupt- und Staatsaktionen zugunsten modernerer Aspekte der Geschichtsschreibung die deutsche Fachgeschichtsschreibung in der historischen Friedens- und Kriegsforschung etwas in Rückstand geraten: *Heinz Duchhardt*, England-Hannover und der europäische Friede 1714-1748, in: Adolf M. Birke und Kurt Kluxen (Hrsg.), England und Hannover, München London 1986, S. 127-144, dies S. 127.

[3] Vgl. *Gerhard Ritter*, Staatskunst und Kriegshandwerk, Bd. 1, München $^{4}$1970, S. 14. Das ursprüngliche Wort: *Carl von Clausewitz*, Vom Kriege, hrsg. v. Werner Hahlweg, Bonn $^{19}$1980, S. 341.

dieser Welt aus zu sehen. Das Schicksal der Bauern, Bürger und Soldaten, die durch den Feuersturm des Krieges ihrer Existenz oder gar ihres Lebens beraubt wurden, muß gebührende Beachtung erfahren.

Es ist behauptet worden, im Gegensatz zu den Barbareien des Dreißigjährigen Krieges sei im 18. Jahrhundert auf eine Schonung der Zivilbevölkerung Wert gelegt worden. Als Beleg dazu wird das Wort Friedrichs des Großen zitiert, der Bauer auf dem Feld dürfte gar nicht bemerken, daß sein König Krieg führe.

Wie auch beim „Antimachiavel" ist Friedrich hier gründlich mißverstanden worden – dort spricht er sich mit großer Verve im allgemeinen gegen den Krieg aus, um anschließend gerechte Ursachen für den Krieg aufzuzählen, mit denen sich jeder Krieg begründen läßt, nur den religiösen Krieg lehnt er ab[4] –, wen er eigentlich meinte, war der Bauer in seinen eigenen Ländern, während er den Bauern in den gegnerischen Gebieten die Felder zu verbrennen, sie zu plündern und auszurauben sich anschickte. Friedrich soll hier nicht als besonders grausam hervorgehoben werden; Krieg ist organisierte Gewalt, Grausamkeiten und Übergriffe gehören notwendigerweise dazu[5].

Wenn von einem General behauptet wird, er habe sich um Schonung der Zivilbevölkerung bemüht, ist das etwas, was bei Lobreden, aber nicht in der Geschichtsschreibung seinen Platz hat. Auch aus dem Österreichischen Erbfolgekrieg gibt es durchaus Meldungen wie ‚Dorf verbrannt, Bevölkerung ausgerottet'[6]. In Altbayern wurden 1743 von Österreichern und Franzosen mehrere Städte in Brand gesetzt und die Einwohner niedergemetzelt[7]. Preußen hat im Siebenjährigen Krieg knapp 10% seiner Bevölkerung eingebüßt, also relativ soviel wie Deutschland im Zweiten Weltkrieg, eine schlagende Widerlegung der These, der Krieg sei im 18. Jahrhundert zivilisiert geführt worden. Zwar bemühten sich zugegebenermaßen die meisten Feldherren, ihre Truppen zur Disziplin anzuhalten, und die Kriege des Ancien Regime waren für die Bevölkerung nicht ganz so verheerend wie die des Dreißigjährigen Krieges oder der napoleonischen Epoche, aber dies lag vor allem daran, daß die Heere konzentrierter gehalten wurden und nicht so ausschwärmten wie in der vorigen und nachfolgenden Zeit. Für diejenigen Bauern und Bürger, die Einquartierungen und Plünderungen ertragen mußten, waren die Folgen stets gleichermaßen schlimm.

[4] Vgl. *Friedrich der Große*, Ausgewählte Werke, hrsg. v. Gustav Bertholt Volz, Bd. 2, Berlin 1916, S. 23.

[5] Vgl. *Christopher Duffy*, The Army of Frederick the Great, London 1974, S. 18 f.

[6] Vgl. *Thomas Carlyle*, History of Friedrich II. of Prussia, called Frederick the Great, Bd. 3, London 1862, S. 548.

[7] Vgl. *Christopher Duffy*, Feldmarschall Browne, Wien/München 1966, S. 105.

Die älteste Spezialstudie der Schlacht bei Dettingen ist die Arbeit, die Steiner im Jahre 1820 veröffentlichte. Steiners Darstellung ist im Hinblick auf die Zeit, in der sie entstand, recht verdienstvoll. Er hatte allerdings keinen Zugang zu den Quellen, vor allem in den ausländischen Archiven, und so ist seine Darstellung teilweise fehlerhaft[8]. Vor allem die heimatkundliche Literatur hat unkritisch Steiners Darstellung übernommen[9].

Um die Jahrhundertwende erschienen dann zwei Werke, die zwar keine Einzeluntersuchungen sind, aber ertmals unter Benutzung der amtlichen Quellen die Schlacht untersuchten und damit grundlegend sind. Die Darstellung der Schlacht wird durch den Umstand erschwert, daß diese beiden wesentlichen Darstellungen der Schlacht, Fortescue, der die wichtigste und ausführlichste Geschichte der britischen Armee veröffentlichte[10], und das österreichische Generalstabswerk[11], ziemlich gleichzeitig erschienen (1899 und 1901) und daher ohne Kenntnis voneinander waren. Die Fehler beider hätten sonst ausgeglichen werden können. Beim Generalstabswerk ist zusätzlich die Schwäche aller derartigen Darstellungen anzumerken, nämlich dem Ansehen und der Ehre der Armee zu dienen, unangenehme Tatsachen aber zu verschweigen. So wurde die im Manuskript der von Feldmarschalleutnant Johann Georg von Browne im Auftrage Josephs II. vermutlich 1790 verfaßten Geschichte des Österreichischen Erbfolgekrieges, die sich im Kriegsarchiv Wien befindet[12], vorhandene Liste der österreichischen Deserteure wohlweislich unterdrückt.

[8] *Johann Wilhelm Christian Steiner*, Geschichte und Topographie des Freigerichts Wilmundsheim vor dem Berge oder Freigerichts Alzenau, bei Gelnhausen und Seligenstadt. Geschichte der Herrschaft Geiselbach, als Beitrag zur Geschichte der ehemaligen Abtei Seligenstadt. Beschreibung der Schlacht bei Dettingen am 27ten Juni 1743, mit einem Plane, Aschaffenburg 1820, S. 215-235; leicht veränderter separater Neudruck: *ders.*, Beschreibung der Schlacht bei Dettingen am Main (27. Juni 1743.) mit einem von einem Augenzeugen entworfenen Plane derselben, Darmstadt 1834. – Zu Steiner vgl. *Jakob Jung*, Johann Wilhelm Christian Steiner, der erste Geschichtsschreiber des Kahlgrunds, in: Unser Kahlgrund. Heimatjahrbuch für den ehemaligen Landkreis Alzenau 37 (1992), S. 145-148.

[9] Auch *Franz Joseph Adolf Schneidawind*, Die Schlacht von Dettingen mit ihren Vorgängen (Mit einem Schlachtplane), in: Archiv des historischen Vereins von Unterfranken und Aschaffenburg 5 (1839), Heft 1, S. 75-120, wiederholt in den wesentlichen Abschnitten nur die Darstellung Steiners.

[10] *Sir John Fortescue*, A History of the British Army, Bd. 1-13, London 1899-1930, dies Bd. 2, London 1899, S. 93-102.

[11] Der Österreichische Erbfolgekrieg 1740-48, hrsg. v. der kriegsgeschichtlichen Abteilung des k. u. k. Kriegsarchivs zu Wien, Bd. 1-9, Wien 1896-1914, dies Bd. 5, Wien 1901, S. 298-315 u. 630-637 (zitiert als: Erbfolgekrieg). Soweit nicht anders angegeben, sind die wesentlichen Fakten dieser Darstellung diesem Werk entnommen.

[12] Johann Georg Browne, Geschichte des österreichischen Erbfolgekrieges: Österreichisches Staatsarchiv Wien, Abt. Kriegsarchiv, MSKg 32-35.

Michael Orr, der als Lehrer an der Kriegsakademie in Sandhurst die letzte ausführliche englischsprachige Darstellung der Schlacht veröffentlichte, wiederum hat mit der typischen Abneigung der Angelsachsen gegen fremdsprachige Texte zwar Fortescue und das Generalstabswerk, nicht aber die hannoverschen Quellen benutzt. Auch wenn seine Darstellung sonst recht gut ist, so ist doch schwach, daß er zugeben muß, er wisse nicht, wo die Hannoveraner in der Schlachtlinie standen, zumal da die hannoverschen Darstellungen darüber recht klar sind[13]. Eine noch weitgehend unerschlossene Quelle sind die britischen und französischen Regimentsgeschichten. Durch die doppelte Vernichtung Hannovers und seiner Armee 1805 und 1866 sind derartige Regimentsgeschichten für Hannover nicht entstanden, die österreichischen Regimentsgeschichten reichen nicht so weit zurück, zudem wurde ein großer Teil der bei Dettingen kämpfenden Regimenter bereits 1748 wieder aufgelöst.

Für die Zukunft grundlegend für den Hintergrund der Schlacht von Dettingen ist das Werk von Wolfgang Handrick[14]. In seiner Schilderung der Schlacht selbst ist aber im Gegensatz zu seiner ausgezeichneten Darstellung der politischen Vorgänge einiges ungenau dargestellt, hauptsächlich bedingt durch seinen Verzicht auf französische Quellen.

Die Bibliographie Gustav Stadelmanns hat sich große Verdienste durch die unermüdliche Sammelarbeit hauptsächlich der bildlichen Quellen und der zeitgenössischen Darstellungen erworben[15].

Obwohl Friedrich der Große an der Schlacht nicht beteiligt war, hatte sie große Auswirkung auf seine Politik. Außerdem schrieb er in seiner „Geschichte meiner Zeit" eine insgesamt gute Darstellung des Schlachtverlaufes[16], abgesehen von seinem Seitenhieb auf seinen ungeliebten Onkel Georg II. Demzufolge finden sich auch in praktisch allen Friedrich-Biographien Erwähnungen der Schlacht. Alleine zu Friedrich ist vor kurzem eine eigene Bibliographie mit einem Umfang von 511 Seiten erschienen[17]. Auch Voltaire beschäftigte sich mit der Schlacht. Er unterhielt sich mit Stair, dem britischen Befehlshaber, und stand im Briefwechsel mit dem österreichischen Befehlshaber Arenberg und dem französischen General Richelieu, der auch an der Schlacht

[13] *Michael Orr*, Dettingen, 1743, London 1972, S. 53.

[14] *Wolfgang Handrick*, Die Pragmatische Armee 1741 bis 1743. Eine alliierte Armee im Kalkül des österreichischen Erbfolgekrieges (Beiträge zur Militärgeschichte, Bd. 30), München 1991.

[15] *Gustav Stadelmann*, Bibliographie der Schlacht bei Dettingen nebst Verzeichnis der vorhandenen Abbildungen und Pläne, Aschaffenburg o. J. [1929].

[16] Vgl. *Hans-Bernd Spies*, Friedrich der Große und die Schlacht bei Dettingen, unten S. 157-176, dies S. 165-176.

[17] *Herzeleide* und *Eckart Henning*, Bibliographie Friedrich der Große 1786-1986, Berlin New York 1988.

Retirade und Flucht der Frantzosen, über den Mayn, nach verlohrner Schlacht, bei Dettingen, im Churfürstenthum Mayntz, welche Zwischen Ihnen, und der allürten Königl. Englisch Hannöverisch- und Oesterreichischen Armee unter Ihre Königl. Majt. von Engelland höchsten Commando vorgefallen, den 27ten Junij 1743.

teilnahm und ihm Pläne der Schlacht zukommen ließ[18]. Voltaire nahm die französischen Truppen vor den Vorwürfen Friedrichs in Schutz, der ihnen vorwarf, sie hätten sich wie Feiglinge geschlagen[19]. Dies wurde auch zum Grundtenor seiner Darstellung der Schlacht im „Siecle de Louis XV.“, die Tapferkeit sei durch die Disziplin geschlagen worden[20].

## 2. Die Ursachen des Krieges

### 2.1. Die politischen und wirtschaftlichen Hintergründe

Warum brach der Krieg aus?

> „Meine Jugend, das Feuer der Leidenschaften, der Durst nach Ruhm, ja sogar die Neugier und ein geheimer Trieb haben mich der süßen Ruhe, die ich genoß, entrissen; die Genugtuung darüber, meinen Namen in der Zeitung zu lesen und später im Buche der Geschichte zu wissen, hat mich verführt.“

Friedrich der Große, Brief an Jordan, 3. März 1741[21].

> „Alle meine Heere, alle meine Ungarn sollen eher vernichtet werden, als daß ich irgend etwas abtrete. Der kritische Augenblick ist endlich da; schonet das Land nicht, um es zu erhalten.“

Maria Theresia, Brief an Graf Kinsky, 30. November 1741[22].

> „Jeder möchte sich abrunden, der Starke auf Kosten des Schwachen und zum Schaden der Abteien und Reichsstädte, die sich in der Nähe eines Nachbarn befinden, der stark genug ist, sich ihrer zu bemächtigen.“

Friedrich der Große über das Reich, Politisches Testament Friedrichs des Großen von 1768[23].

> „Sich zu vergrößern ist die angenehmste und würdigste Beschäftigung eines Souveräns.“

Ludwig XIV. zu Marschall Villars[24].

> „Unser Handel wird im allgemeinen mehr durch einen energischen und gutgeführten Seekrieg florieren als unter jedem Frieden.“

[18] Vgl. *Voltaire*, Les oeuvres completes, hrsg. v. Theodore Besterman, Bd. 92, Correspondence and related documents, Genf 1970, S. 433.

[19] Vgl. ebd., S. 385-390.

[20] Vgl. *Voltaire*, Précis du Siècle de Louis XV, Genf $^{2}$1771, S. 109.

[21] *Pierre Gaxotte*, Friedrich der Große, Frankfurt 1974, S. 256.

[22] *Edward Crankshaw*, Maria Theresia, München $^{10}$1989, S. 110.

[23] *Richard Dietrich*, (Hrsg.), Politische Testamente der Hohenzollern, München 1981, S. 388.

[24] *Max Jähns*, Geschichte der Kriegswissenschaften vornehmlich in Deutschland, Bd. 3, München/Leipzig 1891, S. 2333.

Englisches Pamphlet von 1745[25].

> „Den Handel, den sie verlieren, werden wir bekommen, indem wir ihre Küsten blockieren, so daß ihre Handelsschiffe nicht ohne großes Risiko auslaufen können; der Handel in die Türkei, nach Ostindien, mit Fischen und Zucker wird für sie unmöglich und uns in die Hände fallen."

Englisches Pamphlet von 1745[26].

Diese Zitate zeigen, daß der Krieg im wesentlichen zwei Ursachen hatte, erstens den persönlichen Ehrgeiz und die Ruhmsucht der Herrscher, zweitens die Handelsrivalitäten zwischen den Nationen. Daß der Anlaß dabei die österreichische Erbfolge war, war eher zufällig, die Zeit war einfach reif für einen Krieg.

Alle Herrscher jener Epoche, ob Friedrich, Maria Theresia, Karl VII., Georg II. oder Ludwig XV., waren bereit, aus rein egoistischen Motiven die Wohlfahrt und das Leben von Tausenden ihrer Untertanen zu gefährden. Weil Friedrich der Große klarer formulierte als seine Zeitgenossen, sei er wieder einmal herausgehoben; nach seiner Rettung aus der katastrophalen Lage nach Kunersdorf sprach er vom Mirakel des Hauses Brandenburg, und um dieses ging es, also nur um sein eigenes Geschlecht[27]. Der Österreichische Erbfolgekrieg ist ein geradezu klassischer Krieg, in dem die dynastischen Interessen die Hauptrolle spielten. Die Fürsten dachten zuerst an sich und ihre Dynastie, und erst dann, wenn überhaupt, an das Wohl ihrer Untertanen. Letztere waren ihnen nur das Mittel dazu, ihren persönlichen Reichtum und ihre Macht zu vergrößern.

Namentlich Maria Theresia und Karl VII. führten den Krieg nicht aus objektiven Interessengegensätzen ihrer Staaten, sondern aus rein persönlichen Motiven. Voltaire bemerkte auf den Siebenjährigen Krieg bezogen – aber er hätte es genauso zum Österreichischen Erbfolgekrieg sagen können – dazu, die Eigenliebe von zwei oder drei Personen habe ausgereicht, um ganz Europa zu verwüsten[28].

[25] *Richard Pares*, War and Trade in the West Indies, Oxford 1936, S. 62 (Übers. d. Verf.).

[26] Ebd., S. 63 (dgl.).

[27] Vgl. *George Peabody Gooch*, Friedrich der Große, Frankfurt 1964, S. 66.

[28] *Voltaire*, in: Oeuvres Completes de Voltaire, Paris 1878, Bd. 15, S. 375 (Précis du Siècle de Louis XV). Ein kleiner Exkurs sei an dieser Stelle erlaubt: Der Österreichische Erbfolgekrieg hätte nämlich mit Leichtigkeit verhindert werden können, wenn das Projekt Erfolg gehabt hätte, das Friedrich der Große am 11. April 1731 dem preußischen Minister Grumbkow unterbreitete: Er drückte darin nämlich den Wunsch aus, eine österreichische Erzherzogin, möglichst Maria Theresia, zu heiraten. Das Unternehmen war nicht besonders aussichtsreich, und schließlich sagte Prinz Eugen ab. Aber es zeigt doch, durch welche Zufälle die Geschichte beeinflußt wird. Vgl. *Hans Leuschner*, Friedrich der Große, Gütersloh 1986, S. 11.

Österreich, Bayern, Sachsen und Preußen zerstörten den Zusammenhalt des Reiches in mutwilliger Weise; den Österreichischen Erbfolgekrieg kann man mit Fug und Recht als Anfang vom Ende des Heiligen Römischen Reiches sehen.

Die Historiker, die vor allem Maria Theresia und Friedrich gepriesen haben, sind Legion; nach zwei Weltkriegen müssen wir aber den Opfern ihres Ruhmes mehr Beachtung schenken. Helden haben ihren Preis. Die beiden Herrscher haben, wie damals das Reich, die Geschichtswissenschaft ins fritzische und theresianischer Lager gespalten. Während aber die Bewunderer Friedrichs, vor allem Koser, Ranke, Droysen und Treitschke, meistens auch Maria Theresia die Anerkennung nicht versagen, könnte man das auf Wallenstein gemünzte Wort Schillers, „Von der Parteien Haß und Gunst getragen, schwankt sein Charakterbild in der Geschichte" auch auf Friedrich anwenden. Vor allem die großdeutschen Historiker wie Klopp und Arneth sowie die Literaten Thomas Mann und Rudolf Augstein haben Friedrich scharf angegriffen, auch wenn die Urteile in den letzten Jahren milder geworden sind[29].

Möglicherweise allzu milde, denn es bleibt festzuhalten, daß sowohl Friedrich als auch Maria Theresia, Karl Albrecht, Ludwig XV. und Georg II. durch ihre Mitschuld an Ausbruch und Dauer des Krieges sich zahlreicher Vergehen gegen die Bevölkerung der vom Krieg betroffenen Gebiete schuldig machten. Vor allem Maria Theresia ist meist sehr verklärt dargestellt worden, während es den übrigen an scharfen Richtern auf dem Stuhl der Geschichte nicht ermangelt hat. Alle deutschen Fürsten hatten für ihre Teilnahme am Krieg neben ihren dynastischen Interessen und dem, was sie als Staatsraison betrachteten, keine anderen Gründe als die Gier nach Ruhm und Macht, außerdem Starrsinn und Rachsucht. Friedrich und Karl Albrecht brachen den Krieg aus leichtfertigen Gründen vom Zaun, Maria Theresias Beharren verhinderte einen Kompromiß und vorzeitigen Friedenschluß.

Anders war dies in der Auseinandersetzung zwischen Frankreich und Großbritannien: Hier waren die Konfliktpunkte als Rivalen in Kolonien und Handel so groß, daß der Krieg irgendwann einmal ausbrechen mußte. Der britische Außenminister Carteret, der bei Dettingen dabei war, drückte das so aus[30]:

> „Frankreich ist der beständige und vererbte Feind der Briten, so sehr verschieden von ihnen in Religion, Regierung und Interesse, daß sie

[29] Vgl. dazu *Karl Erich Born*, Die Wirkungsgeschichte Friedrichs des Großen, in: Leuschner (wie Anm. 28), S. 205-232, dies S. 231.

[30] „France is the constant and hereditary enemy of Britons, so much divided from her in religion, government and interest, that they cannot both be prosperous together, as the interest of one rises, that of the other must decline." *Handrick* (wie Anm. 14), S. 101.

beide nicht gemeinsam im Wohlstand leben können, wenn das Interesse des einen steigt, muß das des anderen sinken."

Was die Handelsrivalitäten anging, so war dies die Epoche des Merkantilismus. Nicht einzelne Firmen konkurrierten miteinander, sondern die Staaten; alles, was Geld hereinbrachte, also Waren, die ausgeführt wurden, war gut, Einfuhren dagegen schlecht. Je größer das eigene Staatsgebiet war, desto günstigere Voraussetzungen für die Wirtschaft im allgemeinen; deshalb versuchte jeder Staat, sein eigenes Staatsgebiet zu vergrößern und dem Handel der anderen zu schaden. Diese Lehre wurde später von den Physiokraten und vor allem von Adam Smith angegriffen, aber der Merkantilismus erwies sich als bemerkenswert zählebig.

Um nun auf die einzelnen Aspekte genauer einzugehen, ist es nötig, sie einzeln zu untersuchen. Wenden wir uns also zunächst dem britisch-französischen Gegensatz zu. Hier ist ein Blick auf den Gesamthintergrund erforderlich. Der Österreichische Erbfolgekrieg gehört in den Zusammenhang eines beinahe 150 Jahre dauernden Konfliktes zwischen Großbritannien und Frankreich, der von der Zeit Ludwigs XIV. bis zum Fall Napoleons zwischen der stärksten Landmacht und der stärksten Seemacht Europas ausgetragen und von gelegentlichen Waffenstillständen unterbrochen wurde. Nach Einschätzung Friedrichs des Großen waren Frankreich und Großbritannien die beiden einzigen Mächte, die eine völlig selbständige Politik treiben konnten, während die Mächte zweiten Ranges wie Spanien, Niederlande, Österreich und Preußen in gewissem Grade von den beiden Vormächten abhängig waren[31].

Die Epoche zwischen dem Ende des Spanischen und dem Ausbruch des Österreichischen Erbfolgekrieges war der längste jener Waffenstillstände. Beinahe eine Generation, 26 Jahre, hatten zumindest in Europa die Waffen zwischen Briten und Franzosen geschwiegen. Es ist also nicht so sehr die Frage, warum der Krieg schließlich ausbrach, sondern warum der Frieden so lange gehalten hatte. Zum Teil ist dies sicher mit dem schrecklichen Wüten des Spanischen Erbfolgekrieges zu erklären, dessen Symbol das entsetzliche Gemetzel bei Malplaquet war und der beide Länder an den Rand des Ruins gebracht hatte. Dies bewog die leitenden Staatsmänner beider Länder, Walpole und Fleury, den Schwerpunkt ihres politischen Wirkens darauf zu legen, die Staatsfinanzen in Ordnung zu bringen und den Frieden zu bewahren. Als schließlich der Krieg doch kam, widerstrebte das beiden aufs äußerste[32].

[31] Vgl. *Reinhold Koser*, Geschichte Friedrichs des Großen, Bd. 1-4. Stuttgart/Berlin [7]1925, dies Bd. 2, S. 5.

[32] Vgl. *Paul Vaucher*, Robert Walpole et la Politique de Fleury (1731-1742), Paris 1924, S. 24 ff.

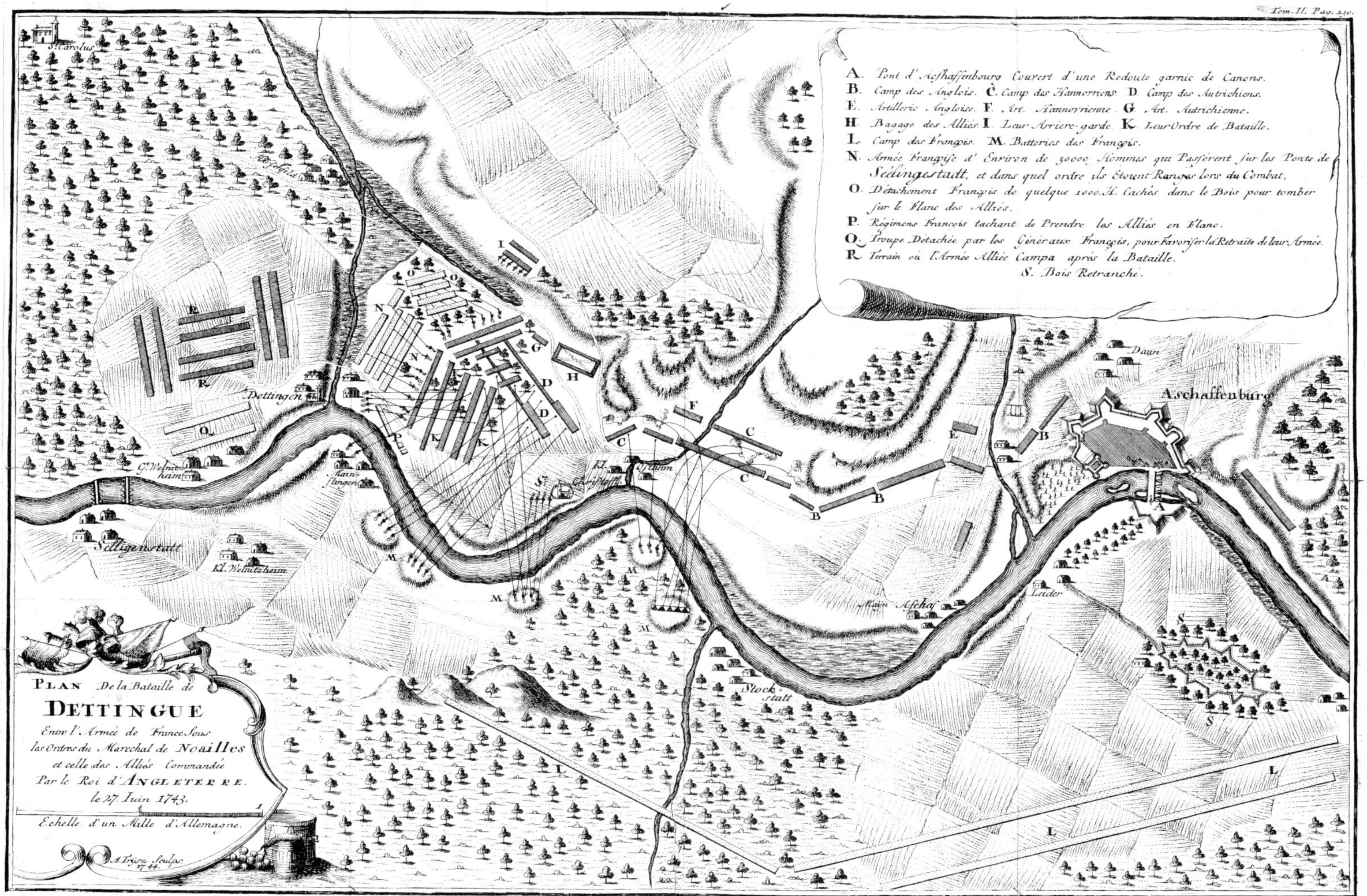
A. Pont d'Aschaffenbourg Couvert d'une Redoute garnie de Canons.
B. Camp des Anglois. C. Camp des Hannovriens. D. Camp des Autrichiens.
E. Artillerie Angloise. F. Art. Hannovrienne. G. Art. Autrichienne.
H. Bagage des Alliés. I. Leur Arriere-garde. K. Leur Ordre de Bataille.
L. Camp des François. M. Batteries des François.
N. Armée Françoise d'Environ de 30000 Hommes qui Passérent sur les Ponts de Séelingestadt, et dans quel ordre ils Etoient Rangés lors du Combat.
O. Détachement François de quelque 1000. H. Cachés dans le Bois pour tomber sur le Flanc des Alliés.
P. Régimens François tachant de Prendre les Alliés en Flanc.
Q. Troupe Détachée par les Géneraux François, pour Favoriser la Retraite de leur Armée.
R. Terrain où l'Armée Alliée Campa aprés la Bataille.
S. Bois Retranché.
PLAN De la Bataille de
DETTINGUE
Entre l'Armée de France Sous
les Ordres du Marechal de Noailles
et celle des Alliés Commandée
Par le Roi d'ANGLETERRE.
le 27. Juin 1743.
Echelle d'un Mille d'Allemagne.
A. Trizz Sculps. 1744.
Aschaffenburg
Dettingen
Selligenstatt
Kl. Welnitzheim
Stockstatt
Main Aschaf
Leider
Daun
S. Carolus

Es sollte angefügt werden, daß dies nur für Europa galt; in den Kolonien in Amerika und Indien lieferten sich die dortigen Gouverneure mit Hilfe der Eingeborenen ständige Scharmützel. Frankreich hatte außerdem, ohne daß die Briten eingriffen, im Polnischen Thronfolgekrieg 1734 das Reich mit Krieg überzogen. Gerade für Großbritannien bedeutete ein Krieg die Möglichkeit, durch rücksichtsloses Ausspielen seiner Seeherrschaft den überseeischen Handel Frankreichs zu ruinieren und selbst an sich zu reißen[33]. Es darf nicht übersehen werden, daß der Krieg ein gutes Geschäft war.

Neben den Handelsrivalitäten spielten auch die nationalen Gegensätze bereits eine Rolle. Nationalgefühl und Patriotismus erst ab der Französischen Revolution gelten zu lassen verkennt die Tatsachen[34].

Schon seit den Kreuzzügen, als der Horizont der europäischen Eliten erweitert wurde und das Anderssein der Nationen ins allgemeine Bewußtsein drang, begannen die europäischen Nationen ein Selbstbewußtsein zu entwikkeln, das sich zunächst in der Verachtung des Fremden manifestierte.

Für die Briten begannen die Nigger bei Calais, und französischerseits war zwar das Wort vom perfiden Albion noch nicht geprägt, aber bereits mit Leben erfüllt. 1740 wurde mit dem Lied „Rule Britannia“, der inoffiziellen britischen Nationalhymne, das britische Selbstverständnis zum Ausdruck gebracht[35]. Es gibt zwei Seiten des Nationalismus: einmal den Stolz auf das eigene Land und zum zweiten die Verachtung der und den Haß auf die anderen. Was die positive Seite anging, waren die Deutschen in jener Zeit gegenüber den Briten und Franzosen weit zurück, schon aufgrund der territorialen Zersplitterung des Reiches. Es wäre jedoch völlig verfehlt, daraus abzuleiten, die zweite Seite sei genauso schwach entwickelt gewesen. Als Friedrich der Große 1742 Aachen besuchte, war er überrascht, wie ihm überall auf seiner Fahrt durch das Reich der Haß gegen die Franzosen entgegenschlug[36]. Wie sich zeigen wird, spielten Haß und Unverständnis, die durch konfessionelle Gegensätze noch verschärft wurden, im Verlauf des Feldzuges eine bedeutende Rolle.

Um nun auf die Position Großbritanniens bei Kriegsausbruch zurückzukommen, so erwies sich als weitere Komplikation die Stellung der Dynastie Hannover. Georg I. war durch den Willen des Parlaments zahlreichen engeren Anverwandten der Königin Anna Stuart bei deren Ableben vorgezogen worden. Streng juristisch gesehen waren die Stuart-Prätendenten die rechtmäßigen

[33] Vgl. *Corelli Barnett*, Britain and Her Army 1509-1970, London 1970, S. 475.

[34] Vgl. *Hans Kohn*, Die Idee des Nationalismus – Ursprung und Geschichte bis zur Französischen Revolution, Frankfurt 1962, S. 9.

[35] Vgl. ebd., S. 199.

[36] Vgl. *Koser* (wie Anm. 31), Bd. 1, S. 411.

Könige von Großbritannien; aber sie waren katholisch, und die Herrschaft der zwei katholischen Herrscher Englands seit der Reformation, Maria Tudor und Jakob II. galten den bestimmenden Londoner Kreisen als historische Katastrophen.

Der religiöse Gegensatz, wenn er auch seit dem Dreißigjährigen Krieg etwas an Schärfe verloren hatte, war immer noch ein Faktor, der zu Haß und Mord aufzustacheln in der Lage war. Die Dynastie Hannover, obwohl sie beileibe nicht beliebt war, galt als Garant des Protestantismus, und jede französische Unterstützung der Stuarts mußte den britisch-französischen Gegensatz neu entfachen. Dennoch ging der Haß der Briten auf die „verächtliche Provinz" (despicable province) Hannover, wie sich Pitt ausdrückte, so weit, daß Außenminister Carteret 1743 einer Auflösung der Verbindung zwischen Großbritannien und Hannover das Wort redete. Vor allem die Beschäftigung hannoverischer Truppen in britischem Sold war äußerst unpopulär[37]. Französischerseits waren die leichten Erfolge im Polnischen Thronfolgekrieg, die den Erwerb Lothringens nach sich zogen, einer bedeutenden Partei am Hofe von Versailles zu Kopfe gestiegen, als deren Führer der Marschall Belle-Isle auftrat.

Mit dem Tode Karls VI. hielten sie den Augenblick für gekommen, das Haus Österreich in den Staub zu treten und Frankreich zu einer Stellung zu verhelfen, die die ruhmvollsten Tage Ludwigs XIV. übertreffen würde. Der Anlaß des Krieges wurde neben Friedrichs Einmarsch in Schlesien die Pragmatische Sanktion. Da die alliierte Armee, die bei Dettingen focht, auch als Pragmatische Armee bezeichnet wird, sei darauf an dieser Stelle näher eingegangen.

### 2.2. Die Pragmatische Sanktion

Manchmal wird behauptet, die Pragmatische Sanktion habe zur Folge gehabt, daß auch Frauen erben durften. Dies ist natürlich so nicht richtig, denn privatrechtlich hatten Frauen schon das ganze Mittelalter hindurch als Erbinnen auftreten können. Das Salische Recht, das die staatsrechtliche Festlegung im Hinblick auf die weibliche Erbfolge solcherart gestaltete, wurde schon lange ausgehöhlt.

In den Jahren 1120 bis 1135 hatte König Heinrich I. von England erstmals versucht, so etwas wie eine Pragmatische Sanktion durchzusetzen zugunsten seiner Tochter Maud, kam aber damit nicht durch, und Stephen von Blois wurde sein Nachfolger[38]. In England hatten dann aber Maria und Elisabeth

[37] Vgl. *Graham C. Gibbs*, English Attitudes towards Hanover and the Hanoverian Succession in the First Half of the Eighteenth Century, in: Birke/Kluxen (wie Anm. 2), S. 33-52, dies S. 43-45.

[38] Vgl. *Winston S. Churchill*, A History of the English Speaking People, Bd. 1, London 1956, S. 150.

Tudor als anerkannte Königinnen aus eigenem Recht geherrscht, ebenso wie, genau zu der Zeit, als die Pragmatische Sanktion abgefaßt wurde, noch Königin Anna Stuart regierte. Auch in Rußland gab es im 18. Jahrhundert allein regierende Zarinnen.

Im Reich selbst wurde auch zwischen Männer- und Weiberlehen unterschieden, Friedrich ließ vor seinem Einmarsch in Schlesien den diesbezüglichen Status der schlesischen Kreise, auf die er Anspruch erhob, überprüfen. Andererseits konnte keine Rede davon sein, daß das Amt des römischen Kaisers an eine Frau fallen könnte, dieses war ja auch nicht erblich, sondern ein Wahlamt. Es ging bei der Pragmatischen Sanktion in erster Linie um die Erblande der Habsburger, nicht um das Reich.

Werfen wir aber zunächst einen Blick auf das Dokument, das den Lauf der Weltgeschichte beeinflußte:

Am 19. April 1713 wurde folgendes Protokoll abgefaßt, das nachmals als Pragmatische Sanktion bekannt wurde[39]:

> „Nachdem dies also geschehen, haben Ihre Kay. May. hauptsächlichen Inhalts weiteres vermeldet: Es sei aus den abgelesenen Instrumentis die errichtete und beschworene Disposition und das ewige pactum mutuae Successionis zwischen Beiden Joseph- und Carolinischen Linien zu vernehmen gewesen, daß dahero nebst und zu den von weiland Ihren Kay. Majestäten Leopoldo und Josepho höchstseliger Gedächtnus Ihrer Kay. Majestät übertragenen Spanischen Erbkönigreichen und Landen nunmehr nach Absterben weiland Ihres Herrn Bruders Majestät und Liebden ohne männliche Erben auf Ihre Kay. Majestät, auch alle dessen hinterlassene Erbkönigreiche und Landen gefallen, und sämtlich bei Ihren ehelichen männlichen Leibeserben nach dem Jure primo-geniturae, so lang solche vorhanden, unzerteilt zu verbleiben haben; auf Ihres männlichen Stammes Abgang aber (so Gott gnädiglich abwenden wolle) auf die eheliche hinterlassende Töchter allzeit nach Ordnung und Recht der Primo-Genitur gleichmäßig unzerteilt kommen: ferner in Ermangelung oder Abgang der von Ihrer Kay. Majestät herstammender aller ehelichen descendenten männ- und weiblichen Geschlechts, dieses Erbrecht aller Erbkönigreich und Landen unzerteilt auf Ihrer Majestät Herrn Bruders Josephi Kay. Majestät und Liebden seliger Gedächtnus, nachgelassene Frauen Töchter und deren eheliche descendenten wiederum auf obige Weise nach dem Jure primo-geniturae fallen, eben nach diesem Recht und Ordnung auch Ihnen Frauen Erzherzoginnen alle anderen Vorzüge

[39] *Wolfgang Michael*, Das Original der Pragmatischen Sanktion Karls VI., Berlin 1929, S. 24 f.

und Vorgänge gegenwärtig zustehen und gedeihen müßten: Alles in dem Verstand, daß nach Beiden, der jetzt regierenden Carolinischen, und nachfolgender in dem weiblichen Geschlecht hinterlassenen Josephinischen Linien, Ihrer Kay. Majestät Schwestern und alle übrigen Linien des durchlauchtigsten Erzhauses nach dem Recht der Erstgeburt in Ihrer daher entspringenden Ordnung jedes Erbrecht und was dem anklebet, gebühre, allerdings bevor bleibe, und vorbehalten sei."

Neben der Bevorzugung seiner eigenen Töchter durch Karl VI. war das entscheidende an diesem Dokument die wiederholte Betonung der Unteilbarkeit der habsburgischen Erblande, wodurch es für die weitere Geschichte Österreichs auch in der Folge eminente Bedeutung haben sollte[40].

Warum aber kam es überhaupt zu einem Konflikt wegen der Pragmatischen Sanktion? Nun, wenn man die machtpolitischen Aspekte des Konfliktes beiseite läßt und nur die juristischen berücksichtigt, so gab es in der Tat einige Angriffspunkte, aus denen die Töchter Josephs einen Anspruch vor ihrer Kusine Maria Theresia herleiten konnten. Im Jahre 1703 hatte nämlich Kaiser Leopold I. mit seinen Söhnen Joseph und Karl den geheimen pactum mutuae successionis geschlossen. Dieser betonte den unbedingten Vorrang der männlichen Erbfolge gegenüber der weiblichen und das Erstgeburtsrecht[41].

Falls überhaupt keine männlichen Erben mehr vorhanden waren, sollten die josephinischen Töchter den karolinischen vorangehen, „quae eas ubivis semper praecedunt" (die diesen überall immer vorgehen). Von daher war es den josephinischen Töchtern, von denen die ältere, Maria Josepha, mit Friedrich August, Kurfürst von Sachsen und König von Polen, die jüngere, Maria Amalie, mit Karl Albrecht von Bayern verheiratet war, möglich, die Pragmatische Sanktion anzufechten und sich auf das pactum mutuae successionis zu berufen. Maria Josepha hatte am 19. August 1719 auf ihren Anspruch verzichtet, Maria Amalie am 22. September 1722. Bayern, dessen Ansprüche durch die unbedingte Betonung des Erstgeburtsrechts hinter den sächsischen hätten zurückstehen müssen, brachte, um seinen Vorrang zu untermauern, zusätzlich das Testament Ferdinands I., des Bruders Karls V., ins Spiel[42].

Wenn gesagt wurde[43], Friedrich II. habe den Eidbruch modern gemacht, so darf nicht vergessen werden, daß die Pragmatische Sanktion selbst schon den

40 Vgl. *Gerhard Oestreich*, Verfassungsgeschichte vom Ende des Mittelalters bis zum Ende des alten Reiches (Bruno Gebhardt, Handbuch der deutschen Geschichte, 9. Auflage, hrsg. v. Herbert Grundmann, Bd. 11), München 1980, S. 97.

41 Vgl. *Michael* (wie Anm. 39), S. 5.

42 Vgl. *Gustav Turba*, Die pragmatische Sanktion, Wien 1913, S. 54-72.

43 So *Albert Duc de Broglie*, Frédéric II. et Louis XV., Bd. 1, Paris 1885, S. 36.

Campus in quo habitum fuit prælium inter gallos et Austriacos cum Anglis et Hanoveranis confoederatos prope dettingen præsente rege Angliæ 27 junii 1743.

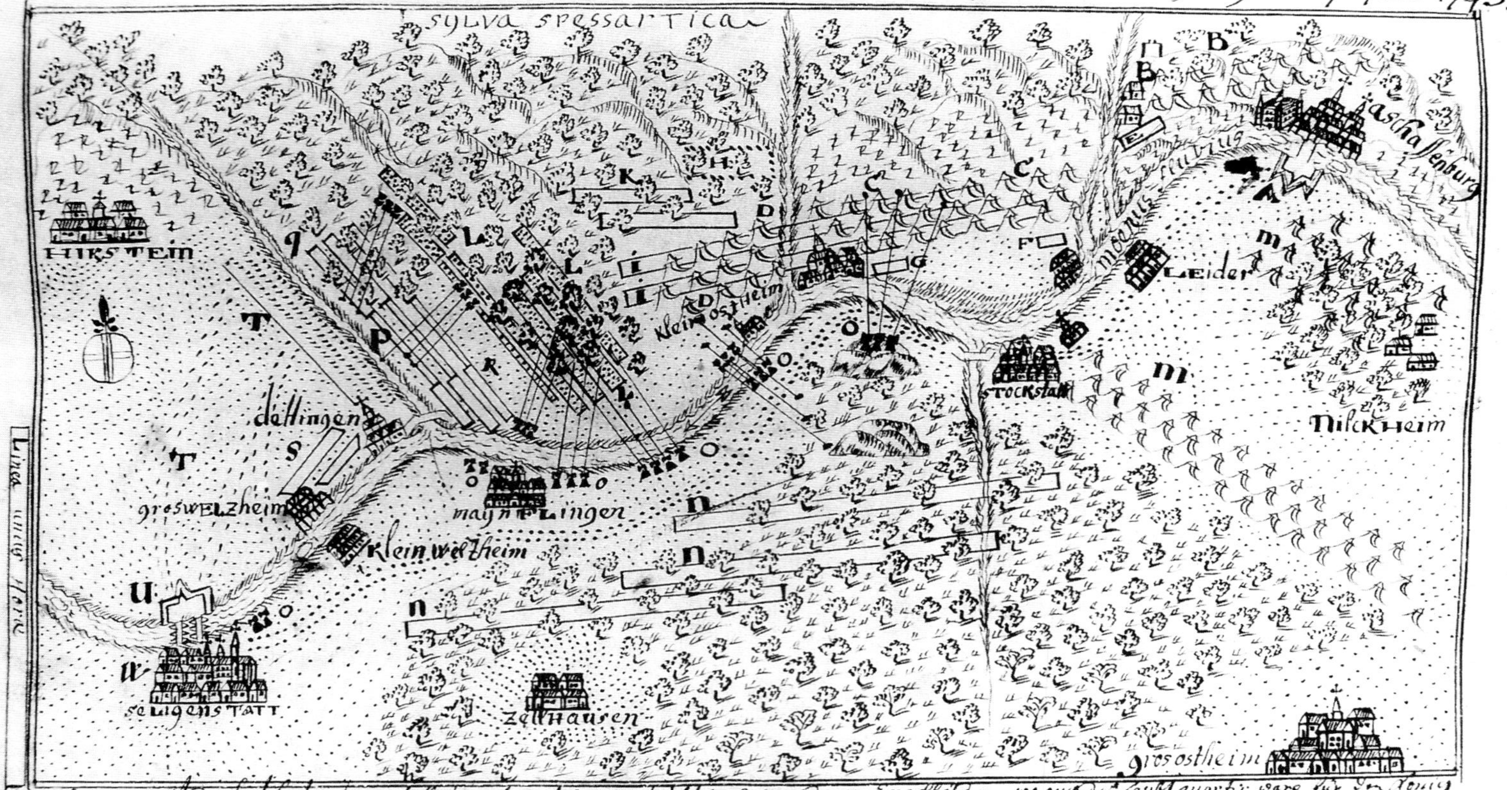

SYLVA SPESSARTICA
ASCHAFFENBURG
moenus fluvius
LEIDER
NILCKHEIM
STOCKSTATT
Kleinostheim
HIRSTEIN
dettingen
groswelzheim
mayn Lingen
kleinwelzheim
ZELLHAUSEN
groSostheim
SELIGENSTATT
Linea unius horæ


A Brucke mit der fortification bey aschaffenburg so mit Canonen besetzt ware von denen Engelländern, wo auf das haubtquartir ware für den König in Engelland. B Engelländischer lager. C. Hanoverischer lagor. D oesterreichischer lager. E die Canonen der Engelländer. F die Canonen der Hanoveraner G die Canonen der oesterreicher. I. March disser alliirten nach dem Camp de Battaille H bagage derer alliirten. K Corp de reserve derer alliirten. L schlachtordnung derer alliirten, allwo zu fordest aber à fronte gestanden die oesterreicher unter dem Hertzog von Armberg m französisch lager bey stockstatt. vor der Battaille. unter dem Marchal de Noailles. n March der franzosen nacher seligenstatt über die Schiffbrucken zu gehen. O französische Canons. P schlachtordnung der franzos. q. ein französisch detachament Cavallerie welches den feind à dextris solle angreiffen. R. ein französisch detachament Cavallerie welches den feind à sinistris solle angreiffen. S Corp de reserve der franzosen T retirade der franzosen nach empfangenen schlägen U. zwey brucken bey seligenstatt. W Lazaret der franzosen zu seligenstatt im closter wo zu hören ware [illegible] ersten Sündenfall darstellte. Allerdings wurde dieser Eidbruch durch die damals herrschende Auffassung gedeckt, daß kein Fürst aus dem Grab heraus diktieren könne[44]. Karl VI. hat sein Leben lang unter erheblichen Opfern versucht, die Anerkennung der Pragmatischen Sanktion durch alle Großmächte zu erreichen. Im Laufe der Jahre 1720 bis 1725 wurde die Pragmatische Sanktion nach und nach von den Ständen der einzelnen Länder der Habsburgermonarchie anerkannt[45].

Prinz Eugens Warnung, die einzig wirksame Garantie sei ein starkes Heer und ein wohlgefüllter Staatsschatz, schlug er in den Wind. Allerdings war die Sache mit dem wohlgefüllten Staatsschatz auch leichter gesagt als getan, denn während der gesamten Geschichte des Hauses Habsburg war dieses mit erheblichen Finanzproblemen belastet[46].

Die österreichische Politik war bei der Suche nach Anerkennung der Pragmatischen Sanktion nichts weniger als aufrichtig, Versprechungen wurden oft nicht eingehalten, z. B. die Zusage an Preußen, seine Ansprüche im Jülisch-Bergischen Erbfolgestreit, der zwischen Preußen und Kurpfalz seit mehr als 100 Jahren schwelte, zu unterstützen. Karl VI. hatte dies Friedrich Wilhelm I. zugesagt. So war es dann auch nicht verwunderlich, daß sich die Garantien der Pragmatischen Sanktion als nichtig entpuppten. Wenn sie dennoch eine bleibende Bedeutung hatte, dann als Grundgesetz des Habsburger Reiches bis 1918, vor allem durch die Betonung der Unteilbarkeit der Erblande[47].

## 3. Der Verlauf des Österreichischen Erbfolgekrieges bis zum Zuge der Pragmatischen Armee an den Main

Den Tod Karls VI. hatte Friedrich der Große, selbst kaum an der Regierung, benutzt, um mit einem fadenscheinigen Hilfsangebot und unter Berufung auf zweifelhafte Rechtstitel in Schlesien einzufallen. Anfänglich sagte Ludwig XV. zwar noch, der Mann sei verrückt, aber nachdem sich in der Schlacht von Mollwitz am 10. April 1741 die Überlegenheit der preußischen Militärmaschinerie gezeigt hatte, entschlossen sich auch Sachsen und Bayern, unter französischer Protektion ihre Ansprüche auf das augenscheinlich zerfallende österreichische Erbe geltend zu machen. Die Lage der Österreicher

[44] Vgl. *Ragnhild Hatton*, England and Hanover 1714-1837, in: Birke/Kluxen (wie Anm. 2), S. 17-32, dies S. 19.

[45] Vgl. *Oswald Redlich*, Das Werden einer Großmacht, Brünn/München/Wien 1942, S. 330 f.

[46] Vgl. *Johann Christoph Allmayer-Beck* und *Erich Lessing*, Das Heer unter dem Doppeladler. Habsburgs Armeen 1718-1748, München 1981, S. 11.

[47] Vgl. *Carl Graf Stürck*, Geleitwort, in: Turba (wie Anm. 42), S. III.

erschien anfangs auch hoffnungslos, aber Maria Theresia gelang es, die Loyalität der Ungarn zu gewinnen und sich als „rex noster et domina nostra" (unser König und unsere Herrin) huldigen zu lassen. Zunächst allerdings bedrohte Karl Albrecht von Bayern Wien, bog dann aber aus zumindest militärisch schwer erklärlichen Gründen – die Franzosen wollten ihn wohl nicht zu mächtig werden lassen – nach Norden ab und eroberte Prag. Mit diesem Erfolg im Rücken wurde er am 24. Januar 1742 als Karl VII. zum Kaiser des Heiligen Römischen Reiches deutscher Nation gewählt[48]. Friedrich der Große jedoch ließ im Breslauer Frieden vom 11. Juni 1742 seine Verbündeten im Stich gegen die vorläufige Anerkennung der Erwerbung Schlesiens. Er erwarb sich damit einen Ruf des Treuebrechers, der ihn bis an sein Lebensende begleitete. Andererseits war von seinem Standpunkt aus der Separatfriede zur Reorganisation namentlich der Kavallerie unbedingt erforderlich[49].

Im September 1742 zogen sich auch die Sachsen aus dem Krieg zurück. Die Franzosen sahen sich nun unvermittelt in Prag eingeschlossen und fanden kein Mittel gegen die Überlegenheit der österreichischen Armee an leichten Truppen, speziell der Husaren und Panduren. Im Winter gelang es dem Marschall Belle-Isle zwar, mit den Resten der französischen Truppen aus Prag auszubrechen[50], aber alle Eroberungen in Böhmen und Österreich gingen verloren, und Franzosen und Bayern sahen sich auf die Verteidigung Bayerns selbst zurückgeworfen, ohne daß es ihnen gelungen wäre, die Initiative wiederzuerlangen. In der Zwischenzeit hatten die Briten, die sich schon seit 1739 mit Spanien im Krieg befanden, den Entschluß gefaßt, auf dem Kontinent aktiv zu werden, nachdem der Versuch einer maritimen Strategie mit dem Fehlschlag der Belagerung Cartagenas in Südamerika gescheitert war.

## 4. Der Feldzug von 1743 bis zur Schlacht bei Dettingen

### 4.1. Die britische Kriegspolitik und die Aufstellung der Pragmatischen Armee

Die britische Politik wurde durch zwei Faktoren bestimmt, zunächst durch die unbestrittene Stellung als stärkste Seemacht der Welt, zweitens durch die

[48] Vgl. *Karl Theodor Heigel*, Der österreichische Erbfolgestreit und die Kaiserwahl Karls VII, Nördlingen 1877, S. 147 ff.

[49] Vgl. Großer Generalstab (Hrsg.), Die taktische Schulung der Preußischen Armee durch König Friedrich den Großen während der Friedenszeit 1745 bis 1756 (Kriegsgeschichtliche Einzelschriften, Heft 28-30), Berlin 1900. S. 451 f.

[50] *Henry Vallotton*, Maria Theresia, München 1981, S. 61, verglich diesen Rückzug mit dem Rückzug Napoleons von Moskau.

Personalunion mit Hannover. Letztere wurde von den britischen Oppositionspolitikern, unter denen sich der ältere Pitt in jenen Jahren einen Namen zu machen begann, als Achillesferse der Position Großbritanniens angesehen. Tatsächlich war in den ersten Kriegsjahren der Alptraum Georgs II. eine gleichzeitige Invasion Hannovers durch Preußen und Franzosen. Da die Bedrohung aus dem Osten aber zunehmend abklang, machte sich die Stärke Hannovers bemerkbar. Hannover war in der Lage, fast dieselbe Zahl an Soldaten bereitzustellen wie das vereinigte Königreich selbst[51]. Im House of Commons wurde der Anwerbung der hannoverischen Truppen mit 260 gegen 193 Stimmen zugestimmt[52].

Weiter war Großbritannien imstande, seine Truppenstärke dadurch zu erhöhen, daß es Regimenter anderer Fürsten anmietete. Darunter tat sich Hessen-Kassel hervor. Es hatte sich während der Österreichischen Erbfolgekrieges selbst übertroffen, indem es seine Truppen an beide Seiten vermietete; einerseits an Kaiser Karl VII., andererseits an die Briten, allerdings mit dem Befehl, nicht aufeinander zu schießen[53].

Allerdings sollte man dazu sagen, daß es nicht nur aus nackter Geldgier so handelte, vielmehr ging es Landgraf Wilhelm von Hessen, der für seinen Bruder, den König von Schweden, im Stammland als Stellvertreter regierte, durchaus um berechnete Politik. Er haßte Habsburger und Franzosen gleichermaßen und betrieb die Aussöhnung des Kaisers mit dem König von Großbritannien, was ihm schließlich auch gelang. Im Siebenjährigen Krieg befand er sich dann endlich auf der richtigen Seite, was er allerdings mit der Vertreibung aus seinem Land bezahlen mußte[54].

Weiterhin spielten die Niederländer eine große Rolle in den Berechnungen der Londoner Politik. Im Spanischen Erbfolgekrieg waren sie den Franzosen furchtbare Feinde gewesen, und allgemein wurde immer noch angenommen, daß sie eine sehr gute Armee ins Feld stellen konnten. Sie galten immer noch als Großmacht; der Österreichische Erbfolgekrieg sollte deutlich machen, daß sie es nicht mehr waren, da ihre wirtschaftliche Bedeutung geschrumpft und ihre Armee verkommen war. Ihre Unterstützung zu gewinnen, war eine Hauptbestrebung der britischen Politik. Fest rechnen konnte man ferner auf die in den österreichischen Niederlanden stationierten Truppen, eine kleine,

[51] Vgl. *Gert Brauer*, Die hannoversch-englischen Subdidienverträge 1702-1748, Diss. Frankfurt 1962, S. 126.

[52] Vgl. Cobett's Parliamentary History of England, Bd. 12, London 1812, S. 1053.

[53] Vgl. *Moritz von Rauch*, Die Politik Hessen-Kassels im österreichischen Erbfolgekrieg bis zum Dresdener Frieden, Diss. Marburg 1897, S. 35 f.

[54] Vgl. *Fritz Wagner*, Kaiser Karl VII. und die großen Mächte 1740-1745, Stuttgart 1938, S. 240 f.

aber gut ausgebildete Truppe. Nachdem, wie schon gesagt, der preußische Druck auf Hannover entfallen war, war auch die französische Bedrohung verschwunden, da die Armee des Marschall Mallebois, die in Westfalen gestanden hatte, nach den Desastern in Böhmen nach Bayern abgezogen war. Diese Armee nahm als erste in diesem Krieg den Weg über Aschaffenburg. Die Frage stellte sich nun, was man mit der neu aufzustellenden Armee aus britischen, hannoverischen, hessischen, österreichischen und, wie man hoffte, niederländischen Truppen anfangen sollte. Der britische Oberbefehlshaber, Stair, war für einen Stoß mitten ins Herz Frankreichs, direkt auf Dünkirchen und Paris, während die österreichischen Generäle Arenberg und Neipperg sich für einen Marsch nach Bayern aussprachen, um die dort kämpfenden österreichischen Truppen zu unterstützen[55]. Ihre Strategie war zweifellos die realistischere, während der Plan Stairs nur als tollkühn bezeichnet werden kann. Marlborough war mit einer weit stärkeren Armee nie so weit gekommen, und auch bei der Kampagne von 1792, an der Goethe teilnahm[56], zeigte es sich, daß man die Reserven Frankreichs nie unterschätzen sollte. Bismarck verglich die Invasionen Frankreichs vom Spanischen Erbfolgekrieg bis 1870 mit dem „Stökern in einem Ameisenhaufen“[57]. Frankreich war zwar in einer etwas komplizierten Situation, aber Ludwig XV. konnte auf den Festungsgürtel Vaubans[58] und zahlreiche Milizen zurückgreifen[59], außerdem wesentlich schneller Truppen zurückbeordern, als eine Invasionsarmee vorrücken konnte. Daß Stair überhaupt einen solchen irrealen Plan ernsthaft vorschlagen konnte, disqualifiziert ihn als Strategen[60].

### 4.2. Der Vormarsch der Pragmatischen Armee an den Main

So landete zwischen dem 21. Mai und dem 10. Juli 1742 die britische Streitmacht in Ostende[61]. Die Briten rückten dann in Flandern vor, wo sich ihnen die hannoverischen und österreichischen Truppen sowie das angemietete hessi-

[55] Vgl. *Handrick* (wie Anm. 14), S. 129.

[56] Vgl. *Johann Wolfgang von Goethe*, Werke, hrsg. von Erich Trunz, Bd. 10, München $^{7}$1981, S. 663.

[57] *Otto von Bismarck*, Gedanken und Erinnerungen, Bd. 2, Stuttgart/Berlin 1905, S. 72.

[58] Sebastien Le Prestre de Vauban war der bedeutendste Festungsarchitekt des Absolutismus; vgl. *F. J. Herbert* und *G. A. Rothruck*, Soldier of France – Sebastien Le Prestre de Vauban 1633-1707, New York 1989, S. 197.

[59] Général *Weygand*, Histoire de l'Armée Française, Paris 1953, S. 182.

[60] *J. W. Fortescue*, A History of the British Army, Bd. 2, London 1899, S. 86 f., ist anderer Meinung und versucht, Stair zu verteidigen, aber die Einschätzung Lord Mahons, von Fortescue (S. 92) selbst zitiert, „Stair, whose military genius, never very bright, was rusted with age“, kommt der Wahrheit näher.

[61] Vgl. Erbfolgekrieg (wie Anm. 11), Bd. 5, S. 266.

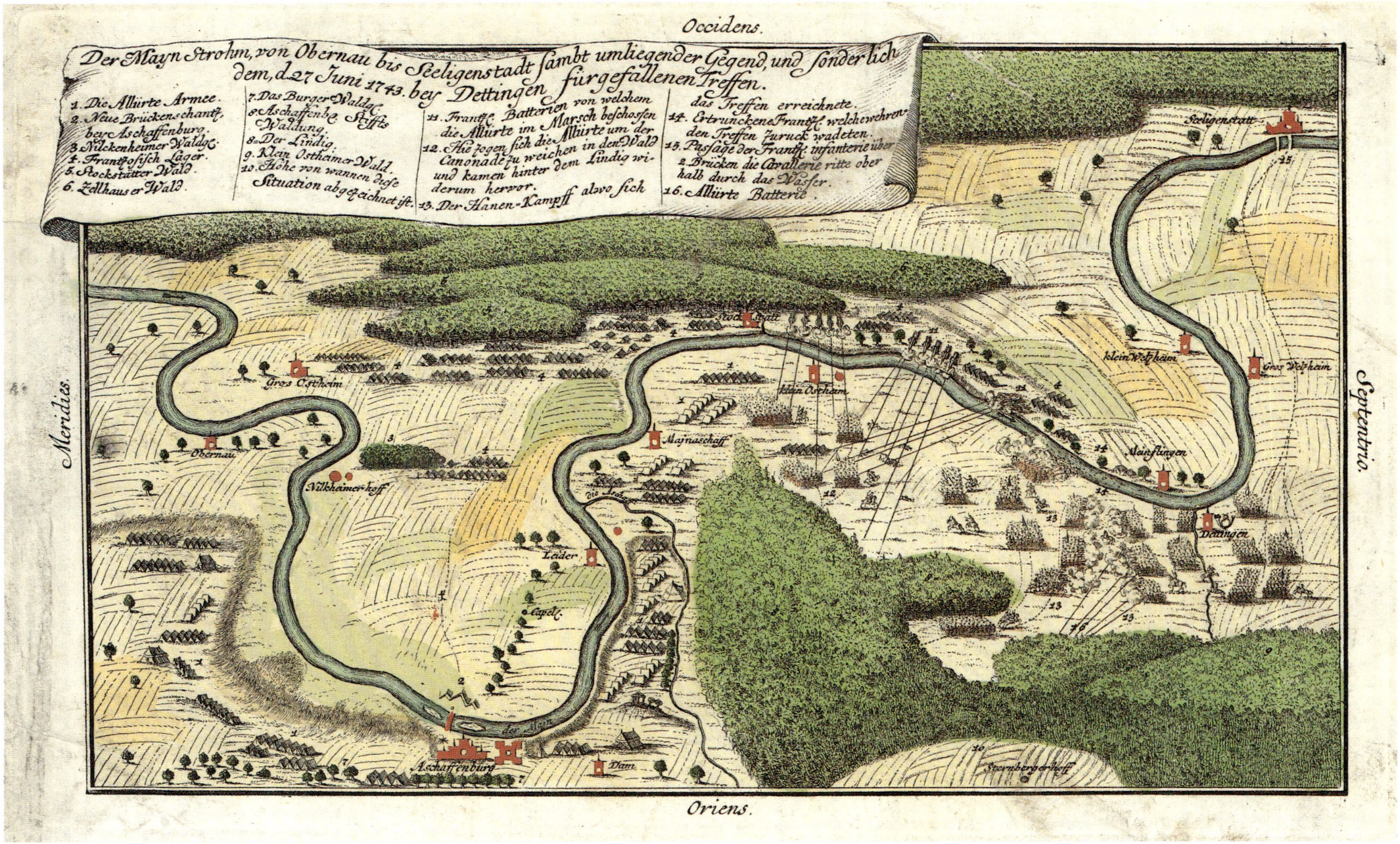

Occidens.
Der Mayn Strohm, von Obernau bis Seeligenstadt sambt umliegender Gegend, und sonderlich dem, d. 27 Juni 1743. bey Dettingen fürgefallenen Treffen.
1. Die Allürte Armee.
2. Neue Brückenschantz, bey Aschaffenburg.
3. Nilckenheimer Waldg.
4. Frantzösisch Läger.
5. Stockstätter Wald.
6. Zellhauser Wald.
7. Das Burger Waldg.
8. Aschaffenbg. Stiffts Waldung.
8. Der Lindig.
9. Klein Ostheimer Wald.
10. Höhe von wannen diese Situation abgezeichnet ist.
11. Frantz. Batterien von welchem die Allürte im Marsch beschossen
12. Hie zogen sich die Allürte um der Canonade zu weichen in den Wald und kamen hinter dem Lindig wi-derum hervor.
13. Der Hanen-Kampff alwo sich das Treffen erreichnete.
14. Ertrunckene Frantz. welche wehren den Treffen zuruck wadeten.
15. Passage der Frantz. infanterie über 2. Brücken die Cavallerie ritte oberhalb durch das Wasser.
16. Allürte Batterie.
Seeligenstatt
klein Welsheim
Gros Welsheim
Stockstatt
klein Ostheim
Mainflingen
Dettingen
Gros Ostheim
Obernau
Majnaschaff
Nilckheimer hoff
Leider
Capel
Aschaffenburg
Dam
Sternbergerhoff
Meridies.
Septentrio.
Oriens.

sche Kontingent anschlossen. Während des Jahres 1742 unternahm die Pragmatische Armee, wie sie nun genannt wurde, keine Maßnahmen mehr und begab sich in ihre Winterquartiere über die gesamten österreichischen Niederlande verteilt[62].

Am 9. Januar 1743 erteilte Georg II. Stair den Befehl zum Vormarsch in das Innere Deutschlands. Auf die strategische Kontroverse, die diesem Befehl vorausging, ist schon hingewiesen worden, ausschlaggebend war schließlich eine unvorsichtige Drohung Friedrichs des Großen an die Adresse der Briten, in der er Hannover bedrohte[63], die in London einen Sturm der Entrüstung auslöste und der Argumentation der österreichischen Generäle zum Durchbruch verhalf[64]. In Flandern blieben die Hessen und einige österreichischen Truppen zurück, ferner einige hannoverische und britische Kavallerieschwadronen; letztere stießen aber noch vor der Schlacht bei Dettingen zur Pragmatischen Armee zurück. Anfang März 1743 machte nun Arenberg den Vorschlag, am Rhein entlang vorzurücken bis an den Neckar und von dort aus nach Bayern weiterzuziehen; Stair stimmte dem Plan zu, nicht aber Georg II., der dadurch Hannover völlig entblößt sah[65]. Am 10. April erging daher der Befehl aus London, nur bis zur Mainlinie vorzugehen und sich dort im Rhein-Main-Gebiet aufzuhalten, danach den Bewegungen des Gegners gemäß zu handeln. Wichtig sei nicht der direkte Marsch nach Bayern, sondern die französische Ersatz-Armee daran zu hindern, nach Bayern vorzurücken[66]. Am 16. April wurde dem Marschall Noailles, nach Einschätzung Friedrichs des Großen nur ein mittelmäßiger General, dem es an kriegerischem Impuls und Selbstvertrauen fehlte[67], das Kommando über eben diese Armee übertragen und ihm folgender Auftrag gegeben: der Pragmatischen Armee entgegenzutreten, ob sie sich gegen Mainz oder die Oberpfalz wende, sie anzugreifen und zu schlagen; gegebenenfalls sollte er mit der Armee des Marschalls Broglie in Bayern kooperieren und, falls es nötig sein sollte, das Kommando über beide Armeen übernehmen[68]. Ende April war die Pragmatische Armee an die Lahn vorgerückt und überschritt diese in drei Kolonnen, um an den Main zwischen Mainz und Hanau vorzurücken. Schon auf diesem Marsch kam es zu ernsten Versorgungsschwierigkeiten: Die Soldaten mußten sich von Wasser und Brot ernähren[69].

62 Vgl. ebd., S. 271.

63 Vgl. *Theo König*, Hannover und das Reich 1740-1745, Diss. Düsseldorf 1938, S. 44 f.

64 Vgl. Erbfolgekrieg (wie Anm. 11), Bd. 5, S. 276.

65 Vgl. ebd., S. 279.

66 Vgl. ebd., S. 279 f.

67 Vgl. *Friedrich der Große*, Werke, hrsg. v. Gustav Berthold Volz, Bd. 2, Berlin 1912, S. 24.

68 Vgl. Erbfolgekrieg (wie Anm. 11), Bd. 5, S. 282 f.

69 Vgl. *Rex Whitworth*, Field Marshal Lord Ligonier, Oxford 1958, S. 70.

Zur gleichen Zeit versammelten sich die Franzosen bei Heidelberg und Speyer[70]. Vom 7. bis 13. Mai trafen die pragmatischen Truppen am Nordufer des Mains ein und blieben dort bis zum 31. Mai stehen. Ab diesem Tag ging Stair dann auf zwei Brücken, die am 31. Mai und 1. Juni fertiggestellt wurden, zwischen Sindlingen und Höchst über den Main. Am selben Tag traf dort auch eine französische Vorausabteilung unter dem Herzog von Gramont ein und beobachtete diesen Übergang. Am 4. und 5. Juni bezogen Briten und Hannoveraner ein Lager zwischen Kelsterbach und Schwanheim südlich des Mains; Arenberg weigerte sich, den Vorstoß mitzumachen, und blieb mit den Österreichern nördlich des Mains stehen, außerdem wies er Georg II., der sich in Hannover befand, auf die Gefährlichkeit dieser Lage hin[71].

Inzwischen traf am 9. Juni die französische Hauptarmee in Pfungstadt ein; Marschall Noailles faßte den Entschluß, rasch vorzurücken und die Briten und die Hannoveraner anzugreifen. In der Ausführung war er nicht so schnell, aber dennoch war dieser Tag äußert kritisch. Am Morgen hatte sich Arenberg schon widerwillig zu dem Entschluß durchgerungen, ebenfalls über den Main zu gehen, und Neipperg mit der Infanterie vorgeschickt, um seine Verbündeten nicht im Stich zu lassen, als abends der Befehl Georgs II. eintraf, die Armee wieder über den Main zurückzuziehen. Stair weigert sich anfangs, vom Rückzugsbefehl des Königs Kenntnis zu nehmen[72].

Am 10. Juni hatten Kavallerie-Patrouillen beider Seiten zwischen Groß-Gerau und Trebur Kontakt. Die britische Vorhut wurde von Generalleutnant Ligonier befehligt, der diese exponierte Position als eine der übelsten seiner ganzen militärischen Laufbahn ansah[73]. Noailles begab sich aber durch sein Zögern der Möglichkeit eines überraschenden Angriffes. Er wollte am 12. Juni angreifen; in der Nacht vom 11. auf den 12. aber zogen sich Briten und Hannoveraner über den Main zurück. Stair hatte Georgs Befehl nicht mehr länger ignorieren können[74].

Nun standen sich also die Alliierten und die Franzosen an verschiedenen Ufern des Mains gegenüber. Aus politischen Gründen besetzte keine von beiden Seiten Frankfurt, das als freie Reichsstadt seine Neutralität wahren konnte und in der Kaiser Karl VII. just am Tage der Schlacht auf seiner Flucht aus Bayern eintraf. Ebenfalls politische Gründe waren es, die Hanau, das Landgraf

[70] Vgl. Erbfolgekrieg (wie Anm. 11), Bd. 5, S. 279 f.

[71] Vgl. ebd.

[72] Vgl. *Fortescue* (wie Anm. 60), S. 91.

[73] Vgl. *Whitworth* (wie Anm. 69), S. 71.

[74] *Handrick* (wie Anm. 14), S. 181, meint, Stair habe in dieser Situation „Kaltblütigkeit und Courage" bewiesen. Tollheit und Narretei wären wohl treffendere Urteile.

Wilhelm von Hessen-Kassel gehörte, der ja mit je einem Fuß in beiden Lagern stand, da er seine Soldaten an beide Seiten vermietet hatte, vor Übergriffen bewahrte. Stair faßte nun den Entschluß, den Main hinaufzurücken, um einen eventuellen Marsch der Franzosen nach Bayern besser verhindern zu können. Am 17. Juni erreichte die Armee, zu der inzwischen auch die in den Niederlanden zurückgelassene britische und hannoverische Kavallerie gestoßen war, das Lager zwischen Kleinostheim und Aschaffenburg.

### 4.3. Das Lager bei Aschaffenburg

Das drohende Unwetter kündigte sich der Stadt Aschaffenburg zunächst ganz harmlos an. Am 1. Juni 1743 wurde im Aschaffenburger Stiftskapitel ein Brief aus Mainz verlesen, daß wegen der bei Frankfurt stehenden Armeen die Wallfahrt nach Walldürn in diesem Jahr ausfallen werde[75]. Der Vizedom und der Stadtkommandant von Aschaffenburg hatten vom Landesherrn, dem Erzbischof von Mainz, den Auftrag erhalten, sich strenger Neutralität zu befleißigen und nur der Gewalt zu weichen, beugten sich aber am 17. Juni den Drohungen des Quartiermeisters der Pragmatischen Armee[76]. Bereits am 18. Juni kam es zu umfangreichen Plünderungen in der Stadt Aschaffenburg wie auch in den umliegenden Dörfern[77].

Am 19. Juni traf auch Georg II. bei der Armee ein zusammen mit seinem Lieblingssohn, dem Herzog Wilhelm August von Cumberland, und einer persönlichen Equipage von 102 Wagen und 622 Pferden[78].

Er übernahm den Oberbefehl, aber abgesehen davon, daß nun sowohl der Hitzkopf Stair wie der vorsichtige Arenberg seine Autorität anerkennen mußten und es keinen geteilten Befehl mehr gab, besserte sich die Lage nicht. Die Pragmatische Armee, fast völlig ohne leichte Infanterie – bis auf drei österreichische Freikompanien – und leichte Kavallerie, sah sich in der wichtigen Disziplin des kleinen Krieges den Franzosen völlig ausgeliefert; die Franzosen hatten dagegen zumindest zwei Husaren-Regimenter zur Verfügung, nämlich Berchény und Esterhazy[79]. Am 19. und 22. Juni erzielten die französischen Husaren in Vorpostengefechten Erfolge[80]. Am 24. gelang es ihnen, ein Maga-

[75] Stadt- und Stiftsarchiv Aschaffenburg, Stiftsarchiv, 5976, S. 89.

[76] Vgl. Hptm. *Sibin*, Aschaffenburgs Schicksal im Jahre 1743, in: Erheiterungen 1843, S. 401-403 u. 405-407, dies S. 402.

[77] Vgl. ebd., S. 403.

[78] Vgl. *Christopher Sinclair-Stevenson*, Blood Royal. The illustrious House of Hannover, London 1979, S. 91.

[79] Vgl. *Georgyi Nagyrévi v. Neppel*, Husaren, Budapest 1975, S. 32 f.

[80] Vgl. *Joseph du Teil*, Campagne de Mr. le Maréchal de Noailles, Paris 1892, S. 9-12.

zin zu Dörnigheim anzuzünden, am nächsten Tag besetzten sie den Weg bei Kahl und schnitten damit der Pragmatischen Armee den Nachschub völlig ab[81].

Normalerweise waren die österreichischen Truppen mit ihren Panduren und Husaren in der Disziplin des kleinen Krieges den Franzosen weit überlegen[82]. Aber vor der Schlacht bei Dettingen hatten die Franzosen ausnahmsweise die Oberhand; die Führung der Pragmatischen Armee war sich dieses Mangels wohl bewußt, und vom Kriegsschauplatz in Bayern wurden schon Anfang April 1743 Verstärkungen an eben diesen Panduren und Husaren angefordert und auch losgeschickt, allerdings zu spät. Im Hinblick auf die Situation der Bevölkerung der hiesigen Gegend kann man sich nur freuen, daß wenigstens die Mordbrenner Trencks und Menzels ihr erspart blieben und nicht mehr rechtzeitig eintrafen. Sie hausten in Bayern dermaßen, daß noch 50 Jahre später ihre Namen Schreckgespenster darstellten[83].

Doch die Briten zeigten, daß nicht nur irreguläre, sondern auch reguläre Truppen grausamer Ausschreitungen fähig waren. Schon im Winter 1742/43 hatten sie sich schwerer Disziplinlosigkeiten schuldig gemacht[84]. Die Situation geriet jetzt dermaßen außer Kontrolle, daß Georg II. öffentlich bei allen Regimentern Plünderern oder allen, die sich ohne Paß außerhalb des Lagers aufhielten, die Todesstrafe androhen lassen mußte[85]. Die Briten plünderten die katholischen Kirchen, im einzelnen die Kirchen und Pfarrhäuser von Dettingen, Kahl, Hörstein, Johannesberg und Mömbris; dem Pfarrer von Johannesberg wurden die Hostien entweiht, die Weihgeräte fortgeschleppt und die Kirchenbücher geraubt[86], der Pfarrer von Kahl bezifferte den Schaden in seiner Kirche auf 300 Gulden[87].

Das Wort des Herzogs von Wellington, er wisse nicht, was die Feinde über seine Soldaten dächten, er aber habe Angst vor ihnen, war auch damals schon gültig. Die britischen Soldaten wurden aus den untersten Schichten der Bevölkerung, darunter auch verurteilten Verbrechern, rekrutiert, und so benahmen sie sich auch[88].

[81] Vgl. *Steiner*, Geschichte (wie Anm. 8), S. 221.

[82] Vgl. *Johannes Kunisch*, Der kleine Krieg. Studien zum Heerwesen des Absolutismus (Frankfurter Historische Abhandlungen, Bd. 4), Wiesbaden 1973, S. 25 f.

[83] Vgl. ebd., S. 35.

[84] Vgl. *Fortescue* (wie Anm. 60), Bd. 2, S. 87.

[85] Vgl. *C. V. F. Townshend*, The Military Life of Field Marshal George First Marquess Townshend, London 1901, S. 15.

[86] Vgl. *Angelika Röhrs-Müller*, Affolderbach-Johannesberg. 800 Jahre Geschichte einer Gemeinde, Johannesberg 1991, S. 186 f.

[87] Vgl. *Helmut Winter*, 1000 Jahre Dettingen, Dettingen 1975, S. 103 f.

[88] Vgl. *Roy Palmer*, The Rambling Soldier, Harmondsworth 1977, S. 10 ff.

# Plan des Positions des Armées de France et Celle des Alliés auant et pendant l'action à Dettingen le 27 juin 1743.

## Legende

1 Position des François en arriuant de Grand Gereau
2 Position du 24
3 Position du 27 lors du passage
4 Marche de l'Armée pour passer au gué
5 Batterie pour Inquieter l'ennemie pendant sa marche
6 Batterie d'un feu Continuel et roulant qui prenoit l'enm.e en flanc et d'enfilade
7 Gué ou a passé la Caualerie
8 Ou les Gardes françoises ont passé à la nage
9 Batterie p.r Soutenir le pont à Seligenstat
10 Corps d'obseruation et brigade de Piemont
11 Disposition de l'armée françoise

12 Position des Anglois le 19 juin
13 Position du 23
14 Marche de l'Armée la nuit du 26 au 27
15 Petit rideau ou les Anglois passoint sur le reuers
16 Batterie pour demonter celle et pour Inquieter la marche des françois

a Strasbourg chée Perrier marchand d'Estempes sur la grande Place du College vis à vis de l'Eglise Neuf

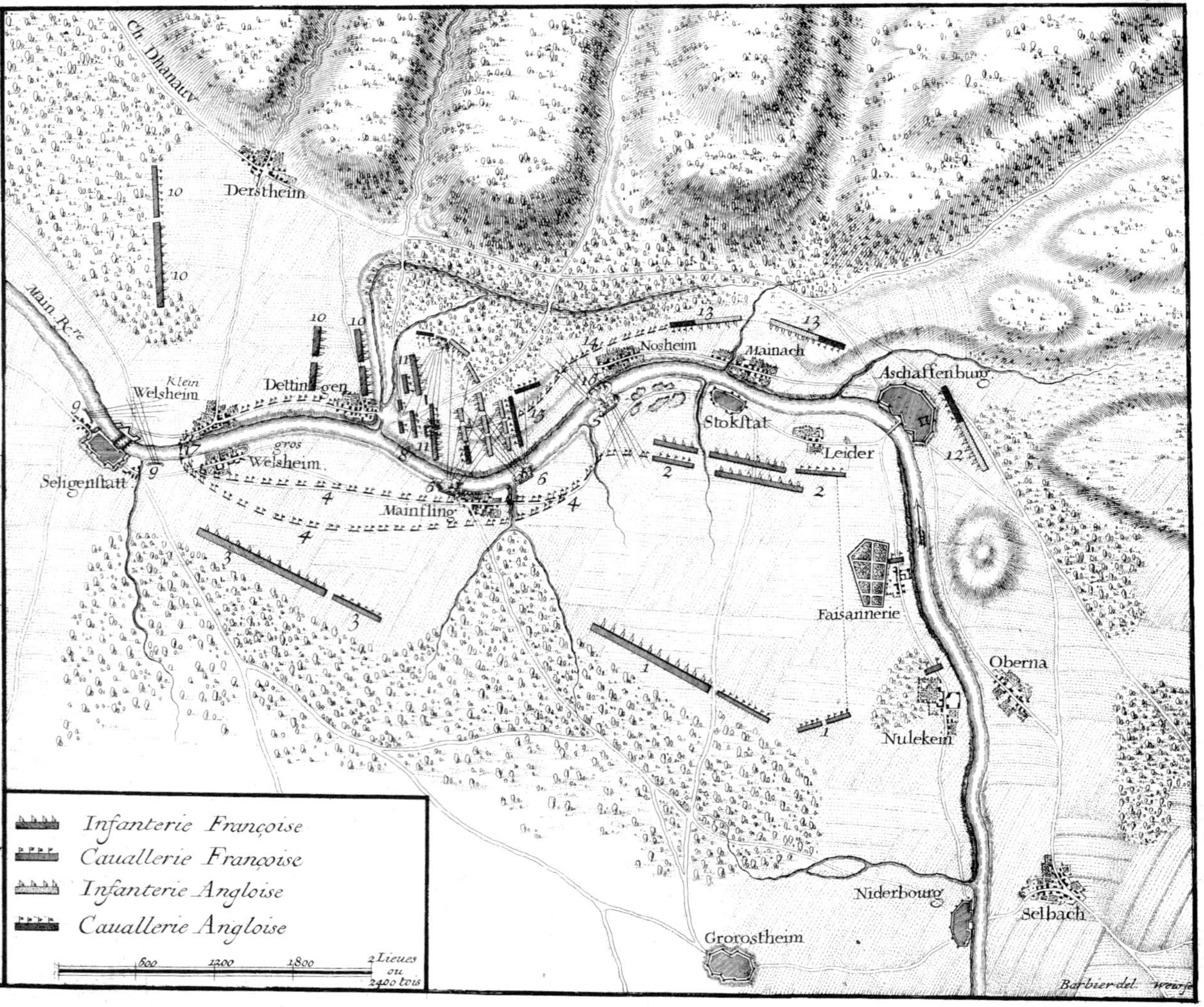

Es ist auffallend, daß in den lokalen Chroniken stets nur von den Briten (und später von den Franzosen) als Übeltätern die Rede ist. Hannoveraner und Österreicher benahmen sich offensichtlich wesentlich zurückhaltender, wofür zum ersten eine bessere Disziplin der Truppen verantwortlich sein dürfte, zum anderen aber auch größerer Respekt vor den Menschen mit gleicher Sprache und gleicher Religion. Bei den Briten war beides nicht gegeben, nationale und religiöse Intoleranz zeigten sich in ihren übelsten Erscheinungsformen. Sie drangsalierten die Bevölkerung, so daß diese in die Wälder flüchtete[89], dadurch die Nachschubsituation der Pragmatischen Armee weiter verschärfend. In welch schwierige Lage man geraten kann, wenn die Bevölkerung feindlich eingestellt ist, mußte auch Friedrich der Große in Böhmen mehrfach erfahren. Es war dies ein vornehmlich passiver Widerstand, wie ihn auch die Bevölkerung am Main 1743 praktizierte[90].

Es wurde immer klarer, daß die Pragmatische Armee nicht in ihrer prekären Lage verharren konnte. Am Mittwoch, den 26. Juni hielt Georg II. einen Kriegsrat ab, in dem das Projekt des Marschalls Neipperg, den Main zwischen Aschaffenburg und Würzburg zu überschreiten, um an die Donau zu marschieren, verworfen und statt dessen der Marsch nach Hanau beschlossen wurde[91].

## 5. Die Schlacht bei Dettingen

### 5.1. Der Verlauf der Schlacht

Georg II., seiner schlechten Nachschubsituation bewußt, befahl um 1 Uhr nachts den Aufbruch. In seinem Rücktrittsschreiben betonte Stair später, der Marsch sei völlig ohne seine Wissen erfolgt[92]. Zwischen 4 und 5 Uhr morgens brach die Armee tatsächlich auf; sie marschierte in zwei Kolonnen, die eine auf der von Aschaffenburg nach Hanau führenden Straße (ungefähr heutige B 8), die andere parallel auf einem Weg am Fuß des Hahnenkamms. Marschall Noailles, der dies erwartet hatte, ging nun daran, seine Mausefalle zu schließen. Wie Noailles am Tag nach der Schlacht an Ludwig XV. berichtete, hatten ihn vier Gründe bewogen, die Schlacht zu suchen:

[89] Vgl. *Steiner*, Geschichte (wie Anm. 8), S. 221.

[90] Vgl. Großer Generalstab, Friedrichs des Großen Anschauungen vom Kriege von 1745 bis 1756 (Kriegsgeschichtliche Einzelschriften, Heft 27), Berlin 1899, S. 307 f.

[91] Bericht des Generalfeldwachtmeisters O'Donel: Österreichisches Staatsarchiv Wien, Abt. Kriegsarchiv, Allgemeine Feldakten 1742-43, 535, 28, 6, 6.

[92] The Memorial of the Earl of Stair, London 1743, S. 3.

GEORGIVS II.
D. G. Magn. Britann. Franc. et Hibern.
Rex. Fidei Defensor. Dux Brunsv. et Luneburg. S. R
Imp. Archi Thesaurarius et Elector.
Eques de Rusca pinxit.
Sculp. C. F. Fritsch filius. Acad. Götting. Sculptor.

Cathelin sculps.

1. der Wunsch des Königs,
2. die günstige Gelegenheit, den Feind auf dem Marsch anzugreifen,
3. zuzuschlagen, bevor die Hessen und Hannoveraner aus Hanau eintrafen,
4. der Verfall der Verhältnisse in Bayern, die nur durch eine erfolgreiche Schlacht wiederherzustellen waren[93].

Er hatte Vorbereitungen getroffen, bei Seligenstadt Brücken über den Main schlagen lassen und Furten erkundet. Der Main war natürlich damals noch nicht kanalisiert wie heutzutage und damit einerseits etwas breiter, andererseits erheblich flacher, als er sich dem heutigen Betrachter darstellt. Dadurch war es vor allem der Kavallerie ohne weiteres möglich, an vielen Stellen den Fluß zu durchschreiten. Lediglich Artillerie und Infanterie waren auf die Brücken angewiesen. Aber auch die Infanterie konnte ihn an den meisten Stellen wohl durchwaten, wie die französische Garde später zeigen sollte.

Zu dieser französischen Garde seien an dieser Stelle einige Bemerkungen angebracht. Bei den Gardes françaises handelte es sich um das älteste Regiment der französischen Krone. 1563 aufgestellt, genoß das Regiment den Vortritt vor allen anderen Truppen. Es konnte seine Stellung in der Schlachtlinie und auch im Lager selbst wählen. Ausländer wurden in das Regiment nicht aufgenommen, überwiegend wurde es aus Parisern rekrutiert. Diese städtische Herkunft war wohl auch seine entscheidende Schwäche und die Ursache dafür, daß es zumindest im 18. Jahrhundert nur dem Namen nach eine Elite darstellte; neben dem Versagen bei Dettingen und Fontenoy sei vor allem an seine Rolle während der Revolution erinnert. Während sich die Schweizer Garde ihrem Eid gemäß für ihren König opferte, schloß sich die französische Garde ohne weiteres der Revolution an und beteiligte sich am Sturm auf die Bastille[94].

Um halb acht morgens bemächtigten sich die Franzosen des von der Pragmatischen Armee verlassenen Aschaffenburg, wo sie als Befreier begrüßt wurden[95]. Gegen 8 Uhr morgens eröffneten die französischen Batterien bei Stockstadt das Feuer auf die Marschkolonnen der Alliierten. Bei den Gepäckwagen der alliierten Armee wurde einiger Schaden angerichtet[96]. Georg II. detachierte bei der Kapelle St. Christoph bei Kleinostheim eine österreichische Batterie von acht Geschützen, um das Feuer zu erwidern[97]. Dieses Artillerieduell ver-

[93] Vgl. *Camille Rousset*, Correspondance de Louis XV. et du Maréchal Noailles, Paris 1865, S. 118 f.

[94] Vgl. *Liliane* und *Fred Funcken*, Historische Uniformen. 18. Jahrhundert, Bd. 1, München 1977, S. 30-36.

[95] Vgl. *Sibin* (wie Anm. 76), S. 403.

[96] Vgl. Particulars of the Action at Dettingen, London 1743, S. 4.

[97] Vgl. Erbfolgekrieg (wie Anm. 11), Bd. 5, S. 302.

An Exact Prospect of the *FORCES* of his Most sacred MAJESTY KING GEORGE as they appeard when Drawn up before the *BATTLE* on the Plain of *DETTINGEN* — *Drawn on the Spot by an English Officer.*

*A. His Majesty King George. B. His Royal Highness the Duke of Cumberland. C. the English Camp near Aschaffenburg. D. the French Camp. E. Selingenstat. F. the River Mayn.*

*An extract of a Letter from Mr. Kendall in Ld. Albermarle's Troop to his Wife*

*On June ye 15th the whole Army had Orders to strike the Tents & in ye afternoon all the Baggage was packed up. The Generals took ye Field that night & ye Kings Guard of 30 Men were order'd to have their Horses ready bridled. At 2 in the Morning ye King mounted his horse went into ye Field & took a review of ye troops & was very well pleased & order'd ye foreign Troops to joyn ye English himself riding by them. When he had rode about a Mile ye French began to Fire from a Battery of 12 Cannon directly at him but as God would have it they had levelled to high several Balls were within half a Yard of his head & in ye first Rank near ye King ye Capt. had his Hat Shot off, another near him his Horse shot, another on ye left hand of him shot in the Shoulder & ye next Man to him shot dead, but ye King was not at all concern'd, & when ye Duke d'Aremberg desired him to go out of danger he answerd dont tell me of danger, I'll be even with them.*

*By this time the French were drawn up in Line of Battle & their Cannon play'd for 3 hours on our Horse, dureing wch we got 3 Batteries ready to Fire on ye French. The King then drew his Sword, orderd ye Hanoverian Foot & Horse & some English thro ye Wood & rode about like a Lion. He drew them up in Line of Battle & stood by till 8 more Cannon were planted to Fire upon the French which did great execution killing 30 or 40 at a shot & orderd ye English Infantry not to Fire till they came within about 3 100 Yards of the French.*

*The French fired upon us & the King flourished his sword & said* Now Boys now for the honour of England Fire and behave brave & the French will soon run. *then they gave a Huzza & fired on both sides, & ye shot flew as thick as Hail but our Men fired too fast for them & soon made them retreat at which they gave another huzza & fired again.*

*Then the Horse on both sides engaged the French were drawn up 8 deep and the English's Blands Regiment suffered very much, but ye French soon gave ground & we drove them over ye River in which 3000 was drowned.*

*Our Army was drawn up & lay under Arms all night during which time it rained very hard, and part of ye next day we had neither Victuals, Drink, or Tents and were forced to lay down in the wet.*

*The King stood in the Field till ten o Clock that night. He is certainly the boldest Man I ever saw.*

*The French lost 7050 Men kill'd drowned & wounded 1260 were taken Prisoners, 1180 Horses, 6 Colours, 12 Standards, 12 Pieces of Cannon & a Pair of Kettle Drums.*

*The loss on our side is about 1500 Men.*

*London Publish'd according to Act of Parliament August 8th 1743 by [illegible] Map & Printseller facing [illegible] Lane in Cornhill. Where all Country Chapmen may be Furnish'd with the newest sorts of [illegible] Maps & Prints [illegible] at [illegible] lowest Prices.*

ursachte auf beiden Seiten nicht eben große Verluste. Die Österreicher hatten während der ganzen Schlacht zwei Tote bei der Artillerie, die Franzosen verloren ebenfalls nur zwei Mann[98]. Zu dieser Zeit hatte eine Vorausabteilung der Pragmatischen Armee unter dem britischen Oberstleutnant Gee bereits Dettingen besetzt[99], zog sich aber wieder zurück und überließ den Ort kampflos den Franzosen. Der Generalfeldwachtmeister O'Donel, einer der zahlreichen irischen Soldaten im Dienste des Hauses Habsburg, erkundete den französischen Aufmarsch, sah bereits 30 französische Schwadronen in der Entwicklung und meldete dies Georg II. Daraufhin entfaltete sich auch die Pragmatische Armee in Aufstellung[100].

Am Main entwickelte sich nun der Artilleriekampf immer stärker. Zwei weitere Batterien der Pragmatischen Armee fuhren am Mainufer auf. Allerdings waren die Franzosen mit 40 gegen 20 Geschütze immer noch bedeutend überlegen und konnten verhindern, daß einige Bataillone sich aus dem Wald auf die Ebene vorwagen konnten. Die moralische Wirkung des Artilleriefeuers war dabei wesentlich stärker als die materielle[101]. Dadurch daß auf die weite Entfernung mit Kanonenkugeln geschossen wurde, war die Wirkung auf infanteristische Ziele wesentlich geringer als bei der Verwendung von Kartätschen, deren vernichtende Wirkung die hannoverische Artillerie unter Oberst Brückmann im weiteren Verlauf der Schlacht demonstrieren sollte.

Auf der Gegenseite hatte Generalleutnant Gramont, der Kommandeur der französischen Garde, von Marschall Noailles den Auftrag erhalten, Dettingen zu besetzen und sich hinter dem versumpften Forchbach, über den nur drei Übergänge führten, darunter die steinerne Brücke in Dettingen selbst, zu verschanzen. Daß Noailles nicht bei der Hauptarmee blieb, sondern über den Main zurückging, um den Anmarsch weiterer Truppen zu überwachen, ist kaum erklärlich, da dies eine Aufgabe für seinen Quartiermeister gewesen wäre. (In Paris wurde er später offen der Feigheit bezichtigt und ein Schwert mit der Aufschrift „Du sollst nicht töten" über die Pforte seines Schlosses gehängt.) Dort gab er, als ihm gemeldet wurde, daß Dettingen vom Feind geräumt sei, den Befehl, dieses zu besetzen[102].

Gramont ging nun aber über diese Stellung hinaus, um die Pragmatische Armee anzugreifen. Dies wird von den meisten Kritikern als der entscheidende

[98] Vgl. ebd., S. 654 f.
[99] Vgl. *Andrew Robertson*, The Operations of the alleyd Army, Diary, London 1743, S. 26 ff.
[100] Österreichisches Staatsarchiv (wie Anm. 91).
[101] Vgl. *B. P. Hughes*, Feuerwaffen – Einsatz und Wirkung, Thun 1980, S. 83.
[102] Schreiben des Marschall Noailles an Minister Blondel aus dem Lager bei Seligenstadt, 28. Juni 1743, in: Le Journal du comte Henri de Calenberg pour l'Année 1743, Brüssel 1915, S. 58.

Punkt gesehen, der zum Verlust der Schlacht für die Franzosen führte. Man kann dies aber mit Fug und Recht bezweifeln. Bei Fontenoy überwand die britische Stoßkolonne wesentlich stärkere Hindernisse, als sie der Forchbach darstellte[103], und auch bei Minden erwiesen sich die Franzosen in der Verteidigung den Briten nicht gewachsen[104]. Es erscheint ausgemacht, daß die Franzosen die Schlacht verloren hätten, ob sie angegriffen oder verteidigt hätten, und zwar weil die französischen Truppen, vor allem die Infanterie, den Verbündeten qualitativ und auf dem Schlachtfeld auch quantitativ unterlegen waren[105].

Die Armee des Marschalls Noailles hatte im Februar einen großen Schub Milizen bekommen, aber für deren Ausbildung war so gut wie nichts geschehen[106], auch bei der britischen Armee ließ die Friedensausbildung sehr zu wünschen übrig[107]. Dies zeigte sich in der Schlacht darin, daß sie ihr Feuer auf zu weite Entfernung eröffnete und sich leicht in Unordnung bringen ließ, was der 16jährige Fähnrich Wolfe, der Sieger von Quebec und Eroberer von Kanada, der schon 1743 als stellvertretender Regimentskommandeur fungierte, bemängelte[108].

Aber dafür war die Ausbildung der Hannoveraner und Österreicher um so besser, eine Folge davon, daß die deutschen und wallonischen Offiziere die Aufgabe, ihre Männer auszubilden, ernster nahmen als ihre britischen und französischen Gegenparte, die es als vornehmste Pflicht eines Offiziers ansahen, elegant auszusehen, gut zu reiten und tapfer zu sterben[109]. Der österreichische General Browne, der nach der Schlacht zur Pragmatischen Armee stieß, schätzte von deren Kontingenten die Hannoveraner am höchsten ein[110].

Bei Prag 1742 hatte die französische Armee nicht weniger als 20.000 Leibdiener für die Offiziere dabei, und bei Dettingen dürften es mindestens genau so viele gewesen sein, dazu kam noch zahlreicher weiblicher Anhang. Tatsache war, daß die französische Armee ihre im 17. Jahrhundert innegehabte führende

[103] Vgl. *Fortescue* (wie Anm. 60), Bd. 2, S. 114 f.

[104] Vgl. ebd., S. 501 f.

[105] Noailles selbst gab zu, er habe bei seinen Truppen Dinge gesehen, die er nie für möglich gehalten hätte, und äußerte die Befürchtung, die Armee werde in völlige Dekadenz fallen; vgl. *Rousset* (wie Anm. 93), S. 118 ff. Die von *Handrick* (wie Anm. 14), S. 320, vertretene Auffassung, zwischen beiden Armeen sei kein qualitativer Unterschied festzustellen, ist unhaltbar.

[106] Vgl. *André Corvisier*, L'Armée Francaise – de la fin du XVIIe siècle au ministère de Choiseul, Bd. 1, Paris 1964, S. 249.

[107] Vgl. *John Houlding*, Fit for Service: The Training of the British Army 1715-1795, London 1981, S. 10.

[108] Vgl. *A. G. Bradley*, Wolfe, London 1904, S. 23.

[109] Vgl. *Hans Delbrück*, Geschichte der Kriegskunst im Rahmen der politischen Geschichte, Bd. 4, Berlin 1926, S. 301 f.

[110] Vgl. *Duffy*, Browne (wie Anm. 7), S. 115.

**Vorstellung des blutigen Treffen, welches den 27sten Junii 1743. zwischen der Alliirten und Frantzösischen Armee**
bey Dettingen am Mayn-Strohm gehalten worden.

Erklärung obiger Ziffern: 1. Aschaffenburg. 2. Brücke bey Aschaffenburg, so mit Canonen besetzt. 3. Jhro Königl. Majestät von Groß-Brittannien. 4. Jhro Hoheit der Herr Hertzog von Cumberland. 5. Das Dorff Leider. 6. Stockstadt. 7. Frantzösische Batterie. 8. Klein Ostheim. 9. Dettingen. 10. Seeligenstadt

Stellung verloren hatte. Sie erholte sich von den Schlägen, die ihr Prinz Eugen und Marlborough versetzt hatten, bis zur Revolution nicht mehr. Sie versagte bei Dettingen, Roßbach, Minden und Krefeld; sie wäre auch bei Fontenoy von einem anderen General als Cumberland geschlagen worden. Wenn sie Erfolg hatte, dann nur mit einer erheblichen zahlenmäßigen Überlegenheit. Ein weiterer Faktor für die Überlegenheit der Pragmatischen Armee war, daß ihre Musketen schwerer waren und ein größeres Kaliber hatten als die der Franzosen, ihr Feuer mithin erheblich gefährlicher war[111]. Zudem waren die Franzosen am entscheidenden Punkt auch quantitativ schwächer; Noailles brachte es fertig, mit einer zahlenmäßig überlegenen Armee weniger Soldaten auf das Schlachtfeld zu bringen als die Alliierten. Nun war zwar die französische Kavallerie, vor allem das königliche Haus (Maison du Roi), von unbestrittener Tapferkeit. Aber in direktem Angriff auf geordnete Infanterie konnte Kavallerie sich nur durchsetzen, wenn die Infanterie die Nerven verlor, und das taten die Truppen der Verbündeten an diesem Tage nicht. Beide Seiten entwickelten sich zwischen 8 und 12 Uhr, die eigentliche Schlacht dauerte nach Einschätzung des britischen Außenministers Carteret[112], der die Schlacht von seiner Kutsche aus beobachtete, von 12 Uhr mittags bis 4 Uhr nachmittags[113].

Die Franzosen führten keinen koordinierten Angriff durch, vielmehr attakkierte zunächst die Kavallerie, und nachdem diese zurückgeschlagen worden war, ging die Infanterie vor. Die französischen Truppen, die Aschaffenburg besetzt hatten, griffen überhaupt nicht in die Schlacht ein, ja sie zeigten sich nicht einmal außerhalb der Stadt, auch dieses ein Zeichen für die mangelhafte Koordination auf französischer Seite. Alle diejenigen, die vom hübschen Plan des Marschall Noailles schwärmen, übersehen, daß diese Koordinationsschwierigkeiten von vorneherein in der Problematik einer Schlacht mit einem Flußübergang begründet liegen.

Die Hauptschuld der Niederlage liegt nicht im unzeitigen Vorgehen Gramonts, sondern im Plan von Noailles. Auf der Seite der Verbündeten sah es allerdings nicht viel besser aus. Weder Stair noch Arenberg befehligten mehr als das Regiment, bei dem sie sich zufällig befanden, von einer zusammenhängenden Führung konnte keine Rede sein; lediglich stellenweise ergriffen Generäle wie Neipperg oder Salm die Initiative. Da sich die Pragmatische Armee aus zwei Marschkolonnen, eine durch Kleinostheim, die andere nördlich davon,

[111] Vgl. *Hughes* (wie Anm. 101), S. 11.

[112] Carteret wurde später Earl of Granville. Er war nach Einschätzung von *Richard Lodge*, Studies in Eighteenth-Century Diplomacy 1740-1748, Westport, Conn. 1970, S. 2, einer der begabtesten Politiker des 18. Jahrhunderts, aber zu kurz im Amt, um seine Fähigkeiten wirklich unter Beweis stellen zu können.

[113] London Magazine, London 1743, S. 313.

entwickelte, ist die Frage, in wie vielen Linien die Pragmatische Armee formiert war, nicht leicht zu beantworten[114].

Insgesamt dürfte feststehen, daß die ursprünglich sehr tiefe Formation der Verbündeten im Laufe der Schlacht immer flacher wurde, als immer mehr Truppen in den Kampf verwickelt wurden. Lediglich die britische und hannoverische Garde kamen nicht ins Feuer, was von den darüber wütenden Briten dem hannoverischen General Ilten zugeschrieben wurde[115]. Etwa um 12 Uhr wurde die Schlacht von den Franzosen mit dem Angriff der Gardekavallerie, der Maison du Roi, auf das Zentrum der alliierten Linie eröffnet[116].

Dieser erste Angriff brachte auch die größte Gefahr für die Verbündeten, die Schlacht zu verlieren. Hätten die Reiter der Maison du Roi angegriffen wie Seydlitz bei Roßbach oder die Bayreuther Dragoner bei Hohenfriedberg – mit dem Schwert in der Hand, ohne die Pistole zu benutzen, in vollem Galopp – hätten sie die Sache wohl im ersten Anlauf entscheiden können. Das taten sie aber nicht, vielmehr gaben sie der Versuchung nach, sobald sie in Reichweite waren, ihre Pistolen zu verwenden, die sie anschließend dem Feind entgegenschleuderten[117]. Damit aber beraubten sie sich der wichtigsten Waffe, die Kavallerie gegen Infanterie hat, nämlich des unwiderstehlichen Impetus, der dazu führt, daß die Infanterie die Nerven verliert und überstürzt flieht[118]. So gelang es ihnen zwar, zunächst die britische Kavallerie zu werfen, dann in die britische Infanterie einzubrechen, wohl in den Zwischenräumen zwischen den Bataillonen, und diese in Unordnung zu bringen, nicht aber, sie zu zerbrechen. So gerieten die Reiter der Maison du Roi in den Zwischenraum zwischen der ersten Infanterielinie, die sich wieder sammelte, und der zweiten Linie und damit in ein vernichtendes Kreuzfeuer, in dem sie schwere Verluste erlitten[119]. Sie wiederholten ihre Angriffe mehrfach, zum Teil mit Erfolg, wurden aber schließlich durch britische Kavallerie und Infanterie sowie durch die österreichischen Dragoner fast völlig aufgerieben und verloren eine große Anzahl an Toten, Verwundeten und Gefangenen, viele davon aus den ersten Familien Frankreichs[120].

[114] Vgl. *Orr* (wie Anm. 13), S. 54 ff.

[115] Thomas Eberhard von Ilten übernahm 1745 das Kommando über die hannoveranische Armee, vgl. *Ernst Heinrich Kneschke*, Neues allgemeines Deutsches Adels-Lexicon, Leipzig 1930, Bd. 4, S. 571.

[116] Relation of the Battle of Dettingen 16./27. June 1743, o. O. o. J. [London 1743], S. 2.

[117] Vgl. *Orr* (wie Anm. 13), S. 59.

[118] *Clausewitz* (wie Anm. 3), S. 341, betonte die unbedingte Überlegenheit eines guten Fußvolkes über die beste Reiterei durch die Geschichte hindurch.

[119] Vgl. Erbfolgekrieg (wie Anm. 11), Bd. 5, S. 307.

[120] Vgl. ebd., S. 308.

Nun war die Reihe an der französischen Garde-Infanterie. Nachdem ein erster Angriff gescheitert war, rückte sie am Main entlang vor und zwang damit ihre Artillerie am anderen Mainufer, das Feuer einzustellen[121]. Der Main macht an dieser Stelle eine Schleife. Indem sie sich an ihm entlang bewegte, entblößte die Garde ihre Flanke. Während sie auf die Hannoveraner vor ihnen vorrückte, formierte der österreichische Feldmarschalleutnant Salm eine Stoßbrigade aus drei österreichischen Regimentern. Mit diesen fiel er überraschend der Garde in die Flanke; da ihr der Rückweg abgeschnitten war, blieb ihr nichts anderes übrig, als sich fluchtartig in den Main zu stürzen[122]. In einigen Berichten heißt es, daß dabei Hunderte ertranken[123]; dies ist aber weit übertrieben, der Main war damals sehr flach, und wenn auch tatsächlich einige Soldaten ertrunken sein dürften, dann vor allem diejenigen, die ohnehin schon verwundet waren[124]. Insgesamt verloren die Gardes françaises 205 Tote, die allermeisten wohl durch normale Waffenwirkung. Der Pariser Witz nannte sie nach diesem Schwimmbad Mainenten (Canards du Mein), und bei Fontenoy mußten sie auch noch den Hohn der britischen Garde ertragen; bei dieser Gelegenheit flohen sie genauso überstürzt[125]. Am anderen Flügel am Fuße des Spessarts griffen in der Zwischenzeit der Rest der französischen Infanterie und Kavallerie an. An dieser Stelle hatte der hannoverische Artillerieoberst Brückmann seine große Batterie formiert, die mit ihren von ihm neu entwickelten Traubenkartätschen eine furchtbare Wirkung entfaltete[126]. Die Brigade Touraine wurde von Brückmann in der Flanke erfaßt und bekam die volle Wucht jener Salven zu spüren[127].

Wie auch die Garde wurde die französische Infanterie hier Opfer ihrer Doktrin, das Gewicht mehr auf die Bewegung als auf das Feuer zu legen[128]. Diese Taktik wurde dann als Kolonnentaktik bestimmend für die napoleonische Epoche, allerdings bedurfte sie der Unterstützung durch Tirailleure, die erst durch die Revolution geschaffen wurden, und selbst dann wurde die fran-

[121] In diesem Zusammenhang von einem Umfassungsversuch zu reden, wie dies *Handrick* (wie Anm. 14), S. 205, tut, verkennt die Geländesituation. Der Zwischenraum zwischen Main und Hügeln verengt sich nach Kleinostheim zu wieder.

[122] Vgl. Erbfolgekrieg (wie Anm. 11), Bd. 5, S. 311.

[123] Vgl. *Steiner*, Geschichte (wie Anm. 8), S. 229.

[124] Von Hunderten von Ertrunkenen spricht z. B. *Fortescue* (wie Anm. 60), Bd. 2, S. 100.

[125] Vgl. *Jaques Boudet*, Fontenoy, 1745, in: Cyril Falls, Große Landschlachten, Frankfurt 1972, S. 52-70.

[126] Vgl. *B. von Linsingen-Gerstorff*, Aus Hannovers militärischer Vergangenheit, Hannover 1880, S. 74.

[127] Vgl. *du Teil* (wie Anm. 80), S. 25.

[128] Vgl. *Herbert Schwarz*, Gefechtsformen der Infanterie durch 800 Jahre, München 1977, S. 298.

*"I don't want a d —— d horse"*

*George II at the Battle of Dettingden, 1743.*

zösische Kolonne in Spanien und schließlich bei Waterloo immer wieder durch die britische Linie geschlagen.

Noailles hatte den Befehl gegeben, den Feind zuerst schießen zu lassen und sich dann mit dem Bajonett auf ihn zu stürzen[129]. Dieser Glaube an die Überlegenheit des blanken Stahls wurde von den führenden Militärtheoretikern jener Zeit geteilt, so vom Marschall Moritz von Sachsen, dem Sieger von Fontenoy, der sogar die Pike wieder einführen wollte, und von Friedrich dem Großen, der am Anfang des Siebenjährigen Krieges den gleichen Befehl gab, bis er, nachdem er bei Lobositz, Prag und Kolin den größten Teil seiner Infanterie verloren hatte, von seinem Irrtum überzeugt wurde[130]. Auch an diesem Tag

[129] Vgl. *Rousset* (wie Anm. 93), S. 112. Die von *Handrick* (wie Anm. 14), S. 196, vertretene Auffassung, dies sei geschehen, um den Überraschungseffekt zu steigern, ist unrichtig.

[130] Vgl. Großer Generalstab (wie Anm. 49), S. 28 ff.

brachen alle Angriffe der Franzosen im Feuer der Artillerie und Infanterie der Verbündeten zusammen[131].

Georg II. befand sich während der Schlacht auf dem rechten Flügel. Daß er während der Schlacht auf dem Sternberg gewesen sein soll, woran ein Gedenkstein erinnert, ist blanker Unsinn, vielmehr hielt er sich am Fuße der Spessarthügel auf[132]. Möglicherweise war er in den Tagen vor der Schlacht bei einem Jagdausflug an der Stelle, an der sich heute der Königsstein befindet. Dies könnte die Wurzel der Volksüberlieferung sein. Georg II. war von seinem Pferd abgestiegen, nachdem dieses ebenso wie das seines Sohnes, des Herzogs von Cumberland, zu Beginn der Schlacht durchgegangen war; ein Zeichen, daß die Pferde der britischen Kavallerie insgesamt mangelhaft ausgebildet waren, was sich auch während der Schlacht bemerkbar machte. Georg II. befehligte seine Truppen zu Fuß, nach den Worten Carlyles[133] „sans peur et sans avis", ohne Furcht und Hirn, wie man etwas maliziös übersetzen könnte. Er war nach dem übereinstimmenden Urteil britischer Historiker kein bedeutender König, und seine Tapferkeit bei Dettingen neben seiner steten Fürsorge für die Armee werden diesem Mann mit „der Moral eines Lüstlings und den Manieren eines Clowns" fast als das einzige positive Ereignis seiner Regierung angerechnet[134]. Seine persönliche Tapferkeit bewies er bei Dettingen und Oudenarde, aber auf politischem Felde offenbarte er oft die gegenteilige Eigenschaft. Nach dem Urteil Lord Waldegraves[135] war dies aber ein Fehler auf der richtigen Seite, da er sonst in einer so begrenzten Monarchie wie der britischen kein so guter König gewesen wäre.

Nachdem Noailles erkannt hatte, daß die Schlacht nicht mehr zu gewinnen war, befahl er den Rückzug über den Main, der in guter Ordnung erfolgte, ohne daß die Verbündeten einen Versuch der Verfolgung machten. Stair war über dieses Versäumnis äußerst aufgebracht und forderte die Verfolgung über den Main; diese Forderung aber zeigt ihn erneut nur als einen Hitzkopf. Die Truppen der Verbündeten waren erschöpft, da sie immerhin seit Mitternacht auf den Beinen waren und vier Stunden gekämpft hatten. Dagegen war auf der Seite der Franzosen gut die Hälfte der Kavallerie, zusammen mit einiger Infanterie und dem größten Teil der Artillerie, immer noch auf der anderen Seite des Mains und hatte, von der Artillerie abgesehen, an der Schlacht gar nicht teilge-

[131] Vgl. *Orr* (wie Anm. 13), S. 62 f.

[132] Vgl. *Röhrs-Müller* (wie Anm. 86), S. 293 f.

[133] *Carlyle* (wie Anm. 6), Bd. 3, S. 677.

[134] *Leslie Stephen* (Hrsg.), Dictionary of National Biography, London 1890, Bd. 21, S. 170 f.

[135] *James Earl Waldegrave*, Memoirs from 1754 to 1758, London 1821, abgedr. in: David Bayne Horn und Mary Ransome (Hrsg.), English Historical Documents 1714-1783, London 1957, S. 102-103, dies S. 103.

Dettingen

nommen[136]. Gegen 18 Uhr bezog die Armee der Verbündeten zwischen Großwelzheim und Hörstein das Nachtlager.

### 5.2. Die Folgen der Schlacht

Georg II. übertrug die Sorge für die Toten und Verwundeten General Hawley, der sich allerdings als völlig unfähig erwies. Zusätzlich kompliziert wurde die Lage der Verwundeten dadurch, daß es gegen 20 Uhr stark zu regnen anfing. Der Regen hielt die ganze Nacht hindurch an, während es tagsüber sehr heiß gewesen war. Ob die Bauern wirklich unter den Verwundeten mordeten und plünderten, sei dahingestellt[137]. Die Toten dürften auf jeden Fall ausgeplündert worden sein. Dies war äußerst lohnend, denn im allgemeinen trugen Soldaten und Offiziere ihre gesamte Barschaft mit sich[138]. Gerade die zahlreichen Toten und Verwundeten der Maison du Roi hatten eine außergewöhnlich kostbare Ausrüstung, die sich zu rauben lohnte. Wenn sich einer von den vermeintlich Toten noch rührte, so kam das Bajonett zu seiner Ehre. Allerdings kam es auch vor, daß Verwundete von Angehörigen ihrer eigenen Armee ausgeplündert wurden. Wegen Hehlerei mit Plündergut der alliierten Armee wurde einige Monate später der Jude Mordge Jessel aus Hörstein verhaftet[139]. Abgesehen davon aber, daß man sich in dieser Weise um die Toten und Verwundeten „kümmerte", wurden auch ernsthafte Versuche gemacht, erste Hilfe zu leisten[140].

Die Toten wurden zunächst nur unzureichend begraben. Am 19. Juli 1743, also drei Wochen nach der Schlacht, erging ein Befehl, „die nächst der Wahlstatt bey Dettingen nach gefedtigter Action todt gebliben Menschen und Vieh völlig unter die Erde zu scharren damit nicht etwa einige Krankheiten bey dermahlig Hundsthäg einreißen möge"[141].

Nun war die Nachschubsitutation der Pragmatischen Armee ohnehin sehr schlecht; dadurch daß während der Schlacht der Train unter Artilleriebeschuß geraten war und anschließend von französischen Husaren geplündert wurde, wurde sie aussichtslos. Auch bei bestem Willen wäre es Georg II. unmöglich gewesen, für einen geregelten Abtransport der Verwundeten zu sorgen; ob dieser beste Wille vorhanden war, mag man allerdings bezweifeln. Ein Teil der Wagen wurde zurückgelassen; wenn sich die Bauern an diesen vergriffen, wur-

136 Erbfolgekrieg (wie Anm. 11), Bd. 5, S. 313.

137 So behauptet von *Townshend* (wie Anm. 85), S. 31.

138 Vgl. *Keegan* (wie Anm. 1), S. 187 f.

139 Bayerisches Staatsarchiv Würzburg, Mainzer Regierungsarchiv, K 327/321.

140 Vgl. *Martin Goes*, Über Verwundete und Kranke im Zusammenhang mit der Schlacht bei Dettingen, unten S. 112-126, dies S. 112 ff. u. 116.

141 Bayerisches Staatsarchiv Würzburg, Mainzer Regierungsarchiv, Militär K 238/247.

den sie später dafür bestraft[142]. So jedenfalls oblag es Stair, die Verwundeten der Fürsorge des Marschalls Noailles durch einen Kurier zu empfehlen. Die Pragmatische Armee aber brach am nächsten Tag nach Hanau auf, um sich mit den dort stehenden Hannoveranern und Hessen zu vereinigen. Noailles schaffte den größten Teil der Verwundeten ins Kloster Seligenstadt, wo in den nächsten Wochen noch Hunderte starben. Wie in allen Kriegen vor 1914 war Krankheit noch gefährlicher als Waffengewalt, die rote Ruhr, eine tödliche Durchfallkrankheit, die seuchenartig auftritt, besorgte ein übriges. Schon in den sechs Wochen vor der Schlacht hatte die französische Armee 2.500 Mann durch Krankheit verloren, die Verluste nach der Schlacht dürften nicht geringer gewesen sein[143]. Ein Brief aus Zwingenberg schildert das Leid der französischen Gefangenen bei der Pragmatischen Armee[144]:

> „Der Jammer dieser armen Leute ist nicht genug zu beschreiben. Etlichen war ein Fuß, etlichen alle beide, anderen eine Hand oder beyde Arme abgeschossen; einigen waren die Köpfe gespalten; und wer kann alle ihre gehabten Wunden erzehlen? Ein junger Offizier, ein Sohn des Herzogs von Boufflers, der ein Bein verloren, hatte in der folgenden Nacht entsetzliche Schmerzen; nachdem er des Morgens darauf nach Worms gebracht worden, ist er bald hernach gestorben. Man konnte es nicht ohne Tränen ansehen, wenn sie von den Wagen gehoben und ins Lazarett gebracht wurden; insonderheit wenn die Chirurgi die Finger in Rheinischen Brandtwein tauchten, und in den Wunden herumfuhren; sodann ein benetztes Tuch darauf legten. Wenn einer starb, ward er in ein Bettuch genehet, und außer der Vorstadt in einem Acker begraben."

Es gibt weitere Berichte dieser Art[145].

Immerhin bemühten sich beide Seiten, dem Elend etwas abzuhelfen. Im sogenannten Frankfurter Kartell war man übereingekommen, Regeln für den Austausch von Gefangenen, die Versorgung von Verwundeten und die Behandlung von Deserteuren festzulegen. Man darf dieses Frankfurter Kartell aber auch nicht überbewerten; die meisten Bestimmungen dienten dem Wohlergehen der Offiziere. Daß die Offiziere sich gegenseitig respektvoll behandel-

[142] Vgl. *Edmund Rücker*, 1200 Jahre Großwelzheim, Dettingen 1972, S. 133.

[143] Vgl. Erbfolgekrieg (wie Anm. 11), Bd. 5, S. 315.

[144] Genealogisch-Historische Nachrichten von den allerneuesten Begebenheiten, Leipzig 1743, S. 509 f.

[145] Vgl. z. B. *Jürgen Kuczinsky*, Der Alltag des Soldaten (1650-1810), in: Wolfram Wette, Der Krieg des kleinen Mannes – Eine Militärgeschichte von unten, München-Zürich 1992, S. 73-75.

ten, lag schon daran, daß es insbesondere bei den deutschen Fürsten üblich war, daß Blutsverwandte in verschiedenen Armeen dienten.

Da die Einkünfte ihrer Länder sie nicht ernähren konnten, mußten Angehörige sowohl des hohen wie des niederen Adels Dienst in fremden Armeen nehmen; so standen sich die Braunschweiger Brüder bei Hohenfriedberg und Vater und Sohn bei Kolin gegenüber. Offiziere konnten ohne weiteres von einer Armee zur anderen wechseln, wenn sie nur ordnungsgemäß um ihren Abschied baten.

Der österreichische General Lacy betrauerte z. B. bei Hochkirch den preußischen General Keith, mit dem er gemeinsam in Rußland gedient hatte; Keith war Schotte und Lacy war Ire[146]. Der Adel, mit dem das Offizierskorps weitgehend identisch war, war international und konnte sich auf französisch, das jeder Gebildete sprach, verständigen[147].

Dennoch profitierten auch die einfachen Soldaten davon, daß man sie in der Gefangenschaft nicht verhungern ließ und für adäquate Unterkünfte Sorge trug.

Diese sehr lobenswerten Bestrebungen halfen aber den leidgeprüften Bewohnern der hiesigen Gegend nicht mehr. Der Schaden belief sich für die Oberkellerei Aschaffenburg auf 148785 Gulden 4 Kreuzer, im Ort Dettingen selbst auf 23.333 Gulden[148] wobei ein Gulden etwa 50 bis 100 DM heutiger Kaufkraft entspricht. Allein in Johannesberg wurde ein Schaden von 22.000 Gulden anerkannt[149]. Dies war jedoch nicht das Ende der Leiden der Zivilbevölkerung im Raume Aschaffenburg. Zwei Jahre später kamen die Franzosen zurück mit dem erklärten Ziel, die Einwohner zu drangsalieren, um den Landesherren, den Erzbischof von Mainz, gefügig zu stimmen. Rache zu nehmen für die Schmach der Niederlage bei Dettingen war wohl auch ein Motiv für sie. Um die Wahl Franz Stephans zum Kaiser in Frankfurt zu dekken, durchzog 1745 eine österreichische Armee unter dem Feldmarschall Traun den Spessart am Main entlang und vertrieb die Franzosen. Bei dieser Armee standen dann auch Husaren und Panduren[150]. Erst mit dem Frieden von Aachen 1748 konnte die Bevölkerung aufatmen. Zwei Generationen lang hatte

146 Vgl. *Christopher Duffy*, The Army of Maria Theresia, London 1977, S. 54.

147 Das Besondere am preußischen Offizierskorps jener Zeit war die Dominanz des einheimischen Adels; vgl. *Gerhard Papke*, Offizierskorps und Anciennität, in: Hans Meier-Welcker (Hrsg.), Untersuchungen zur Geschichte des Offizierskorps – Anciennität und Beförderung nach Leistung (Beiträge zur Militär- und Kriegsgeschichte, Bd. 4), Stuttgart 1962, S. 177-202, dies S. 180.

148 Bayerisches Staatsarchiv Würzburg, Mainzer Regierungsarchiv, Militär K 219/114.

149 Vgl. *Röhrs-Müller* (wie Anm. 86), S. 187.

150 Vgl. *A. Graf Thürheim*, Feldmarschall Otto Ferdinand Graf von Abensberg und Traun, Wien 1877, S. 237.

die Region weitgehend Ruhe, der Siebenjährige Krieg und der Bayerische Erbfolgekrieg spielten sich woanders ab; doch dann fegten erneut die Stürme der Französischen Revolution und der napoleonischen Zeit über das Land.

## 6. Die Bewertung und Bedeutung der Schlacht

Die Frage nach der Bewertung der Schlacht bewegte lange Zeit die Gemüter. Die Franzosen bemühten sich abzustreiten, daß sie überhaupt geschlagen worden waren. Der Herzog von Broglie faßte den französischen Standpunkt zusammen[151]: Man könne mit Fug und Recht bezweifeln, ob es wirklich eine Niederlage war. Man habe das einmalige Schauspiel erlebt, daß sich ein Sieger vom Schlachtfeld zurückzog. Noailles habe sein Ziel erreicht, die Pragmatische Armee habe nicht nach Bayern gekonnt, nur die dortigen Desaster hätten diesen Vorteil zunichte gemacht.

Auch die britische Opposition bemühte sich, den Erfolg herunterzuspielen; Pitt tat sich darunter hervor. Das lange Verharren im Lager von Hanau, die Unfruchtbarkeit der dortigen diplomatischen Aktivitäten, die Eifersüchteleien im Lager der Pragmatischen Armee und die Langsamkeit des späteren Vormarschs den Rhein hinunter taten ein übriges, den Erfolg zu verdunkeln. Dennoch sollte dies den Blick nicht trüben. Der Schlacht bei Dettingen kam entscheidende Bedeutung für den Ausgang des Feldzugs von 1743 zu. Am selben Tag, an dem die Schlacht bei Dettingen geschlagen wurde, am 27. Juni 1743, schloß der bayerische General Seckendorff einen Neutralitätsvertrag mit dem österreichischen General Prinz Karl von Lothringen, mit dem sich die Bayern und Hessen im Dienste Karls VII. effektiv den Österreichern ergaben; die französische Armee in Bayern unter dem Kommando des Marschall Broglie befand sich in Auflösung[152].

Die französische Armee vor Dettingen war ebenfalls demoralisiert, auch wenn Noailles dies nicht zugeben wollte (Ehrlichkeit war keine seiner hervorstechenden Eigenschaften), und nicht mehr in der Lage, im weiteren Verlauf des Feldzuges noch eine Schlacht zu liefern. Frankreich, von einer Invasion bedroht, wurde von Panik ergriffen[153].

Daß es im nächsten Jahr dann ganz anders aussah, lag erstens am erneuten Eingreifen Friedrichs auf der Seite Frankreichs, durch das Frankreich das Elsaß, das bereits von Prinz Karl von Lothringen bedroht wurde, retten

[151] *Broglie* (wie Anm. 43), S. 343-345.
[152] Vgl. *Peter Claus Hartmann*, Karl Albrecht – Kaiser Karl VII., Regensburg 1985, S. 383 f.
[153] Vgl. *Frédéric Hulot*, Le Maréchal de Saxe, Paris 1989, S. 135.

konnte[154], und zweitens daran, daß jeder Feldzug des Ancien Regime sozusagen als abgeschlossenes Kapitel gesehen werden muß, da in jedem Winter Gelegenheit war, die Armee völlig neu wiederherzustellen. Die Auswirkungen eines Feldzugsjahres auf das nächste waren daher gering, abgesehen davon, daß sich jedes Jahr die wirtschaftliche Situation aller Beteiligten ein gutes Stück verschlimmerte. Allein diese Tatsache ermöglichte es Friedrich, das Jahr 1759 mit den Katastrophen von Kay, Kunersdorf und Maxen zu überstehen. Die abschließende Bewertung der Schlacht bei Dettingen führt zu dem Ergebnis, daß ihr durchaus der Rang einer Entscheidungsschlacht zukommt, allerdings nur was den Feldzug des Jahres 1743 angeht.

Im weiteren Verlauf des Österreichischen Erbfolgekrieges gab es für Österreicher und Briten keinen einzigen Schlachtenerfolg mehr. Friedrich der Große gewann alle seine Schlachten, während in Flandern das Genie des Marschalls Moritz von Sachsen zusammen mit der Unfähigkeit Cumberlands und dem völligen Versagen der niederländischen Truppen zum französischen Triumph von Fontenoy, später auch Rocoux und Lafeldt, führten. Der österreichische Feldmarschall Traun war allerdings auch ohne Schlacht erfolgreich.

Die Briten konnten ihr Mißgeschick zu Lande ebenfalls durch Erfolge in den Kolonien und auf See ausgleichen, so daß aus diesem Krieg schließlich nur Preußen mit einem greifbaren Ergebnis, nämlich dem dauerhaften Erwerb Schlesiens, hervorging. Darüber hinaus war der Grundstein gelegt für die Eroberung Kanadas und Indiens durch die Briten im Siebenjährigen Krieg (1756 bis 1763), in dem sich durch die Umkehrung der Allianzen die Verbündeten von Dettingen, Briten und Österreicher, feindlich gegenüberstanden.

Das Gedächtnis an die Schlacht bei Dettingen wird am stärksten in Großbritannien bewahrt. Dort ist es den Angehörigen der beteiligten Regimenter noch heute gegenwärtig, daß sie bei Dettingen unter den Augen ihres Königs die französische Garde schlugen[155]. Ansonsten bleibt als einzige Erinnerung an diesen Krieg, die sich festzuhalten lohnt, das Gedenken an das Leid, das er über viele Menschen brachte.

154 Vgl. *Max Braubach*, Hat Friedrich der Große die Wiedervereinigung Elsaß-Lothringens mit Deutschland verhindert?, in: ders., Diplomatie und geistiges Leben im 17. und 18. Jahrhundert (Bonner Historische Forschungen, Bd. 33), Bonn 1969, S. 464-481.

155 Vgl. *Richard Holmes*, Firing Line, Harmondsworth 1987, S. 314.

# 7. Berichte und Dokumente zur Schlacht:

## 7.1. Bericht von seiten der Pragmatischen Armee[156]:

Gnädiger Herr!

Ich bitte Ew. Hoheit, es mir nicht übel zu deuten, daß ich mich nicht sogleich zu Denselben verfügen kann, um über den Erfolg meiner Verhandlungen und über die am 27. Juni bei Dettingen [Vorlage: Doettingen] geleistete Schlacht den Bericht zu erstatten. Der König entsandte mich sogleich vom Schlachtfeld nach Linz, mit dem Auftrag, die Königin zu beglückwünschen und sie zu versichern, daß er von diesem so glücklichen Anfange die möglichsten Vorteile ziehen wird. Nach meiner Ankunft (es war am 25.) und nachdem ich meine Aufträge an unsere Marschälle und an den König selbst ausgerichtet habe, hielt derselbe einen Kriegsrat, welcher das Projekt des Marschall Neipperg, der den Main zwischen Aschaffenburg und Würzburg überschreiten wollte und gegen die Donau vorrücken wollte, verwarf. Man beschloß im Gegenteil, den Hessen und Hannoveranern nach Hanau, welche am 27. daselbst eintreffen sollten, entgegenzumarschieren – in Folge dessen hat die Armee den Befehl erhalten, am 26. nach dem Zapfenstreich die Zelte abzubrechen, doch setzte man sich erst am 27. um 5 Uhr morgens in Marsch. Die Avantgarde avisierte, daß der Feind unterhalb Dettingens [w. o.] zwei in derselben Nacht eigens geschlagene Brücken überschreite. Man wollte diesem keinen Glauben schenken, da bat ich den König, mir die Dragoner zu geben, damit ich den wahren Sachverhalt erforsche – ich erhielt dieselben und erblickte alsbald, daß sich gegen 30 Eskadronen bereits in der Ebene formieren, während eine gleiche Anzahl noch jenseits zur Überschreitung sich bereithält. Die Infanterie defilierte auf der anderen Brücke. Auf diesen meinen Bericht setzte sich die Armee in Aufstellung und rückte auf den Feind los, welcher sich bereits auf ungefähr 30.000 Mann verstärkt hatte. Das Feuer war fürchterlich, insbesondere jenes der Hannoverischen, welches Wunder wirkte.

Das königliche Haus, geführt von allen französischen Prinzen von Geblüt, drang auf unsere Linke ein, woselbst die englische Kavallerie stand, durchbrach dieselbe und war eben im Begriff, seinen Vorteil zu verfolgen, als das Regiment Heister von der einen und die englischen Grenadiere von der anderen Seite dasselbe in die Flanke nahmen und ein so fürchterliches Musketenfeuer eröffneten, daß sie dasselbe durchbrachen, in Unordnung versetzten und

[156] Offizielle Übersetzung des Kriegsarchivs Wien (ca. 1890) der französischen Originalfassung (Rechtschreibung und Zeichensetzung hier modernisiert): Österreichisches Staatsarchiv Wien, Abt. Kriegsarchiv, Allgemeine Feldakten 1742-43, 535, 28, 6, 6.

stellung der Herrlichen Victorie welche S. Königl. Maj. von Groß Brittannien in Höchst

es vollständig aufrieben. Der Rückzug oder besser gesagt die Flucht des königlichen Hauses war das Zeichen für die ganze Armee, welche sich zurückzog, jedoch mit einer Gewandheit, daß es uns nicht möglich war, dieselbe zu vernichten; der König rief zwanzigmal aus: „Wo sind die Husaren, wo sind die Husaren!“ Da ich sogleich expediert wurde, so konnte ich über den Verlust des Feindes nichts Positives erfahren, jedoch sollte derselbe, in Ansehung des Landes und nach dem Schlachtfeld zu urteilen, ein beträchtlicher sein. Das königliche Haus ist vollkommen aufgerieben, und wir haben hiervon mehrere Offiziere von hohem Rang gefangen. Unsererseits ist der Herzog von Cumberland, zweiter Sohn des Königs, im dicken Schenkelfleische verwundet, der Herzog von Arenberg hat einen Schuß in der Brust, und der englische General Clayton wurde getötet – sonst wüßte ich niemand zu nennen. Ich brenne vor Ungeduld, mich meiner Aufträge in Linz zu entledigen, um mich Euer Hoheit zu Füßen zu legen und denselben weit Wichtigeres mitteilen zu können. Ich war wegen der französischen Husaren bemüßigt, einen Umweg von 12 Posten zu machen. Der König spricht von Eurer Hoheit bekanntem Rufe, und es ist mir unmöglich, denselben alles, was er hiervon sagt, zu wiederholen. Ich reite in diesem Augenblick ab und verharre in tiefster Ehrfurcht.

Gnädiger Herr
Euer Hoheit
untertänigster Diener — Regensburg, den 1. Juli
O'Donel.

### 7.2. Französischer Bericht[157]

Bericht des Marschall Noailles an den König (offiziell), Lager bei Seligenstadt, 28. Juni 1743

Sire,

alles hat uns gestern einen glücklichen Tag angekündigt; die Feinde waren aus Mangel an Lebensmittel gezwungen, sich zurückzuziehen. Dies war durch unsere Maßnahmen verursacht worden. Sie brachen in der Nacht vom 26. auf den 27. auf. Man hat mich davon eine Stunde nach Mitternacht unterrichtet. Ich bestieg auf der Stelle das Pferd und gab Befehl an alle Truppen, sich zum Marsch bereitzuhalten. Ich ging an den Ufern des Mains entlang, um die Bewegungen der Feinde zu überprüfen; ich erkannte augenscheinlich, daß sie in vollem Marsch in zwei Kolonnen waren und daß sie den Weg nach Hanau nahmen, dabei bedienten sie sich einer Route quer durch den Wald am Abhang des Berges.

[157] *Camille Rousset*, Correspondance de Louis XV. et du Maréchal Noailles, Paris 1865, S. 109-120 (Übersetzung des Verfassers).

Ich begab mich dann nach Seligenstadt, wo ich auf den zwei Brücken, die ich errichtet hatte, drei Brigaden Infanterie, die in dieser Stadt gelagert hatten, übersetzen ließ, denen sich die [Brigaden] Garde und Noailles anschlossen, denen ich den Marschbefehl geschickt hatte.

Die zwei Kavalleriebrigaden, die den linken Flügel der zweiten Linie darstellten, in einer Stärke von zwölf Schwadronen, mit elf (Schwadronen) Dragonern und ungefähr sechs (Schwadronen) Husaren gingen über die Furten, die ich erkundet hatte.

Ich schickte gleichzeitig Befehl, daß man die Brücke von Aschaffenburg bewacht und sich ihrer bemächtigt, sobald die Feinde Aschaffenburg verlassen hatten, um imstande zu sein, ihrer Nachhut zuzusetzen.

Ich formierte zuerst eine erste Aufstellung für die Truppen, die über den Main gegangen waren; ich stellte eine Brigade Infanterie ins Dorf Großwelzheim [Vorlage: Großwelmisheim], an den Main gestützt, der meine Rechte abschloß, die Linke war an einen Wald gestützt und die Kavallerie im Zentrum; durch diese Aufstellung war die Ebene abgeriegelt. Ich überließ den Generalen, die Truppen aufzustellen. Je nach Eintreffen der Einheiten sollte die Disposition erfolgen.

Ich ging über eine Furt wieder ans andere Mainufer, um selbst die Manöver der Feinde auf ihrer Flanke zu erkunden und dort Befehle an den größten Teil der Truppen zu geben, die sich noch auf dieser Seite des Mains befanden. Ich sah also, daß die Feinde begannen, sich zu entwickeln und zu formieren; man sagte mir gleichzeitig, daß das Dorf Dettingen, eine viertel Meile von Großwelzheim gelegen, verlassen war, und gab Befehl, es zu besetzen, um den Feinden nicht die Möglichkeit zu geben, sich seiner von neuem zu bemächtigen.

Ich war noch jenseits des Mains, als ich sah, daß die Truppen, anstatt das Dorf Dettingen zu besetzen, darüber hinausrückten; ich ging, so schnell es mir möglich war, wieder dorthin; als ich ankam, fand ich fünf Brigaden Infanterie, Kavallerie und Dragoner, die schon über den Engpaß hinausgegangen waren. Dieser Engpaß wurde vom Dorf bis zum Berg von einem Sumpf beherrscht, der von einem kleinen Bach durchschnitten wurde, der am Eingang des Dorfes eine kleine Schlucht schnitt, über die es nur eine einzige Brücke gab. Diese sehr waghalsige Maßnahme, die nur einer sehr großen Eigenwilligkeit entstammt, ist der Grund, daß wir nicht den Erfolg gehabt haben, den wir uns versprechen konnten. Ich war nun gezwungen, meine ersten Anweisungen zu ändern und auf der Stelle neue zu machen. Während die Feinde sich von uns stark angegriffen fanden, hatte ich überhaupt keine Zeit, die Wälder und Berge zu erkunden, die auf der Linken der Linie waren und die eine Biegung bildeten, wo sie sich dem Main näherten, und die den Feinden völlig den Vorteil der Situation über uns ließen.

Man ging in dieser Position auf die Feinde los; der Befehl ward gegeben, sie zuerst schießen zu lassen und sich danach auf sie zu stürzen; aber ihre erste Salve, die sehr kräftig war, schaffte eine große Unordnung in unseren Truppen, in denen, wie Eure Majestät weiß, es eine große Anzahl an Rekruten und Milizen gibt. Die Truppen sammelten sich dreimal, haben die Feinde angegriffen, ohne sie durchbrechen zu können. Die Feinde hatten viele Linien hintereinander, und ihre ganze Armee war anwesend, anstelle einer einfachen Nachhut, womit ich gerechnet hatte.

Als ich endlich einsah, daß die Ungleichheit zu groß war durch den Vorteil ihrer Position und daß unsere Truppen den Mut zu verlieren begannen, als alle Generäle so urteilten und mir dies vorstellten, gab ich den Befehl zum Rückzug, der im Angesicht des Feindes erfolgte. Ich nahm sie in Aufstellung über das Dorf und den Sumpf zurück, von wo sie anschließend über den Main zurückgingen, die Infanterie auf den Brücken, die Kavallerie durch die Furten, um ihr erstes Lager wieder einzunehmen, ohne daß sie bei ihrem Rückzug verfolgt worden wären.

Diese Aktion, die von unserer Seite mehr ein Kampf als eine Schlacht war, war sehr lebhaft. Man übertreibt nicht, wenn man Euer Majestät sagt, daß die ältesten Offiziere niemals ein so erhebliches noch ein so regelmäßiges Feuer gesehen, welches wir unglücklicherweise bei den Truppen Eurer Majestät überhaupt nicht kennen. Es war nur ein Teil unserer Truppen, die die Schlacht geliefert haben; ich glaube, daß der Verlust auf der Seite der Feinde größer ist als auf unserer, durch den Effekt unserer Artillerie, die sehr gut bedient worden ist; die Befehle und Bemühungen von M. de Vallière haben äußerst günstig gewirkt. Den Verlust des Feindes kann man zufolge der Berichte, die ich davon habe, in der Höhe auf ungefähr 5.000 Mann, sowohl Tote wie Verwundete, ansetzen. Unserer dagegen wird nicht viel mehr sein, nach den ersten Listen, die ich erhalten habe, als etwa 3.000 Mann tot oder verwundet; und die ersten Listen sind immer größer, als sie sein müßten, weil man immer unvollständig zurückkommt, sowohl durch Versprengte als auch durch die, die sich nicht in den ersten Momenten wiedereinfinden.

Eine große Anzahl Offiziere wurden getötet oder verwundet, worüber ich sehr betrübt bin, viele davon von Auszeichnung.

Der Herzog von Rochechouart wollte sich nicht zurückziehen, nachdem er verwundet worden war, und wurde getötet. Man kann nicht genug seinen Mut und seine große Tapferkeit preisen. Der Marquis de Fleury wurde ebenfalls getötet.

Der Graf von Eu ist leicht am Fuß verletzt; der Herzog von Harcourt ist schwer verwundet an der Ferse; der Graf von Beuvron leicht in der Brust verwundet; der Marquis von Gontaut schwerer an derselben Stelle; der Herzog von Boufflers leicht am Fuß; dem M. de Lamont-Houdancourt wurde das Pferd unter ihm getötet, und er ist durch die Pferde überritten worden, aber ohne irgendeine Verletzung; dem Herzog von Ayen ist dasselbe passiert, aber viel übler mitgespielt worden, besonders am Kopf; ich hoffe, daß er nicht in Lebensgefahr ist; er ist seit gestern schon fünfmal zur Ader gelassen worden. Außerdem sind viele Offiziere der Maison du Roi getötet oder verwundet. M. de Chérisey und M. de Saint-André sind leicht verwundet.

Ich habe angeordnet, daß eine Liste der getöteten oder verwundeten Offiziere der verschiedenen Korps zusammengestellt wird, die Eure Majestät in Kürze erhalten wird. Man versichert uns, daß auf der Seite unserer Feinde der Herzog von Cumberland sehr gefährlich verwundet ist, und das sagt man auch vom Herzog von Arenberg.

Ich kenne keinen anderen Vorteil für den Feind als den, die Nacht auf dem Schlachtfeld verbracht zu haben, von welchem man sich zurückzog, und, aus Mangel an Wagen, hat man einige Verwundete nicht mitnehmen können, die in den Dörfern Dettingen und Großwelzheim geblieben sind. Wir haben einige Standarten aus ihren Reihen, und man berichtet mir, daß sie auch einige von uns haben. Unsere ganze Artillerie ist zurückgekommen, und wir haben eine ihrer Kanonen weggenommen, die vom Regiment Auvergne erobert wurde, von welchem ich Euer Majestät nicht genug Gutes berichten kann.

Wir sind völlig Herren von Aschaffenburg, wo ihr Hauptquartier war, und ich habe am Untermain den Posten bei Steinheim besetzen lassen; also bestehen alle unsere ersten Dispositionen wie vor dem Kampf.

Ich füge hinzu, Euer Majestät, daß die Feinde, nachdem sie einfach die Nacht auf dem Schlachtfeld verbracht, ihren Marsch nach Hanau fortsetzen, und ich habe Nachricht, daß sie bei Hanau über den kleinen Fluß Kintzig [Vorlage: Kintz] gegangen sind, dessen Ufer sehr steil sind und der einen guten Posten bildet. Sie haben beim Rückzug einige ihrer Verwundeten auf dem Schlachtfeld gelassen und einen größeren Teil in den beiden Dörfern, die wir dann besetzt haben, wohin ich eine Wache geschickt habe, um welche sie mich gebeten haben, sowohl zur Sicherheit der Unseren wie der Ihren.

Ich kann es nicht unterlassen, Euer Majestät, Euch zu berichten, wie der Herzog von Chartres sich gestern ausgezeichnet hat, der sich im hitzigsten Gefecht befand, die Truppen sammelte und sie wieder ins Gefecht führte, mit einem Mut, einer Geistesgegenwart und einem Eifer, den ich nicht genug loben und bewundern kann. Der Graf von Clermont, der Prinz vom Dombes und der Graf von Eu haben an der Spitze ihrer Division alles getan, was man von größtem Mut und größter Tapferkeit erwarten kann.

Obwohl ich verdächtig sein mag, was den Herzog von Penthièvre betrifft, bitte ich Eure Majestät zu glauben, daß ich nichts als die genaueste Wahrheit berichte. Er fand sich im lebhaftesten Feuer und viele Male im Zweikampf mit derselben Kaltblütigkeit und derselben Ruhe, die Euer Majestät von ihm kennen.

Nachdem ich von den Prinzen und von den Verwundeten gesprochen habe, Sire, muß ich den Generälen Gerechtigkeit widerfahren lassen, die sich am meisten auszeichneten und bei denen ich die größte Fähigkeit sah. Unter den Generalleutnanten die Herren de Montal, de Balincourt, de Bulkeley, Herzog von Grammont, Segur, Luttanges und Herzog von Biron; unter den Feldmarschällen die Herzöge von Richelieu, von Luxemburg, Berchény, d'Apcher, Herzog von Boufflers, Herzog von Chevreuse, Prinz von Soubise und der Herzog von Pecquiny. Sie haben alle ihr Bestes getan, die Truppen zu ermuntern und sie anzustacheln, ihre Pflicht zu tun. Ich rede überhaupt nicht von den Generälen, die bestimmten Truppenteilen zugeteilt waren und mit ihnen marschiert sind.

Von den Brigadieren weiß ich nicht genug Gutes zu berichten, von den Herren Herzog von Duras, Graf von Lorges, Prinz von Tingry und Prinz von Talmont. Sie sind diejenigen, von denen ich die größten Leistungen gesehen habe. Es lag nicht an ihren Bemühungen und an ihrem guten Beispiel, daß die Truppen Eurer Majestät keinen vollständigen Sieg davongetragen haben. Wenn der Herzog von Ayen und der Graf von Noailles nicht meine Kinder wären, könnte ich Euer Majestät von ihnen berichten, aber ich überlasse dies jenen, die Zeugen ihrer Haltung waren.

Es gibt viele Offiziere, die mir im Moment nicht einfallen, von denen ich aber später die Ehre haben werde, Euer Majestät Rechenschaft zu geben, als auch über die Truppenteile, die sich am besten geschlagen haben.

Ich darf nicht vergessen, Sire, Euch von den drei Stäben der Armee zu berichten, von welchen ich äußerst befriedigt bin. Der Generalquartiermarschall der Armee hat sich sehr ausgezeichnet ebenso wie der Generalmajor und der Quartiermarschall der Kavallerie und ihre Adjutanten; sie haben sich überall mit Aktivität und Mut hervorgetan und haben viel zum Sammeln der Truppen und zur guten Ordnung der Rückzuges beigetragen. M. de Puységur stand an der Spitze seines Regiments, wo er sich ausgezeichnet hat.

Es ist allein die Disziplin, die Unterordnung der Offiziere und die Befolgung der Befehle bei den Feinden, denen man die erfolgreichen Manöver zuschreiben kann, die sie gestern ausgeführt haben. Es ist mir eine schmerzliche Pflicht, Eurer Majestät zu berichten, daß man das bei unseren Truppen überhaupt nicht kennt, und wenn man sich nicht mit der ernstesten und dauernsten Aufmerksamkeit bemüht, dies zu beheben, werden die Truppen Eurer Majestät in völlige Dekadenz fallen. Ich habe niemals glauben können,

Sire, was ich gestern gesehen habe; aber es scheint mir wenig ratsam, davon noch mehr zu sprechen.

Dieser Bericht ist schon zu lang für ein so trauriges Ereignis; aber bevor ich ihn beende, Sire, muß ich noch Rechenschaft ablegen über die Motive und Gründe, die mich bestimmt haben, die Gelegenheit zu suchen, mich mit den Feinden zu schlagen.

Der erste von allen für mich ist, Sire, daß Euer Majestät es wünschten.

2. Die Gelegenheit erschien mir günstig, weil sie sich zurückzogen und ich sie auf dem Marsch angriff. Dies ist die Zeit, wo es für die Feinde am schwierigsten war, Vorkehrungen zu treffen wegen der Bagage, die sie mit sich schleppten. Die Truppen Eurer Majestät waren davon unbeschwert, da sie ihr Lager zurückgelassen hatten und so besser imstande waren zu manövrieren. Im übrigen waren wir in der Lage, indem wir die Partie aufnahmen, uns nur zu schlagen, wenn wir es wollten, und uns zurückzuziehen, wenn ich es für richtig hielt, was also auch geschah.

3. Ich glaubte, die Umstände ausnutzen zu müssen, wo die hessischen Truppen und die neuen Truppen, die aus Großbritannien und Hannover kommen, noch nicht eingetroffen waren. Die von Hessen und Hannover, die sich bei Hanau befanden, mußten sich mit den beiden anderen zwei oder drei Tage später vereinigen.

4. Dieser Punkt ist, daß nun nach dem Rückzug der Armee in Bayern die Situation nur gerettet werden kann durch einige Erfolge auf hiesiger Seite. Ich bin nicht glücklich genug gewesen, dieses zu erreichen, aber wenigstens wird man mich nicht anklagen, daß ich es nicht durchgehalten habe, so wie jedermann es zu verlangen scheint, und ich habe mir nichts vorzuwerfen in bezug auf die Sorgen, Vorkehrungen und die Beachtung, die mein Eifer und meine Anhänglichkeit an den Dienst Eurer Majestät mir stets eingeben. Ich glaube, mir schmeicheln zu können, daß mir die ganze Armee dabei Gerechtigkeit widerfahren läßt.

Ich kann Euer Majestät noch nichts sagen über die Bewegungen, die die Armee machen wird. Ich richte mich nach denen der Feinde und nach der der Armee unter dem Befehl des Marschalls von Broglie; aber generell rechne ich nicht darauf, lange hier zu bleiben. Ich bin, usw.

P. S: Da ich den Brief, den ich die Ehre hatte, Euer Majestät zu schreiben, noch einmal lese, ist mir aufgefallen, daß ich nur die aufgezählt habe, die verwundet wurden, ohne anzugeben, auf welche Art sie sich ausgezeichnet haben; aber ich habe geglaubt, daß dies für ihr Lob reicht, und übrigens kennen Euer Majestät die ganze Tapferkeit und den Eifer der Herren de Harcourt, de Beuvron, de Gontaut und der anderen, die sich in dieser Zahl befinden und von denen ich nichts anderes als Gutes Euer Majestät berichten kann.

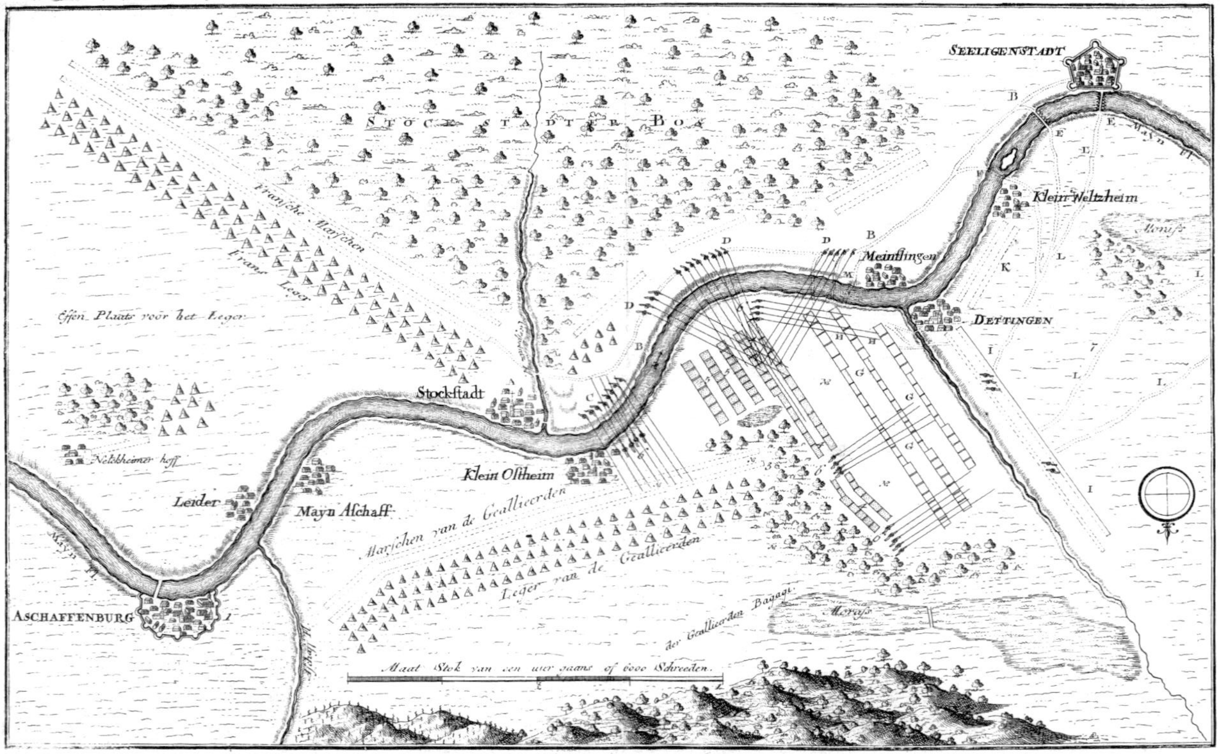


Plaan van de Victorieuse Batalje by Dettingen behaald door de Geallieerde Koninglijke Hongarische, op de Koninglyke Fransche Armeên. *Op den 27 Juny, 1743.*

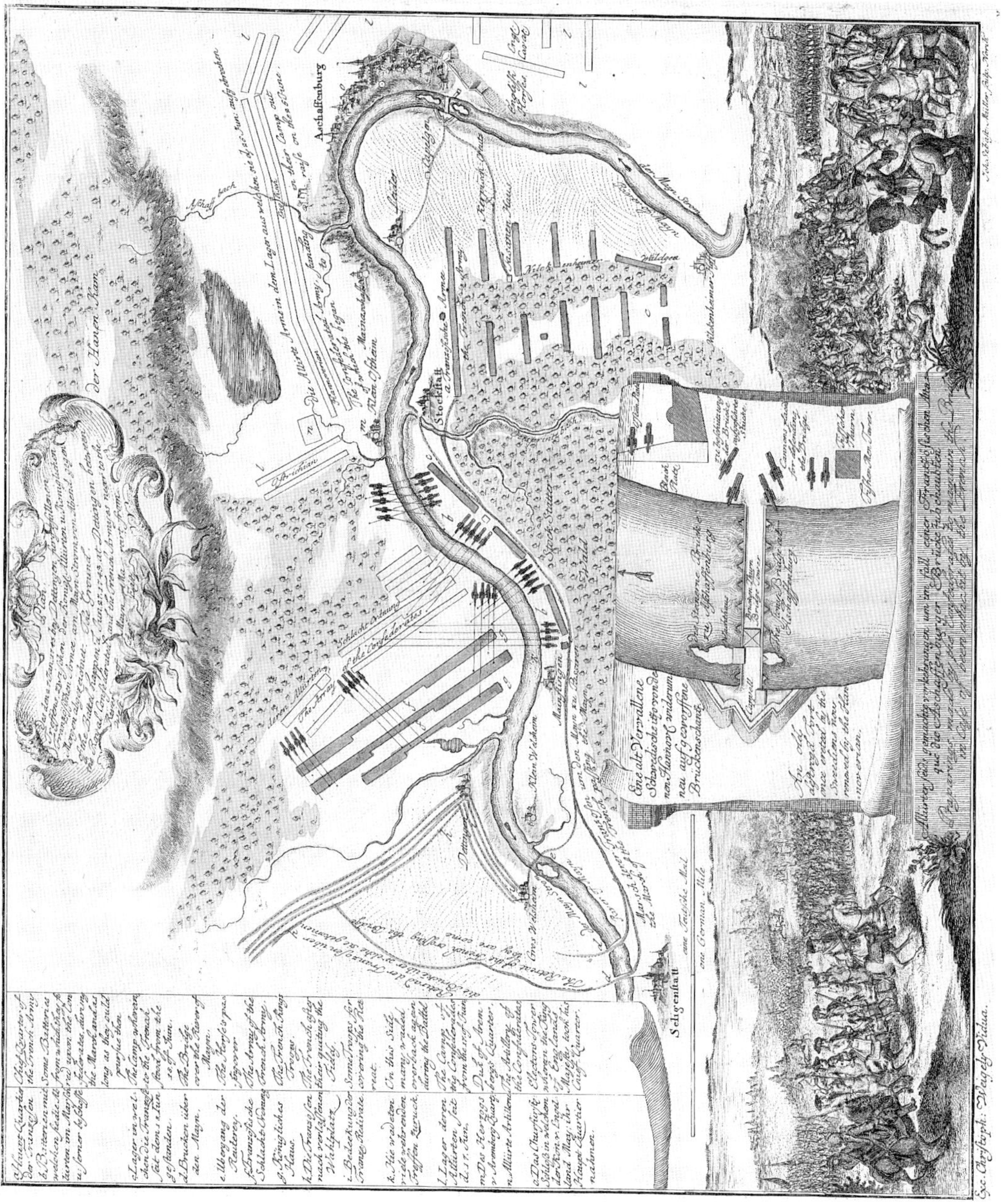
Aschaffenburg
Stockstatt
Dettingen
Seligenstatt
der Hanen Kam
Klein Ostheim
one German Mile

7.3. Bericht über die entstandenen Schäden[158].

„Designation No. 1 des in ao. 1743 durch die österreichischen und deren Auxiliartruppen bey Aschburger Oberkellerey Dorfschaften mit Plünderung und Fouragierung zugefügten Schadens, wie solcher ist beschworen word.“

| | fl | xr |
|---|---|---|
| Dettingen | 23.333 | — |
| Kleinostheim | 38.775 | 10 |
| Mainaschaff | 20.132 | 11 |
| Schweinheim | 7.243 | 9 |
| Obernau | 14.281 | 30 |
| Sulzbach | 1.687 | 9 |
| Pfarrei Mömbris | 6.660 | 27 |
| Glattbach | 3.558 | 32 |
| Wenighösbach | 1.051 | 33 |
| Keilberg | 985 | — |
| Amt Johannesberg | 18.439 | 57 |
| Unterafferbach | 650 | 40 |
| Erlenbach | 118 | 12 |
| Goldbach | 208 | 40 |
| Feldkahl | 869 | 15 |
| Schimborn | 1.164 | 17 |
| Haibach | 610 | 27 |
| Dörrmorsbach | 114 | 24 |
| Grünmorsbach | 145 | 53 |
| Steinbach | 3.994 | 29 |
| Soden | 457 | 13 |
| Ebersbach | 24 | 38 |
| Dörnhof | 109 | 37 |
| Pfarrkirche Johannesberg | 408 | — |
| Pfarrer und Schulmeister daselbst | 1.274 | 10 |
| 3 Müller zu Damm und Vieh, Postmann zu Aschaffenburg | 2.396 | 13 |
| Hösbach | 40 | — |
| Frohnhofen | 16 | — |
| Straßbessenbach | 24 | — |
| Keilberg | 12 | — |
| Oberbessenbach | 8 | — |

Summe 148.785 Gulden 4 Kreuzer

[158] Bayerisches Staatsarchiv Würzburg, Mainzer Regierungsarchiv, Militär K 219/114.

# 8. Aufstellung und Verluste der beteiligten Armeen

## 8.1. Die Pragmatische Armee

Pragmatische Armee:

Gesamtstärke der Pragmatischen Armee am 26. Juni 1743:

| | |
|---|---|
| 42 Bataillone (34 Regimenter) | 27.098 Mann |
| 71 Schwadronen (25 Regimenter) | 8.004 Reiter |

98 Kanonen (im August nur noch 72 Kanonen)

Kommandeur: Georg II.

in Hanau: Hessen 6 Bataillone und 8 Schwadronen,

Hannoveraner 8 Bataillone

Kommandeure: Prinz Georg von Hessen-Kassel und General Druchleben (Hannover)

### 8.1.1. Die österreichische Armee und ihre Generale

Österreicher (Stand Feb. 1743):

| | |
|---|---|
| 14 Bataillone (12 Regimenter) | 8898 Mann |
| + 3 Frei-Kompanien | |
| 10 Schwadronen (2 Regimenter) | 1554 Mann |

bestehend aus 2 Dragoner-Regimentern (je 5 Schwadronen Limburg-Styrum (1748 aufgelöst Nr. (I)) und Ligne (Nr. 31))

12 Infanterie-Regimenter: Los Rios (Nr. 9) 1 Bataillon; Salm (Nr. 14)1 Bataillon; Arenberg (Nr. 28) 1 Bataillon; Jung-Arenberg 1 Bataillon; Jung-Wolfenbüttel (Nr. 10) 2 Bataillone; Prié (Nr. 30) 1 Bataillon; Ligne (Nr. 38, aufgelöst 1809) 1 Bataillon; Gaisruck (Nr. 42) 2 Bataillone; Chanclos (Nr. 55, aufgelöst 1809) 1 Bataillon; Heister (Nr. (II) aufgelöst 1747) 1 Bataillon; Arberg (Nr. (X) aufgelöst 1748) 1 Bataillon

Regiment Nr. 9: Los Rios, Garnison 1742: Mons, Regiments-Inhaber 1725-1775: Franz Marchese Los Rios de Guitterez, Oberst: Ramos Chevalier Capons de Boxadores. Das Regiment kam bei Dettingen erstmals ins Feuer (1725 aufgestellt), wurde 1748 mit den aufgelösten Regimentern Heister und Arberg vereinigt (Teile auch auf die anderen Regimenter verteilt)[159].

Regiment Nr. 14: Salm, Garnison 1742: Niederlande (Antwerpen?), Regiments-Inhaber 1733-1770: Nikolaus Leopold Rheingraf Fürst von Salm-Salm-

[159] Vgl. *Alphons Frhr. von Wrede*, Geschichte der k. u. k. Wehrmacht, Bd. 1, Wien 1898, S. 173-175.

Hoogstraaten, Oberst: Ernst von Milner. Bei Dettingen mit Auszeichnung gefochten[160].

Regiment Nr. 28: Arenberg, Garnison 1742: Mons, Regiments-Inhaber 1716-1754: Leopold Philipp Herzog von Arenberg, Oberst Ignaz Frhr. v. Malowetz. Focht mit Auszeichnung bei Dettingen[161].

Regiment Nr. 10: Jung-Wolfenbüttel, Garnison 1742: Luxemburg, Regiments-Inhaber 1740-1788: Ernst Ludwig Prinz von Braunschweig-Wolfenbüttel, Oberst: Lindenfels (Oberstleutnant). Focht mit Auszeichnung bei Dettingen[162].

Regiment Nr. 30: Prié, Garnison 1742 Niederlande Regiments-Inhaber: 1725-1753 Johann Anton Prié Turinetti Marquis de Pancaliere. Oberst Daniel O'Connor. Focht bei Dettingen[163].

Regiment Nr. 42: Gaisruck, Garnison 1742: Mons, Regiments-Inhaber 1743-1769: Franz Sigmund Graf Gaisruck, Oberst: Reinhard Frhr. v. Gemmingen. Obristlieutenant Carl von Puchrucker bei Dettingen gefallen. Focht bei Dettingen[164].

Nach dem Browneschen Manuskript[165] hatten die in den Niederlanden stationierten Truppen: Regimenter Arenberg, Louis Wolfenbüttel, Claude Ligne, Prié, Los Rios, Salm je 3 Bataillone mit 2 Grenadier-Kompanien und 15 Füsilier-Kompanien, die Regimenter Heister und O'Nelly je 2 Bataillone mit 2 Grenadier-Kompanien und 10 Füsilier-Kompanien, die Dragoner-Regimenter Ferdinand Ligne und Styrum 6 Eskadronen mit 1 Grenadier-Kompanie und 12 ordinären Kompanien.

In Summa waren in den Niederlanden 8 Regimenter mit 22 Bataillone mit 14 Grenadier-Kompanien und 110 Füsilier-Kompanien; ferner 2 Dragoner-Regimenter mit 2 Grenadier-Kompanien und 24 ordinären Kompanien. Von diesen wurden die Regimenter Claude Ligne, Prié und Los Rios sowie das 1742 errichtete Regiment Arberg ausdrücklich als niederländisch bezeichnet[166]. Der komplette Stand war folgender[167]:

„Von Ao. 1740 bis 1748 bestanden ein Infanterie-Regiment aus 3 Battallions jedes zu 5 Compagnien, dieses macht 15 Compagnien, dazu 2 Grenad. Compl. in allem 17 Compagnien. Eine Füsilier Compagnie hatte 140 Köpfe,

160 Vgl. ebd., S. 209 ff.

161 Vgl. ebd., S. 315-318.

162 Vgl. ebd., S. 181 ff.

163 Vgl. ebd., S. 330 ff.

164 Vgl. ebd., S. 417-420.

165 Österreichisches Staatsarchiv Wien, Abt. Kriegsarchiv, MsKg 32 (vgl. Anm. 12), Anhang A.

166 Ebd., Anhang B.

167 Ebd., Anhang C.

ein Bataillon von 5 Compagnien bestunden aus 700, und 3 Bataillons aus 2100 Köpf, Eine Grenadier Compagnie bestunden aus 100 Köpf, mithin 2 Compl. aus 200 Köpf. Suma 2300 Köpf/ hinzu der Stab 8 Köpf. Mithin das ganze Regiment samt Staab 2308 Köpf".

Dragoner[168]: „Ein Dragoner Regiment bestunden aus 6 Escadrons oder 12 Ordinair und 1 Grenadier Compagnien in allem 13 Compagnien. Eine der 6 ersten Ordinair Compagnien bestunden aus 76 Köpf und 6 Compagnien bestunden aus 75 Köpf und 6 Compagnien aus 450 Köpf. Eine Grenadier Compagnie bestunden aus 94 Köpf; Summa 1000 Köpf. Mithin das ganze Regiment sambt Staab 1008 Köpf".

Dienstbarer Stand des österreichischen Armeekorps am 5. Juli 1743[169]:

Infanterie:

| Bataillone | Grenadier-Kompanien | | Mann |
|---|---|---|---|
| 2 | 2 | Arenberg | 911 |
| 2 | 2 | Los Rios | 933 |
| 1 | 2 | Heister | 537 |
| 2 | 2 | Claude Ligne | 799 |
| 2 | 2 | Prié | 786 |
| 1 | 2 | Salm | 534 |
| 2 | 2 | Gaisruck | 1089 |
| 2 | 2 | Wolfenbüttel | 980 |
| 4 | 2 | Neu-Wallonien | 1439 |
| 18 | 18 | | 7888 |

Kavallerie:

| | |
|---|---|
| Styrum | 686 |
| Ferdinand Ligne | 823 |
| | 1509 |
| Summe | 9497 |

[168] Ebd.

[169] Ebd., Anhang II G.

Dienstbarer Stand des österreichischen Armeekorps im Juli 1743[170]:

| Infanterie | Deserteure | Dienstbarer Stand |
|---|---|---|
| Arenberg | 47 | 908 |
| Los Rios | 44 | 866 |
| Heister | 70 | 554 |
| Claude Ligne | 69 | 821 |
| Prié | 45 | 809 |
| Salm | 46 | 476 |
| Gaisruck | 61 | 1063 |
| Wolfenbüttel | 50 | 992 |
| Neu-Wallonien | 73 | 1483 |
| | 505 | 7967 |

| Kavallerie: | Deserteure | | Dienstbarer Stand | |
|---|---|---|---|---|
| | Mann | Pferd | Mann | Pferd |
| Styrum | 71 | 54 | 615 | 615 |
| Ferdinand Ligne | 10 | 2 | 737 | 737 |
| | 81 | 56 | 1352 | 1352 |
| Summe | 586 | 56 | 9319 | 1352 |

Die Generäle der österreichischen Armee:

Leopold Herzog von Arenberg, geb. 1690 in Mons, gest. 1754 in Everle, Befehlshaber des österreichischen Korps, Freund Voltaires, Inhaber von Regiment Nr. 28 Arenberg.

Carl Prinz von Arenberg, geb. 1721, gest. 1778, Sohn des obigen, Inhaber von Regiment Jung-Arenberg, zeichnete sich in der Schlacht aus.

Wilhelm Reinhard Graf Neipperg, geb. 1684, gest. 1774 in Wien, Niederlage von Belgrad und Mollwitz, im Hauptquartier Georgs II.

Carl Herzog von Braunschweig-Wolfenbüttel, gest. 1780, Inhaber von Regiment Nr. 29.

Franz Sigmund Graf Gaisruck, geb. 1700, gest. 1769, erzwang 1743 die Übergabe von Landau, Inhaber von Regiment Nr. 42.

Nikolaus Leopold Rheingraf Fürst von Salm-Salm-Hoogstraaten, Inhaber von Regiment Nr. 14.

170 Ebd., Anhang II K.

Carl Urban Graf Chanclos de Rets-Brisulia Herr von Leves, geb. 1686 in Namur, gest. in Brüssel 1761, Inhaber von Regiment Nr. 55.

N. Graf Courieres, gest. 1758, Generalmajor, Befehlshaber der Kavallerie.

Regimentsinhaber:

Ferdinand Prinz von Ligne, geb. 1686, gest. 1757, Inhaber von Dragoner-Regiment Nr. 31.

Claudius Lamoral Fürst von Ligne, geb. 1685, gest. 1766, Inhaber von Infanterie-Regiment Nr. 38.

Don Francesco de Guiterez Marchese de Los Rios, geb. 1672, gest. 1775, Inhaber von Regiment Nr. 9.

Johann Anton Turinetti Marquis de Prié, Grande von Spanien, gest. 1753, Inhaber von Regiment Nr. 30.

Albert Graf Heister, gest. 1748, Inhaber von Regiment Nr. II.

Otto Graf Limburg-Styrum, geb. 1680, gest. 1754, Inhaber von Dragoner-Regiment Nr. I.

Carl Anton Graf Arberg, geb. 1705, gest. 1768 Inhaber von Regiment Arberg (Neu-Wallonien).

### 8.1.2. Aufstellung der britischen Armee

Briten (Stand Februar 1743):

| | |
|---|---|
| 15 Bataillone (15 Regimenter) | 12076 Mann |
| 18 Schwadronen (10 Regimenter) | 2610 Mann |

(+ 11 Schwadronen zusammen mit Georg II. angekommen)

Foot Guards 3 Bataillone (Grenadier Guards, Coldstream Guards, Scots Guards), Bligh (20.) 1 Bataillon, Sowle (11.) 1 Bataillon, Campbell (21.) 1 Bataillon, Huske (32.) 1 Bataillon, Howard (19.) 1 Bataillon, Handasyd (31.) 1 Bataillon, Ponsonby (37.) 1 Bataillon, Pier (23.) 1 Bataillon, Duroure (12.) 1 Bataillon, Onslow (8.) 1 Bataillon, Pulteney (13.) 1 Bataillon, Johnson (33.) 1 Bataillon

Bland-Dragoons (13. Hussars) 3 Schwadronen; Royal Horse Guards 3 Schwadronen; Horse Grenadier Guards and Life Guards 3 Schwadronen; Stair-Dragoons (6. Inninskilling) 3 Schwadronen; Hawley-Dragoons; 3 Schwadronen; Ligonier-Curassiers (7. Dragoon Guard) 2 Schwadronen; Honeywood-Curassiers (King's Dragoon Guard) 3 Schwadronen; Rich-Dragoons (4. Hussars) 3 Schwadronen; Cope-Dragoons (7. Hussars) 3 Schwadronen; Campbell-Dragoons (2. Dragoons Scots Greys) 3 Schwadronen.

### 8.1.3 Die hannoverische Armee

Hannoveraner (Stand Februar 1743):

| | |
|---|---|
| 13 Bataillone (12 Regimenter) | 10582 Mann |
| 16 Schwadronen (13 Regimenter) | 2848 Mann |
| (+ 16 Schwadronen zusammen mit Georg II. angekommen) | |

2. Treffen am rechten Flügel hinter den Briten (am Gebirge):

Schulenburg 1 Bataillon; Borch 1 Bataillon; Soubiron 1 Bataillon; Jung-Spörcken 1 Bataillon; Artillerie unter Brückmann

3. Treffen rechter Flügel (Kavallerie):

Adelpsen-Dragoner 4 Schwadronen; Wendt-Dragoner 4 Schwadronen; Bussche-Dragoner 4 Schwadronen; Pontpietin-Dragoner 4 Schwadronen

4. Treffen (Nachhut unter General Ilten):

Garde 2 Bataillone; Spörcken (Wrangel) und Campe 1 Bataillon; + britische Garde.

Linker Flügel (am Main):

1. + 2. Linie Briten (Kavallerie) 3. Linie (Sommerfeld):

Sommerfeld 1 Bataillon; Middachten 1 Bataillon; Böselager 1 Bataillon; Zastrow 1 Bataillon; Monroy 1 Bataillon

4. Linie: österreichische Kavallerie + Schultzen-Kürassiere 2 Schwadronen; Bremer-Kürassiere 2 Schwadronen

5. Linie (Kavallerie): Hammerstein-Kürassiere 2 Schwadronen; Wrede-Kürassiere 2 Schwadronen; Leib-Regiment 2 Schwadronen

6. Linie (Front gegen den Main): Bülow-Kürassiere 2 Schwadronen, Montigny-Kürassiere 2 Schwadronen; Garde du Corps 1 Schwadron; Grenadier zu Pferd 1 Schwadron

Hannoverische Deserteure 1742/43 bis 29. 8. 1743: 7 Mann Kavallerie, 8 Mann Dragoner, 237 Mann Infanterie[171].

### 8.2. Aufstellung der französischen Armee

Mit Gramont ab 7 Uhr über den Main bei Seligenstadt gegangen:

Infanterie: Brigaden Orléans (2 Bataillone Orléans, 1 Bataillon Royal Marine, 1 Bataillon Vexin), Auvergne (2 Bataillone Condé, 1 Bataillon Artois,

[171] Niedersächsisches Hauptstaatsarchiv Hannover, Hann. 74 Uslar.

2 Bataillone Auvergne), Touraine (3 Bataillone Touraine, 2 Bataillone Chartres), Noailles (3 Bataillone Noailles, 1 Bataillon la Marche, 1 Bataillon Hainaut), Garde (6 Bataillone)

Kavallerie: Dragoner-Brigade (4 Schwadronen Beauffremont, 4 Schwadronen Mailly, 3 Schwadronen Mestre de Camp).

Husaren (in den Bergen, flankierten die Alliierten):

Berchény Husaren (2 Schwadronen Berchény, 4 Schwadronen Esterhazy),

Rest Kürassiere; davon France Royal (2 Schwadronen) France Royal, (1 Schwadron Fleury, 2 Schwadronen Noailles), Carabiniers (5 Schwadronen Carabiniers, 2 Penthièvre, 2 Chabo), Rote Garde (2 Schwadronen Musquetiere, 1 Schwadron Chevauxlegers, 1 Schwadron Gendarmes), Weiße Garde (1 Schwadron Grenadiere, 2 Schwadronen Noailles, 2 Schwadronen Charost, 2 Schwadronen Villeroi, 2 Schwadronen Harcourt).

Insgesamt 26 Bataillone, 44 Schwadronen, 16 Kanonen in 2 Batterien.

Verstärkung zwischen 12 und 1 Uhr:

Infanterie: Brigaden Navarre (4 Bataillone Navarre, 1 Bataillon Bigorre), Roi (4 Bataillone Roi), Eu (2 Bataillone Eu, 2 Bataillone Penthièvre, 1 Bataillon Montmart), Rohan (3 Bataillone Rohan, 1 Bataillon Dauphine, 1 Bataillon Aubeterre), Piémont (4 Bataillone Piémont).

Am linken Mainufer geblieben:

Infanterie: 1 Bataillon Biron, 1 Bataillon Nice

Kavallerie: Brigaden Brancas (3 Schwadronen Brancas, 2 Schwadronen Roi), Mestre de Camp (2 Schwadronen Mestre de Camp, 2 Chabrillant, 3 Prince Clermont), Egmont (2 Schwadronen Egmont, 2 Schwadronen Vintimille, 3 Royal Cravattes), Curassiers (3 Schwadronen Royal, 1 Schwadron Andlau, 2 Schwadronen Gramont), Royal Pologne (3 Schwadronen Royal Pologne, 2 Vogue, 2 Talleyrand), Colonel général (2 Schwadronen la Reine, 2 Clermont-Tonnere, 2 Colonel-Genéral).

Artillerie: 5 Batterien mit 40 Kanonen

In Aschaffenburg: Infanterie: Brigaden Marine (4 Bataillone Marine, 1 Bataillon Nivernais), Iren (1 Bataillon Berwick, 1 Booth, 1 Dillon, 1 Clare, 1 Bulkeley).

In Miltenberg: Infanterie: Brigade Dauphin (2 Bataillone Dauphin, 1 Béarn, 1 Bassigny, 1 Beaujolais).

Insgesamt 69 Bataillone, 82 Schwadronen
an der Schlacht beteiligt 53 Bataillone, 44 Schwadronen.

Die Maison du Roi hatte einschließlich der Schweizer Garde, die bei Dettingen nicht dabei war, 1740 eine Friedensstärke von 506 Offizieren und

8487 Mann und 2294 Pferden in 10 Bataillonen zu Fuß (davon 4 Schweizer Garde) und 12 Kompanien zu Pferd[172].

Insgesamt verfügte die französische Armee 1741 über 193 Bataillone[173]. Die Sollstärke einer Kavallerieschwadron betrug 10 Offiziere und 100 Mann[174].

Generäle der französischen Armee:

Adrien Maurice Duc de Noailles (* 29. 9. 1678, † 24. 6. 1766), Marschall von Frankreich seit 14. 6. 1734.

Louis Duc d'Ayen, ältester Sohn des obigen (* 21. 4. 1713, † 1793), verwundet in der Schlacht, Duc de Noailles 1766, Marschall von Frankreich 1775.

Philippe Comte de Noailles, jüngerer Sohn des obigen (* 7. 12. 1715, † 1794), Marschall von Frankreich 1775.

Louis Duc de Gramont, Generalleutnant (* 29. 5. 1689, gefallen bei Fontenoy 11. 5. 1745).

Antoine Adrien Charles Comte de Gramont, Sohn des obigen (* 22. 7. 1726, † 22. 9. 1762), Hauptmann in der französischen Garde.

François d'Harcourt (* 4. 11. 1689, † 10. 7. 1750), verwundet bei Dettingen, Marschall von Frankreich 1746.

## 8.3. Die Verluste in der Schlacht

Offizielle Verluste:

| | |
|---|---|
| Briten: | 15 Offiziere tot, 41 Offiziere verwundet; 248 Mann tot, 498 Mann verwundet. |
| Österreicher | 8 Offiziere tot, 19 Offiziere verwundet; 288 Mann tot, 617 Mann verwundet, 253 Mann vermißt. |
| Hannoveraner | 8 Offiziere tot, 20 Offiziere verwundet; 168 Mann tot, 353 Mann verwundet und vermißt. |
| Franzosen | 74 Offiziere tot, 217 Offiziere verwundet, 853 Mann tot, 1576 Mann verwundet; Gefangene (nur Garde-Kavallerie) 14 Offiziere, 75 Mann (unvollständig). |

Bei den Zahlen fehlen bei den Hannoveranern 8 Bataillone, bei den Franzosen die gesamte Kavallerie außer der Garde.
Gesamtverluste der Pragmatischen Armee: 2505 Mann, davon 615 Tote, geringfügig aufzurunden auf 2600-2700 Mann.
Gesamtverluste der französischen Armee: 2809 Mann, davon 931 Tote, erheblich aufzurunden auf 3500-4000 Mann.

172 Vgl. *Jähns* (wie Anm. 24) Bd. 3, S. 2338.
173 Vgl. ebd., S. 2579.
174 Vgl. ebd., S. 2652.

# Die Schlacht bei Dettingen nach mainzischen Zeitzeugen[1]

von Werner Loibl

„[. . .] und ist der König von Groß-Britannien gestern abends um 9 uhr mit denen bey sich habenden armeés gantz ohnvermuthet dahier aufgebrochen und gegen Dettingen und Selgenstadt sich herunter gezogen“[2].

Aschaffenburgs Vizedom Joseph Franz Bonaventura Graf von Schönborn war nie einer der schnellsten Berichterstatter[3]. Obwohl der Abkömmling einer ruhmreichen Familie für seine sonstigen Gepflogenheiten rasch reagierte, hatte er auch an diesem ereignisreichen Tag zu lange gewartet, ehe er die wichtige Meldung an den kurfürstlichen Hof nach Mainz per Boten weitergab. Denn das von diesem Truppenabzug ausgelöste Ereignis von weit größerer Tragweite fand bereits während seines Diktats statt: An diesem 27. Juni 1743 tobte schon seit 8 Uhr früh die Schlacht zwischen der Pragmatischen Armee und den Franzosen nahe dem Dorf Dettingen, nur 15 Kilometer mainabwärts von Aschaffenburg gelegen.

Schneller als der administrative war der militärische Beobachter des Kurfürsten vor Ort, Johann Georg Freiherr von Wildenstein[4], der schon seit dem 18. Juni in Aschaffenburg das Kommando über die dortige Garnison des Reichserzkanzlers übernommen hatte. Noch in der Nacht des 26. Juni war der

[1] Unter „mainzischen Zeitzeugen“ werden nicht nur die kurmainzischen Beamten, sondern auch der kaiserliche Gesandte in Mainz, Heinrich Graf von Bünau (um 1712-1765), verstanden. Dieser erste evangelische Reichshofrat war von Kaiser Karl VII., der den ursprünglich kursächsischen Diplomaten gut gebrauchen konnte, 1741 in den Grafenstand erhoben worden. Er schickte ihn im Vorfeld der anstehenden Erzbischofswahl nach Mainz. Bünau reiste deshalb ständig zwischen dem dortigen Kurmainzer Hof und dem Sitz der kaiserlichen Regierung in Frankfurt hin und her und berichtete von diesen wechselnden Aufenthaltsorten an verschiedene Personen. Von besonderem Interesse ist der fast lückenlose Briefwechsel mit dem bayerischen (in der Bearbeitungszeit kaiserlichen) Gesandten in London, Joseph Xaver Freiherr von Haslang, der zusammenfassend die in Mainz und Frankfurt verfügbaren Informationen der kaiserlichen Partei wiedergab. Militärische Darstellungen des Ereignisses blieben außer Betracht. Vgl. dazu *Jakob Jung,* Darstellung der Schlacht bei Dettingen, oben S. 22-85, bes. S. 40-59.

[2] Österreichisches Staatsarchiv Wien, Abt. Haus-, Hof- und Staatsarchiv (künftig: HHStA) Wien, MEA, Korr. 84, Tom. III, f. 286-289, Joseph Franz Bonaventura Graf von Schönborn aus Aschaffenburg an Kurfürst Ostein in Mainz am 27. Juni 1743.

[3] Vgl. *Max Domarus,* Das Aschaffenburger Vizedomamt unter den Grafen von Schönborn (1672-1772), in: Aschaffenburger Jahrbuch für Geschichte, Landeskunde und Kunst des Untermaingebietes 4 (1957), S. 737-768, dies S. 753 (Joseph Franz Bonaventura Graf von Schönborn 1708-1772, Vizedom ab 1733).

[4] Wildenstein war damals Obrist, später (um 1756-1763) kurmainzischer Generalfeldmarschall.

Kurier mit der Meldung entlassen worden, „daß der König von Groß-Britannien nebst dero gantzen armee bis auf ein paar batallions, die brück vor dem übergang deren Franzosen zu bewahren, sich von hier verziehen“[5]. Obrist Wildenstein registrierte auch, daß die Pragmatische Armee ihr Lager bei Damm abgebrochen und sich mit über 40 000 Mann auf den langen Marsch „gegen Hanau“ gemacht hatte. Nur wenige Tage nach der kürzesten Nacht des Jahres zur Sommersonnenwende (21. Juni), dürfte es erst eine Stunde nach Aufbruch dunkel geworden sein. Es wurde ein nächtlicher Marsch in die Entscheidung.

Schon über eine Woche lang hatten sich die Gegner am Untermain gegenseitig belauert und eine Gelegenheit zum Schlagabtausch gesucht. Der kaiserliche Gesandte in Mainz, Heinrich Graf von Bünau, wußte am 22. Juni, daß die beiden Armeen „occupent maintenant les rives du Main de l'un et l'autre bord“[6]. Doch solange die aus Briten, Hannoveranern, Niederländern und Hessen sowie einem österreichischen Korps unter General von Neipperg gebildete Armee in und um Aschaffenburg lagerte, erschien ein französischer Angriff auf die gut befestigte Stadt wenig sinnvoll. Man hätte nicht nur eine lange Belagerung in Kauf nehmen müssen, sondern auch den neutralen Kurfürsten von Mainz in eine Situation manövriert, die eventuell Auswirkungen auf das Reich und die lange Zeit debattierte Neutralitätsarmee gehabt hätte. Doch das gegenseitige Belauern der beiden Armeen fand mit dem Eintreffen des Königs von Großbritannien in Aschaffenburg ein vorläufiges Ende. Denn mit der Übernahme der Kommandogewalt durch Georg II. war der Einfluß des britischen Befehlshabers und Besetzers Aschaffenburgs, Lord Stairs, kontinuierlich zurückgegangen[7]. Leopold von Ranke überliefert, daß der Befehl zum Rück-

[5] HHStA Wien, MEA, MIL 57, Tom. I, f. 63, Wildenstein aus Aschaffenburg an Kurfürst Ostein in Mainz am 26. Juni 1743.

[6] Bayerisches Hauptstaatsarchiv (künftig: BayHStA) München, GesL 385, Bünau aus Mainz an Haslang in London am 22. Juni 1743.

[7] Georg II., König von Großbritannien und Irland, als Georg August Herzog von Braunschweig-Lüneburg und Kurfürst des Heiligen Römischen Reichs Deutscher Nation (* 1683, † 1760). Lord Stair (= John Dalrymple Earl of), britischer Feldmarschall und Diplomat. Vgl. *Ranke* (wie Anm. 8), Bd. 2, S. 235: „John Dalrymple, Graf Stair, hatte sich schon in früher Jugend bei der Revolution von 1688 als ein Anhänger des protestantischen Prinzips und geschworener Widersacher von Ludwig XIV. hervorgetan und alsdann allen Glückswechsel der eifrigen Whigs mit durchgemacht [. . .]. Ein Mann von der strengsten und ehrlichsten Rechtgläubigkeit der Partei, der sich nicht scheute, die Parteifragen in jeder Konversation durchzufechten, aber auch Mut und Talent genug besaß, sie in Krieg und Unterhaltung zu behaupten, von unbedingtem Ansehen bei seinen Freunden, nunmehr alt, aber von jugendlicher Phantasie und schrankenlosen Entwürfen. [. . .] Lord Stair, ohne sich viel darum zu kümmern, was in Italien geschehe, war hauptsächlich der Ansicht, daß man Frankreich in seinen östlichen Grenzen enger einschränken solle.“

zug von der kurmainzischen Residenzstadt nach Hanau vom König ohne Wissen Stairs gegeben worden war[8].

Die Pragmatische Armee war nach zähen Verhandlungen im Winter 1742/43 gebildet worden. Sie befand sich seit Februar auf dem Zug von den österreichischen Niederlanden an den Main. Ihre Präsenz um Mainz hatte den Ausgang der dortigen Wahl zum Erzbischof, als Johann Friedrich Carl von Ostein am 27. April 1743 zum Nachfolger von Philipp Carl von Eltz erkoren wurde, nicht unwesentlich mitbestimmt[9]. Für den Umkreis von Mainz kam erst eine Entlastung, als sie sich Anfang Juni mainaufwärts entfernte. Nach einer kurzen Quartierzeit bei Frankfurt besetzte Lord Stair am Montag, den 17. Juni ohne Vorwarnung Aschaffenburg und seine stategisch wichtige steinerne Mainbrücke. Diese Überrumpelung der Residenzstadt am Spessart zwang den neutral gebliebenen Mainzer Kurfürsten zum vehementen Protest und zur dezidierten Klage über den großen Schaden, den die Soldaten im oberen Erzstift anrichteten. Daß diese schriftlich und mündlich durch Sondergesandte vorgebrachten Protestationen den Abzug der Pragmatischen Armee initiierten, ist möglich, aber wenig wahrscheinlich.

Frankreich hatte nach dem überraschenden Auftauchen der Briten auf dem Kontinent hastig eine zweite Armee auf die Beine gestellt, da anfänglich zu befürchten war, daß Lord Stair direkt nach Paris marschieren würde. Der mit dem Oberbefehl betraute Marschall Noailles[10] erkannte jedoch frühzeitig, daß der Gegner an den Main vorrückte, und postierte deshalb seine Kräfte bevorzugt im strategisch günstigen kurmainzischen Territorium und dessen Umgebung. Während des Aufenthalts der Franzosen in Worms wunderte sich Bünau über die dort versammelte Elite des französischen Adels und notierte, daß ihm die etwa 6000 bis 7000 Mann tapfer und für den Soldatendienst fähig erschienen waren[11].

Als die Pragmatische Armee Mitte Juni 1743 von Frankfurt aus mainaufwärts zog, marschierte auch Noailles über Dieburg an den Untermain. Seit

[8] *Leopold von Ranke*, Preußische Geschichte, hrsg. v. Willy Andreas, Bd. 1-2, München o. J., dies Bd. 2, S. 237.

[9] Johann Friedrich Carl von Ostein (* 1689, 1743-1763) Kurzbiographie: *Adolf Carl Michels*, Die Wahl des Grafen Johann Friedrich Karl von Ostein zum Kurfürsten und Erzbischof von Mainz (1743), in: Archiv für hessische Geschichte und Altertumskunde 16 (1930), S. 515-580, dies S. 571-579. Vgl. *Elisabeth Solf*, Die Reichspolitik des Mainzer Kurfürsten Johann Friedrich Karl von Ostein von seinem Regierungsantritt (1743) bis zum Ausbruch des Siebenjährigen Krieges, Berlin 1936, S. 11.

[10] Adrien Maurice Duc de Noailles (1678-1766), Marschall von Frankreich.

[11] BayHStA München, GesL 385, Bünau aus Frankfurt an Haslang in London am 17. Mai 1743: „Celles que je vis a Worms et a Spire, montant environ a 6 jusqu'a 7 mile hommes, me paroissoient des braves gens et capables a servir. J'y trouvai aussi l'elite de la Noblesse Francoise, au premier rang de laquelle je vis le Duc de Chartres, le Prince de Dombes et le Duc de Penthierre".

dem 17. Juni lagerten die Briten auf der rechten Mainseite in und um Aschaffenburg, die Franzosen aber auf der linken Mainseite um Großostheim. „Die franz. armee sichet man von Großostheim bis Stockstatt stehen“, meldete Obrist Wildenstein am 20. Juni nach Mainz[12].

So konnten die kleineren Geplänkel zwischen den Heeren nicht ausbleiben, wobei es in der Regel um die von beiden Seiten begehrte Aschaffenburger Brücke ging. Wildenstein glaubte einmal sogar, einen Angriff erwarten zu können, doch handelte es sich lediglich um eine Falschmeldung[13]:

> „Diesen moment komt die unvermuthete nachricht, daß die Franzosen in vollem anmarche begriffen, als wann sie eine brücke über den mayn schlagen wollten, das dessein [= die Absicht] aber so wie man glaubt seyn solle, sich der steinernen brück parforce [= mit Gewalt] zu bemeistern, es ist aber ein faux bruit [= ein falsches Gerücht] gewesen.“

Als sich Lord Stair zwei Tage nach seiner Ankunft über die Brücke gewagt hatte, mußte er beim Aufeinandertreffen mit französischen Husaren den Verlust von zwei Adjutanten beklagen und durfte froh sein, selbst mit heiler Haut entkommen zu sein. Der Nilkheimer Hof war am selben Tag, dem 19. Juni, von Franzosen geplündert worden. Weil die mainzischen Dragoner in ihrer Uniform den österreichischen ähnlich sahen, waren sie als Boten besonders gefährdet. Als aus Aschaffenburg vorgeschlagen wurde, deshalb zwei Gardereiter nach Kahl zu verlegen, widersprach Mainz und empfahl Alzenau, denn in der kurfürstlichen Regierung wußte man, daß Kahl schon wegen der ständig herumstreifenden französischen Husaren von allen Untertanen verlassen worden war und es nur noch der Schultheiß in diesen unsicheren Tagen dort ausgehalten hatte. Doch erst nachdem dem Posthalter zu Dettingen von den Franzosen gewaltsam sechs Pferde weggenommen worden waren, entschloß sich die alliierte Generalität am 24. Juni, „die gantze landstraß von hier [= Aschaffenburg] bis Hanau mit genugsamer postirung zu besetzen“[14].

Das spätere Schlachtfeld hatte wegen der durchziehenden Poststraße schon früh zum Konfliktgebiet gehört. Aschaffenburgs Oberkeller Gottfried Christian von Schneidt meldete am Sonntag, dem 23. Juni, nach Mainz, daß die überall gefürchteten österreichischen Hilfstruppen der Alliierten sofort nach ihrer Ankunft „auf wiesen und feldern zu fouragiren angefangen, also zwar daß die fünf Dorfschaften Maynaschaff, Kleinostheim, Dettingen, Damm und

[12] HHStA Wien, MEA, MIL 57, Tom. I, f. 37, Wildenstein aus Aschaffenburg an Kurfürst Ostein in Mainz am 20. Juni 1743.

[13] Ebd.

[14] HHStA Wien, MEA, MIL 57, Tom. I, f. 62, Philipp Christoph von Erthal aus Aschaffenburg an Kurfürst Ostein in Mainz am 24. Juni 1743.

# Vorstellung und Beschreibung,

## der den 27. Junii dieses 1743sten Jahrs / bey Dettingen / ohnweit Hanau / zwischen denen Königlich-Ungarischen Alliirten / so von Ihro Königl. Groß-Brittannischen Majestät selbsten in allerhöchster Person commandiret worden / und den Königl. Französischen Trouppen, unter dem Commando deß Duc de Noailles, vorgefallenen scharffen und blutigen Action, worinnen, nach einem hartnäckigten Gefecht, die Franzosen endlich von den Alliirten geschlagen und wieder über den Mayn zurück zu gehen gezwungen worden.

Kaum hatte der Blut-Dürstige Mars sein Gezelt am Mayn aufgeschlagen, so mußte man schon, ehe noch Vulcanus die tödtliche Instrumenter darreichen konnte, durch die Fama von Feuer und Schwerd hören. Die 2. grosse Kriegs-Heere, so in dem vergangenen Monat unter dem Namen Alliirter Trouppen Ihro Majestät deß Kaysers, und der Königin von Ungarn, diß- und jenseits bey Hanau sich, wie ein daherkommendes Wetter, zusammen-gezogen, haben ihre Force und Kräffte sogleich mit einem Martialischen Eyfer gegen einander gemessen und probirt: Indeme am 27. Jun. die unter dem König von Engelland versammlete Alliirte Armee durch die Franzosen unter Anführung deß Marschalls de Noailles angegriffen worden; Und zwar auf nachstehende Art: Der Engellische commandirende General, Graf von Stairs, nachdeme er den Marsch der vor 2. Wochen schon erwartenden 6000. Hessen und 8000. Mann Hannovrianer vernommen, resolvirte sich eine Bewegung mit seiner Armee rechter Hand gegen Hanau zu machen, um die Vereinigung mit oberwehnten Hülffs-Trouppen zu facilitiren. Er brache dahero gegen Mitter-Nacht zwischen dem 26. und 27. huj. mit der völligen Armee auf, und begabe sich dahin auf den Marsch. Der Französische General en Chef, Marschall de Noailles, welcher in Zeiten noch hiervon Kundschafft einzoge, ließ sogleich 30. tausend Mann seiner besten Trouppen, worunter das Königliche Hauß war, über die Zwey bey Seelingenstadt über den Mayn geschlagene Brücken in aller Stille, und ehe der Tag noch anbrache, anmarschiren. Alleine, dem Grafen von Stairs wurde solcher Anschlag Morgens nach 4. Uhr verkundschafftet, so daß er sogleich dem König / welcher damals zu Aschaffenburg ware, Rapport davon gabe. Gleichwie nun dieser Engellische General nicht mehr zweiffelte, daß das Vorhaben deß Marschalls de Noailles, weilen er nur einen Theil seiner Armee mitgenommen, dahinaus-gienge, seine Arriere Guarde anzufallen, so liesse er seine im Marsch-begriffene Armee Halte machen, und stellte sie unter halb deß Dorffs Dettingen in Schlacht-Ordnung. Der König begabe sich darauf-hin mit seiner Garde zur Armee, und liese die noch übrige Trouppen avanciren. Wiewohlen die Franzosen, welche pur die Engellische Arriere-Guarde vermeynten zu überrumpeln, endlich gewahr wurden, daß die gantze Alliirte Armee sich zum Fechten rüstete. Weil nun nichts anders zu thun ware, so hazardirten die Franzosen, ehe und bevor noch die Alliirten recht rangirt waren, den ersten Angriff Vormittags um 11. Uhr mit aller Bravoure, nachdeme sie zuvor aus 80. am jenseitigen Ufer deß Mayns gepflantzten Canonen auf die Engellische Reuterey herüber-gefeueret, daß viele von der Guarde erlegt, und hierdurch der Cavallerie nicht wenig Schaden gethan worden; Ja dieses Donnern der Canonen und das erste Feuer der Französische Mousqueterie war so hefftig, daß von dem Engellischen Regiment mit weissen Schimeln, nicht mehr als etliche 100. am Leben geblieben. Die Gendarmes oder das Königl. Hauß gienge dabey mit aller Furie auf die erste Linie der Engelländer loß, welches ebenfalls die vornehmste Trouppen vom Rang waren. Diese Gendarmes packten wie die Löwen an, so daß die erste Linie der Engelländer anfieng zu wancken; Allein der Königl. Ungarische General, Herzog von Aremberg, als er den Umsturtz der ersten Linie vermerckte, und wohl sahe, daß die Principal-Action auf dieser Seite angienge, ließ seine unter sich habende Oesterreichische Trouppen anrucken, um die Engelländer zu unterstützen, als welche bey der ersten Attaque zu schwach waren. Während diesem Intervallo, und da die Franzosen unter Dampff und Feuer immer näher kamen, brülleten die Oesterreicher aus ihrer zu eben rechter Zeit verfertigten Batterie, welche masquirt war, dergestalt, daß die Herrn Franzosen und ihre Gendarmes wie die Mucken dahin fielen. Als aber die letztern dessen ungeachtet, mit einem recht feurigen Eyffer, anzudringen fortuhren, machten die Alliirten mit ihren beyden Flügeln eine Schwenck- und Oeffnung, und spielten aus ihren 24. mit Cartetschen geladenen Canonen unaufhörlich, gaben auch von einem Flügel zum andern 1. Viertel-Stunde lang ein beständiges Lauff-Feuer aus dem kleinen Gewehr, wornach sie auf die dadurch zimmlich dünne gewordene Franzosen mit dem Degen in der Faust heldenmüthig loß-giengen; Und / da jenen auch selbst das Element deß Windes favorisirte, diesen aber entgegen stunde, solche dergestalt über den Hauffen warffen, daß die Regimenter Royal und Gendarmes gäntzlich ruinirt, die beyden Französischen Husaren-Regimenter aber, welche Seitwärts den König von Engelland erblickten, und sich mit aller Furie einhackten, und eingedrungen, wurden, nachdeme Se. Majestät 2. Battaillons v. Sommerfeld und Ilten mit der Pistohle in der Faust selbst angeführt, glücklich repoussirt, und biß auf 700. Mann in die Pfanne gehauen. Dem König ware der Adjudant an der Seite weggeschossen worden. Endlich wurde die übrige Französische Armee genöthiget, über Halß und Kopff, mit Hinterlassung ihres Geschützes, Reißaus zu nehmen. Da aber diese an ihren Brücken sich nochmals gesetzet, ist sie mit ihren eigenen umgekehrten Stücken von den Alliirten vollends über die Brücken begleitet worden, nachdeme die Engelländer ohne Ordre, und sans façon ihnen nachsetzten, die Flinten umkehrten, und solche mit den Kolben zu tod schlugen, gerad, als wenn sie keinen Schuß Pulver mehr werth wären. Die Erbitterung war sehr groß, indeme sie denen Franzosen so gar ins Wasser nachgesetzet, und vollends niedergesäbelt und von den Pferdten herab-gerissen haben. Es sind über 6000. Franzosen auf der Wahlstatt geblieben, und mehr als 2000. Bleßirte unter grossem Jammer-Geschrey nacher Seelingenstadt gebracht, wovon gleich die erste zwey Tag etlich 100. noch gestorben. Anbey haben die Oesterreicher 5. Französische Generals-Personen als Gefangene bekommen. Der Graf von Eu, Printz vom Geblüt, wie auch die Herzoge von Boufflers und Harcourt, welch letzterer Feld-Marschall von Franckreich ist, und zum Kriegs-Gefangenen gemacht worden, sind bleßirt, und der Herzog von Rochefort ist tod. Alliirter Seits ist der tapffere Engellische General Clayton geblieb. wie auch der General-Major von Monroy; Ihro Durchlaucht, der Herzog von Cumberland blessirt, welcher durch die Waden geschossen worden, der Oesterreichische General / Herzog von Aremberg, und der Hannöverische General, Herr von Ilten, hart bleßirt. Dem Engellischen Brigadier Housquet sind die 2. Schenckel weg-geschossen worden, so daß er elendiglich seinen Geist aufgegeben. Alliirter Seits rechnet man 3000., so theils geblieben, theils hart bleßirt worden. Die noch unterhalb zwischen hier und Dorneckheim gestandene Hessen, wie auch die aus dem Hannoverischen nachgekommene Trouppen, sind nicht mit bey der Battaille gewesen. Merckwürdig ist, daß bey dieser Action die Engellische Weiber auch das ihrige thun wollen, indem sie während der Schlacht, sich hinter die Todten her machten, und, zumalen was Officiers waren, biß aufs Hemde auszogen. Die Beute, so die Alliirten bekommen, soll zimlich considerabel seyn, indeme die Franzosen nicht nur einige Canonen, Standarten und Fahnen, worunter auch die sogenannte Weisse begriffen, sondern auch etlich 100. Wägen im Stich lassen müßen. Nicht zu gedencken, was vor Kostbarkeiten an Uhren, Dosen, Gens'Armes-Stöcken, Kleider mit Gold besetzet, und andere dergleichen Sachen schon verkauffet worden. Um 5. Uhr nach der Schlacht, schossen die Alliirte Victorie, und Ihro Groß-Brittannische Majestät liessen auf dem Kampff-Platz einen Tisch setzen, und tractirten die vornehmste Generals mit einer kalten Schale. Den 7. Julii darauf wurde zu Hanau, in Gegenwart Ihro Majestät ein solennes Danck-Fest, wegen dieser erhaltenen Victorie, gehalten, und dabey das Te Deum unter Abfeurung deß groben Geschützes abgesungen.

1) Ihro Majestät der König von Engelland.
2) Printz von Cumberland / am Fuß bleßirt.
3) General Stairs / dem 2. Pferde unterm Leib erschossen.
4) Herzog von Ahremberg / Königlich-Ungarischer General / bleßirt.
5) Hannöverischer General / Monroy, dem ein Bein weggeschossen worden / daran er (gestorben.)
6) Engellischer General Clayton / tod.
7) Marschall Duc de Noailles, General en Chef.
8) Duc de Richecourt, tod.
9) Eu / Printz vom Geblüt.
10) Cômte de Clemont gefangen.
11) Harcourt / bleßirt und gefangen.
12) Die Stadt Hanau.
13) Seelingenstadt.
14) Dettingen.
15) Ostheim.
16) Die Französische Artillerie.
17) Die Oesterreichische Batterie.
18) Der Mayn
19) Die Schiff-Brucken / worüber die Franzosen die Flucht genommen.

Augspurg, zu finden bey David Mehrer Brief-Mahler, wohnhafft auf dem Untern-Graben.

Obernau solcher gestalt mitgenohmen worden, daß ihre angebaute flur mehr einer wüstung als einem gebaut gewesenen feld zu vergleichen"[15].

Die Folgen solcher Exzesse verhinderten die Zahlung der fälligen Abgaben von Untertanen an den Kurstaat. In der Oberkellerei-Rechnung heißt es lapidar: „Des Hanns Zahn von Dettingen Mühl bleibet hier aus, weilen solche abgebrochen und öd lieget"[16]. Der Ort Dettingen selbst zählte im Jahr 1743 154 Einwohner, davon 36 Männer, 36 Frauen, 2 Witwen, 39 Söhne und 41 Töchter. Im Kriegsjahr wurde amtlicherseits lediglich die Abgabe der „Fastnachts- und Leibshühner" (1742: 34 Stück) und „Sommerhahnen" (1742: 35) erlassen, die in diesem Jahr auch von den sonstigen Dorfschaften der Oberkellerei nicht als Naturalien abgeliefert, sondern in Geld bezahlt wurden. Weiterhin zu entrichten war die Kriegsschatzung, welche zwölfmal im Jahr erhoben wurde. Auf Dettingen mit seinen rund 35 Haushaltungen entfielen monatlich 23 fl. 4 kr., was auf die einzelne Haushaltung umgerechnet pro Monat etwa 30 DM ergibt[17]. Die Gesamteinnahmen aus dieser Kriegsschatzung beliefen sich – ohne die Stadt Aschaffenburg – in der Oberkellerei auf 11 302 fl., die größte Abgabelast der Verwaltungseinheit trug Kleinwallstadt. Die relative Höhe dieses Betrages läßt sich daran ermessen, daß die Schatzungssumme allein fast 2/3 aller Einnahmen der gesamten Oberkellerei Aschaffenburg in Höhe von 18 633 fl. ausmachte[18]. Da eine derartige Belastung im Vergleichszeitraum von 1739 bis 1746 in jedem Jahr anfiel (1739 sogar 13 Schatzungen), war Dettingen in mehrfacher Hinsicht vom Krieg betroffen.

Am 24. Juni, nur drei Tage vor der Schlacht, erfuhr der Mainzer Kurfürst von seinem Gesandten Philipp Christoph von Erthal aus Aschaffenburg[19]:

> „Sonsten passiret zwischen beeden armeen nichts besonderes, ausser das die franz. husaren in der gegend Selgenstadt, Kahl und Dettingen beständig herüber auf diese seithen ins land und sogar bis Hörstein im Freygericht herumstreifen und haben heut 12 engl. proviant wägen sambt 48 pferd, so zu abholung des brods für 12 M [= 12 000] Engelländer auf Hanau gewolt, aufgefangen und weggeschleppt."

[15] HHStA Wien, MEA, MIL 57, Tom. I, f. 53, Schneidt aus Aschaffenburg an Kurfürst Ostein in Mainz am 23. Juni 1743.

[16] Bayerisches Staatsarchiv (künftig: StA) Würzburg, R 27389, f. 210.

[17] StA Würzburg, R 27391, f. 94-96.

[18] StA Würzburg, R 27389, f. 97.

[19] HHStA Wien, MEA, MIL 57, Tom. I, f. 62, Philipp Christoph von Erthal aus Aschaffenburg an Kurfürst Ostein in Mainz am 24. Juni 1743. Philipp Christoph Freiherr von Erthal (* 1689, † 1748), kurmainzischer Geheimer Rat, Hof- und Regierungsrat, Oberamtmann von Lohr, Wahlbotschafter und Gesandter, ab 1745 Obermarschall, aufgrund seiner diplomatischen Fähigkeiten „Außenminister" des Erzstiftes, Vater des Kurfürsten Friedrich Carl Joseph und des Fürstbischofs Franz Ludwig.

Der kurmainzische Beobachter Peter Mathai verstieg sich sogar am gleichen Montag zu der Spekulation[20]:

> „Es ist in allem kein rechte anstalt, auch scheint es kein rechter ernst zu seyn".

Doch nun, nach dem Abzug der Briten aus Aschaffenburg in der Nacht zum 27. Juni 1743, sollte etwas „besonderes" passieren; jetzt wurde es „ernst".

Bevor die Einschläge auf dem Schlachtfeld das Gesichtsfeld verengen und die Gestalten der historischen Personen vernebeln, konturiert der Scheinwerfer der Nachbetrachtung noch kurz die mainzischen Beobachter des makabren Geschehens. Erwähnung fanden bereits, neben dem kaiserlichen Gesandten Bünau, die kurstaatlichen Beamten Schönborn, Wildenstein, Schneidt, Erthal und Mathai, deren Korrespondenz bei kritischer Betrachtung nicht immer von der Mainzer Neutralität geprägt war, denn auch Kurfürst Johann Friedrich Carl von Ostein blieb von seiner Herkunft und Familie, aber auch von seinen Neigungen her eindeutig auf Seiten Maria Theresias und deren Verbündeten. Um über die Truppenbewegungen der Franzosen fortlaufend unterrichtet zu sein, hatte er zusätzlich zwei seiner Beamten, Hofkammerrat Merget und Geheimrat von Reigersberg[21], in der Nähe des französischen Hauptquartiers Aufenthalt nehmen lassen.

Reigersberg befand sich am 24. Juni 1743 bei Noailles in Stockstadt. Von dort zog er mit den Franzosen in der bewegten Nacht vom 26. Juni zum 27. Juni nach Seligenstadt[22] und berichtete am folgenden Tag „per expresses" nach Mainz, „welcher gestalten der Hr. Marechal von Noailles auf die erhaltene nachricht, daß die allijrte armee aus ihrem alten lager aufgebrochen und ihren weg den Mayn hinab nehme, mit der seinigen umb zwey uhr in der frühe den marsch anhero nach Selgenstatt durch den Stockstatter wald zum grösten

[20] HHStA Wien, MEA, MIL 57, Tom. I, f. 49, Peter Mathai aus Aschaffenburg an Hofkanzler Bentzel in Mainz am 24. Juni 1743. Peter Mathai, Gesandtschafts-Sekretär Erthals, fungierte dabei auch als Notar. Johann Jakob Joseph Freiherr von Bentzel (-Sternau) (um 1700-1765), kurmainzischer Hofkanzler und Gesandter. Vgl. *Horst-Wilhelm Jung*, Anselm Franz von Bentzel im Dienste der Kurfürsten von Mainz, Wiesbaden 1966, S. 7: „Johann Jakob Joseph, bekleidete er auch kein Universitätsamt wie der Vater und wie der Sohn, so trug er doch auch als Stadtschultheiß, Kanzlei- und Revisionsdirektor, Hofkanzler, kurfürstlicher und – ein Novum der Familie – kaiserlicher Geheimer Rat weiterhin zum Aufstieg des Geschlechts bei, vor allem seit ihm zusammen mit dem Bruder Franz Jakob Kuno 1732 das Reichsadelsdiplom verliehen worden war, dem 1746 noch das Reichsfreiherrnpatent für den inzwischen zum Hofkanzler Avancierten folgen sollte."

[21] Leopold Josef Freiherr von Reigersberg, kurmainzischer Geheimer Rat, Hof- und Regierungsrat.

[22] StA Würzburg, R 27520, f. 103: „als des Herrn geh. Rath von Reigersberg mit Hrn. Hofcammerrath Merget an Seelgenstatt in dem frantzös. standquartier gewesen, seyndt vor dero pferdt zahlt worden 4 fl. 40 kr.".

theil genommen, über allhiesige beyde brücken marschiret, theils auch die cavallerie nit weith von hier durch den Mayn setzen lassen, umb denen allijrten entgegen zu gehen"[23].

So zogen denn zwei ausländische Heere mit zusammen etwa 100 000 Mann in derselben Nacht links und rechts des Mains flußabwärts und schufen damit die Voraussetzung, daß sich die seit Wochen immer größer gewordene Gefahr explosionsartig entladen konnte. Noailles hatte die Vergeblichkeit seiner in Aschaffenburg gesuchten Chance erkannt und versuchte, der zahlenmäßig unterlegenen Pragmatischen Armee eine Falle zu stellen. Er nutzte seine günstigere Ausgangsposition, um das andere Mainufer frühzeitig zu besetzen, und fand offenbar auch in der Nacht die strategisch besseren Positionen. Alle Taktiklehrer des vergangenen Vierteljahrtausends sind sich einig, daß die französische Stellung vorteilhafter war, doch das ungestüme Attackieren junger Offiziere hat den Erfolg für das mit dem Kaiser verbündete Königreich vereitelt. Eine aufschlußreiche Schilderung der Schlacht findet sich bei dem berühmten Historiker Leopold von Ranke, der gerade den durch undisziplinierten Kriegseifer bewirkten, überraschenden Ausgang des blutigen Kräftemessens bemerkenswert fand und deshalb notierte[24]:

> „Bataille – am 27. Juni 1743 bei Dettingen – die, wenn sie nicht zu den großen Schlachten des Jahrhunderts gerechnet werden darf, doch in sich selbst nicht ohne Merkwürdigkeiten ist".

Im selben Zusammenhang stellte Ranke die Frage nach dem plötzlichen Anlaß des Geschehens[25]:

> „War es politische Eifersucht oder der alte plötzlich wieder aufflammende Nationalhaß oder der Ehrgeiz des Feldherrn, in demselben Grade, wie Broglie wenig standhielt, war Noailles rasch zum Angriff".

Bünaus Briefwechsel mit London liefert für dieses rasche Handeln auf der Schaubühne des Krieges eine ganz anders motivierte Erklärung, denn nach seinem Zeugnis wußte Noailles von einer österreichischen Armee unter Prinz Lobkowitz, die bereits Nürnberg passiert hatte, um sich mit Lord Stair zu vereinigen[26]. Wenn Noailles den zahlenmäßigen Vorteil der Franzosen noch aus-

[23] HHStA Wien, MEA, MIL 57, Tom. I, f. 72, Reigersberg aus Seligenstadt an Kurfürst Ostein in Mainz am 27. Juni 1743.

[24] *Ranke* (wie Anm. 8), Bd. 2, S. 235.

[25] Ebd. – François Marie Duc de Broglie, Marschall von Frankreich, Oberbefehlshaber der „Süd-Armee".

[26] BayHStA München, GesL 385, Bünau aus Mainz an Haslang in London am 22. Juni 1743: „Il est encore a souhaiter, que la superiorité, qui etoit jusqu'a present dans ces environs de la part de l'Armée Francois, ne se tourne pas tantot de l'autre coté, s'il est vrai ce qu'on debite d'un secours nombreux, qui doit joindre l'Armée Anglo-Autrichienne en peu de jours. Car on a la

nutzen wollte, war er gezwungen, die Entscheidung so rasch wie möglich zu suchen.

Der kurmainzische Geheimrat Reigersberg verfaßte „um 4 Uhr des nachmittags“ eine spontane Schilderung aus seiner, durch den Verbleib in Seligenstadt sicher eingeschränkten, aber aufgrund der Authentizität eindrucksvoll subjektiven und impressiven Sicht. Der amtliche Bericht fällt allein wegen seiner ungewöhnlichen – offenbar sehr schnell zu Papier gebrachten – Handschrift aus der Masse der sonstigen Kanzleischriftformen heraus[27]:

> „[. . .] gegen 9 uhr hörte man alhier die zwischen Klein-Ostheim und Dettingen auf hiesiger seithen aufgepflanzte stücke auf die allijrte armee, und von dieser eben also gegen die frantzösische anmarschirende stark feuern, welche cannonirung auch bis gegen ein uhr andauerte, da man dan von weithem sahe, das zwischen Maynflingen und Dettingen beyde armeen mit cannonen und der mousqueterie unerhörte starke salven gaben, welches wohl jedoch nit beständig aufeinander ein stund lang andauerte. Ich konte aus einem bey mir gehabten perspectiv anderst nichts sehen, als daß das aufgehende feuer und der grose staub sich bald hieher zu gegen Gros Welsheim, hernach aber wieder aufwärts gegen Maynflingen gezogen habe, in welchen umbständen auch diesen augenblick die action sich befindet. Man sahe aber keine halbe stund nach der ersten gegebenen salve viele blessirte und leere pferde über hiesige brükken reithen, tragen und führen, unter welchen man fast nichts anders als königliche haus troupen sahe, absonderlich viele guardes du corps und gens d'arme, welche königl. haus trouppen, wie die blessirte sagen, totaliter minimiret worden, indeme dieselbe das erste große feuer von denen Engelländer, so dieselbe auf keinen mousquetten schuss avanciren lassen ausgestanden haben. Viele vornehme officiers kommen ebener masen alle augenblick herüber und sagt man der Printz von Soubise nebst Monsieur de Luxemburg seyen todt geblieben, der sohn des Hertzog von Noailles Duc Bayen ist ebener massen stark blessiret, in diesem augenblick da gegenwärtiges zu melden die gnad habe, sagen mir die blessirte, daß verschiedene regimenter völlig zugrund gerichtet und obzwar andere behaupten wollen, daß die allijrte repoussiret worden, so ver-

nouvelle a cette cour, que le Prince de Lobkovitz est en marche avec l'Armée, qu'il commende et un corps de 6000 Hussars, qui doivent actuellement avoir passé Nuremberg, pour se joindre a l'Armée de Milord Stairs. J'ai representé plusieurs fois au Marechal de Noailles, qu'il faloit attaquer les ennemis avant que leurs renforts fussent arrivés, il m'a toujours repondu, que la queue, qu'il attendoit, de ses troupes, surpasseroit toujours celle des Anglois, qu'ils trainoient apres eux“.

[27] Wie Anm. 23.

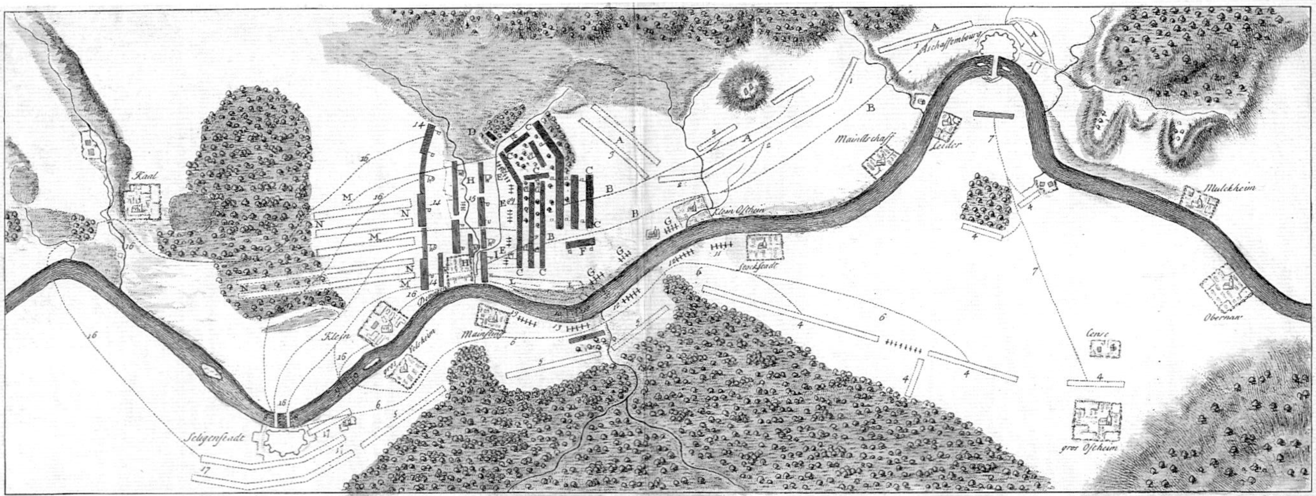


*An exact Plan of the Battle of Dettingen, gained by the Allied Army under the Command of the King of Great Britain, over the French Forces, on the 27th of June 1743. N. S. With the Position of the respective Armies on each Side of the Mayn from the 16th of the same Month to the Day of the Battle. And a particular Explanation of the Whole.*

J. R. Spalart Maj: ingen. — P. Fourdrinier sculp.

**Published by Authority.**

## References to the *Allied* Army.

A. *The Incampment of our Army from the 16th, 17th and 18th of* June, *as it came up successively to the 27th in the Morning, when it marched. The* English *Troops being posted near* Aschaffenbourg *at N° 1. the* Hanoverians *at N°. 2. and the* Austrians, *with their Right to the Woods and Marshes, at N° 3.*

B. *The March of the Army in two Columns, which halted at the Entrance of the Wood, where it drew up in Order of Battle, upon Advice that the* French *were passing the* Mayn *at* Seligenstadt, *the Infantry over two Bridges, and the Cavalry fording it.*

C. *Disposition of the Army before the Battle, including the Batteries E. which at first made a continual Fire, and advanced towards the Enemy with the Lines about Noon, continuing to do so till near Three o' Clock, when the Enemy retired. The Infantry is distinguished by closer Lines, and by Colours ⚑ And the Cavalry by open Lines, with Standards ⚐*

D. *The Independant Companies in a Corner of the Wood to cover our Baggage, which had retired behind it during the Battle.*

F. *The Cavalry observing a Party of the* French *on the other Side of the* Mayn *at N° 10. who made a Shew as if they intended to ford the River.*

G. *Three Batteries opposed to those of the* French, *which they had erected on the other Side of the* Mayn *to gall our Troops in their March, and from the First of which, N° 11, at about Eight o'Clock in the Morning, they began to play upon our Rear, composed of* Hanoverian *and some* English *Troops, having the King at their Head.*

H. *The Village and Rivulet of* Dettingen, *which the* French *took Possession of in order to attack us.*

I. *The Attack of the* French *Household Troops, which broke through the three First Lines of our Infantry, but were repulsed with Loss.*

L. *The Attack of the* French *Guards and other Infantry in Brigades, which took us in Flank, but could not break through us, because our Infantry of the Wing, although it be not marked here, formed immediately a Flank against them, repulsed them, and forced those who did not throw themselves into the River and swim over, to retire along the River, to regain the Village of* Dettingen.

M. *The March of our Army in Order of Battle pursuing the Enemy, in which the first Line of the Cavalry was ordered to take the Lead, and which kept before the Infantry till they arrived at the Place where the New Camp was marked out, and taken Possession of.*

N. *The New Camp where the Army passed the Night of the 27th, and from whence it began to march between Nine and Ten o'Clock in the Morning, in order to reach the Camp between* Hanau *and* Franckfort.

## References to the *French* Army.

N° 4. *The Camp of the* French *from the* 16th *and* 17th *of* June *to the 24th.*

5. *The Shifting of their Camp till the Day of Battle.*

6. *March of the* French *from Break of Day on the* 27th *of* June.

7. *March of five Brigades of* French *Infantry to attack the Head of the Bridge, and the Town too of* Aschaffenbourg, *which they took Possession of, finding no one there to oppose them.*

8. *Passage of their Infantry over two Bridges at* Seligenstadt.

9. *Passage of their Cavalry at the Fords.*

10. *Other Fords, before which a Party of* French *Horse were placed.* N° 10.

11. *The first Battery of five Pieces of Cannon, from which the* French *play'd upon our Rear about Eight in the Morning, which, (as has been before observed) the King lead on in Person.*

12. *The second and third Batteries, which likewise took us in Flank during our March.*

13. *The fourth and fifth Batteries, which cannonaded our Army, whilst it was drawing up in Order of Battle, and which continued cannonading it during the Battle, and till the Action was near over.*

14. *Plain where the* French *drew up, and advanced with the Battery of Cannon marked 15, from which they only fired during the Engagement of the Household Troops, and which disappeared immediately, upon their and the other Troops, as well Horse as Foot, being repulsed.*

16. *Retreat of the* French.

17. *Their Incampment after they had repassed the* Mayn *over the Bridges, and at the Fords, when a great Number were drowned, particularly of the* French *Guards.*

*LONDON:* Printed for E. Owen in *Amen-Corner*, and P. Fourdrinier the Corner of *Craig's* Court, *Charing-Cross.* 1743. Price 1 *s.* plain, or 2 *s.* colour'd.

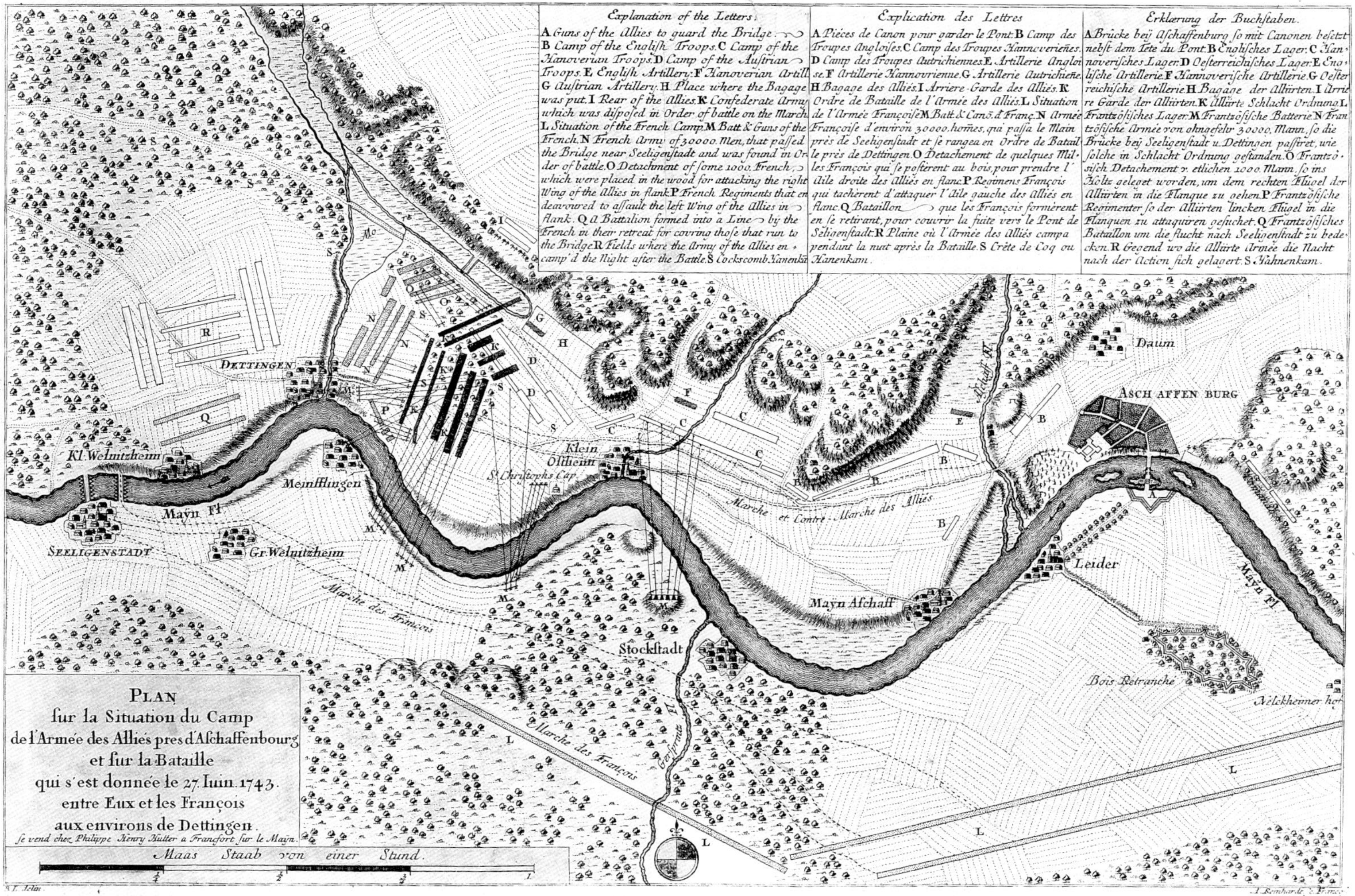
Explanation of the Letters.
A Guns of the Allies to guard the Bridge. B Camp of the English Troops. C Camp of the Hanoverian Troops. D Camp of the Austrian Troops. E English Artillery. F Hanoverian Artill. G Austrian Artillery. H Place where the Bagage was put. I Rear of the Allies. K Confederate Army which was dispossed in Order of battle on the March. L Situation of the French Camp. M Batt. & Guns of the French. N French Army of 30000. Men, that passed the Bridge near Seeligenstadt and was found in Order of battle. O Detachment of some 2000. French which were placed in the wood for attacking the right Wing of the Allies in flank. P French Regiments that endeavoured to assault the left Wing of the Allies in flank. Q A Battalion formed into a Line by the French in their retreat for covring those that run to the Bridge. R Fields where the Army of the Allies encamp'd the Night after the Battle. S Cockscomb. Hanenkam.
Explication des Lettres
A Pieces de Canon pour garder le Pont. B Camp des Troupes Angloises. C Camp des Troupes Hanneverienes. D Camp des Troupes Autrichiennes. E Artillerie Angloise. F Artillerie Hannovrienne. G Artillerie Autrichiene. H Bagage des Alliés. I Arriere-Garde des Alliés. K Ordre de Bataille de l'Armée des Alliés. L Situation de l'Armée Françoise. M Batt. & Cans. d Franç. N Armée Françoise d'environ 30000. homes, qui passa le Main près de Seeligenstadt et se rangea en Ordre de Bataille près de Dettingen. O Detachement de quelques Mille François qui se posterent au bois, pour prendre l'Aile droite des Alliés en flanc. P Regimens François qui tachérent d'attaquer l'Aile gauche des Alliés en flanc. Q Bataillon que les François formérent en se retirant, pour couvrir la fuite vers le Pont de Seligenstadt. R Plaine où l'Armée des Alliés campa pendant la nuit après la Bataille. S Crête de Coq ou Hanenkam.
Erklærung der Buchstaben.
A Brücke bey Aschaffenburg so mit Canonen besetzt nebst dem Tete du Pont. B Englisches Lager. C Hannoverisches Lager. D Oesterreichisches Lager. E Englische Artillerie. F Hannoverische Artillerie. G Oesterreichische Artillerie. H Bagage der Allürten. I Arriere Garde der Allürten. K Allürte Schlacht Ordnung. L Frantzösisches Lager. M Frantzösische Batterie. N Frantzösische Armée von ohngefehr 30000. Mann, so die Brücke bey Seeligenstadt u. Dettingen passiret, wie solche in Schlacht Ordnung gestanden. O Frantzösisch Detachement v. etlichen 1000. Mann, so ins Holtz geleget worden, um dem rechten Flügel der Allürten in die Flanque zu gehen. P Frantzösische Regimenter so der Allürten lincken Flügel in die Flanquen zu attaquiren gesuchet. Q Frantzösisches Batallon um die flucht nach Seeligenstadt zu bedecken. R Gegend wo die Allürte Armée die Nacht nach der Action sich gelagert. S Hahnenkam.
PLAN
sur la Situation du Camp
de l'Armée des Alliés pres d'Aschaffenbourg
et sur la Bataille
qui s'est donnée le 27. Iuin. 1743.
entre Eux et les François
aux environs de Dettingen
se vend chez Philippe Henry Hutter a Francfort sur le Mayn.
Maas Staab von einer Stund.
1/4 1/2 3/4 1
DETTINGEN
Kl. Welmitzheim
Meinfflingen
Mayn Fl.
SEELIGENSTADT
Gr. Welmitzheim
Klein Ostheim
St. Christophs Cap.
Marche et Contre Marche des Alliés
Marche des François
Stockstadt
Mayn Aschaff
Leider
ASCH AFFEN BURG
Daum
Aschaff Fl.
Mayn Fl.
Bois Retranché
Welckheimer hof
Gersprintz Fl.

lauthet jedoch eben also daß die Franzosen mit aller gewalt sich zurück ziehen, man höret als noch zuweilen cannoniren, jedoch nit so stark als zuvor [. . .]. Das betrübte spectacul so man bey diesem blessirten und todt gebliebenen siehet ist nicht genug zu beschreiben und ist dieses am mehresten zu bedauern, daß diesen leuth in der geschwindigkeit keine barbierer verschaffet werden können, als wornach sie jedoch so sehr verlangen. Ich habe mit alhiesigen haubten alles mögliche veranstaltet, umb diesen vielen unglückseligen leuthen alles was zum verbinden nöthig ist, so viel möglich bey zuschaffen".

Der ebenfalls im französischen Lager in Seligenstadt anwesende Hofkammerrat Merget ergänzte an Hofkanzler Bentzel am gleichen Tag[28], daß

„25 bataillons und ein groses cavalerie corps heut gegen 1 Uhr nachmittag die allijrte armee angegriffen [haben], hingegen zum zweyten mahl mit solcher standthaftigkeit repoussiret worden seye, daß das königl. haus vollkommentlich übern hauffen geworfen und was nicht todt, in dieses städtlen [= Seligenstadt] blessirter gebracht worden ist [. . .].
PS. es marchiren würklich wieder trouppen durch diese stadt zurück."

Bünau referierte den erstaunlich detaillierten Kenntnisstand des kaiserlichen Hofes in Frankfurt, wo er sich gerade aufhielt, schon am folgenden Tag nach London[29]:

„Sehr geehrter Herr,

Ich habe die Ehre, Eure Exzellenz von einem sehr heftigen Gefecht in Kenntnis zu setzen, das sich gestern zwischen den kaiserlichen Hilfstruppen und den österreichischen Alliierten abspielte. Als die Armee der Letztgenannten am 26. anfing, ihr Lager bei Einbruch der Nacht abzu-

[28] HHStA Wien, MEA, MIL 57, Tom. I, f. 73, Merget aus Seligenstadt an Bentzel in Mainz am 27. Juni 1743.

[29] BayHStA München, GesL 385, Bünau aus Frankfurt an Haslang in London am 28. Juni 1743, deutsche Übersetzung: Dorothea Heuer-Kretschmer; Originalfassung:
„Monsieur
J'ai l'honneur de rendre part a V. E. [= votre Excellence] d'une action tres vive, qui se donna hier entre les trouppes auxiliaires de S. M. J. [= Sa Majesté Imperial] et les alliés autrichiens. Lorsque l'Armée des derniers commenca a decamper le 26. a l'approche de la nuit et que le M[arech]al de Noailles en fut averti a une heure après minuit, il fit a l'instant passer quelque Infanterie a l'autre coté du Mayn par le pont, qu'il avoit etabli a Seligenstatt, et une partie de la Cavalerie passa a differens qués de cette riviere, ensuite de quoi il fit avancer d'autres trouppes du coté d'Aschaffenbourg, qui s'en emparerent. Le M[arech]al rangea ses trouppes, qui avoient passé le Main de maniere, que leur droite etoit appuyée au Main, et la gauche a un bois du coté de la montagne, et bientot apres il fit occuper le Village de Dettingen, situé sur le Main, que les Anglo-Autrichiens venoient d'abandonner.

brechen und Marschall de Noailles davon eine Stunde vor Mitternacht informiert wurde, ließ er sofort einige Infanterie auf die andere Seite des Mains mittels der Brücke übersetzen, die er bei Seligenstadt errichtet hatte, und ein Teil der Kavallerie folgte an verschiedenen Stellen dieses Flusses. Danach ließ er andere Truppen auf Aschaffenburgs Ufer vorrücken, die es besetzten. Der Marschall ordnete seine Truppen, die den Main überquert hatten, und zwar so, daß ihre rechte Flanke an den Main angelehnt war und die linke an ein Waldstück nahe den Bergen, und wenig später ließ er das Dorf Dettingen einnehmen, am Main gelegen, das die Anglo-Österreicher gerade verlassen hatten.

Aus dieser Stellung ging er auf die Feinde los, die in der Zwischenzeit Gelegenheit gefunden hatten, sich zu sammeln und zu formieren, und die außerdem durch den Wald und die Berge, die links der Linie lagen und dort einen zum Main hin gebogenen Winkel bildeten, eine gegenüber den Franzosen sehr viel vorteilhaftere Position besaßen. Der Marschall hatte seinen Truppen den Befehl gegeben, dem ersten Feuer der Feinde standzuhalten und ihnen dann entgegenzumarschieren. Aber ihre erste Salve, die sehr heftig war, brachte die französischen Truppen etwas durcheinander.

Dessen ungeachtet entwickelten sie dreifache Kräfte und griffen die Feinde an, ohne durchbrechen zu können, denn diese hatten mehrere Linien gebildet, eine hinter der anderen, und anstatt einer Nachhut war ihre ganze Armee dort.

Dans sete position il s'avanca aux Ennemis, qui avoient en attendant gagné du tems pour se developer et se former et qui d'ailleurs par le bois et les montagnes, qui etoint sur la gauche de la ligne, et qui y formoient un coude en se rapprochant vers le Main, avoient entierement l'avantage de la situation sur les francois. Le M[arech]al avoit ordonné a ses trouppes de soutenir le premier feu des Ennemis, et de s'avancer en suite sur eux. Mais leur premiere decharge, qui fut tres vive, mit quelque desordre dans les trouppes francoises.

Non obstant cela elles se vallierent trois fois et chargerent les Ennemis, sans les pouvoir rompre, parce qu'ils etoient sur plusieurs lignes, les unes sur les autres, et que toutte leur Armée y etoit au lieu d'une arriere Garde.

Enfin le M[arech]al voyant qu'il y avoit trop d'inegalité par l'avantage de leur position, fit retirer des trouppes en bon ordre, et en presence des Ennemis, qui n'avoient pas envie de la suivre. Il les remit en bataille au dela du village et du marais, d'ou elles repasserent en suite le Mayn, pour reprendre leur premier camp, sans que les Ennemis ayent osé le suivre.

On compte la perte plus grande du coté des alliés autrichiens, que de la part des francois les premiers auront des morts et blessés pres de 5000 hommes, le canon des francois, ayant fait un grand ravage parmi eux. La perte de ceux-ci pour les morts et blessés peut aller a 2000.

On ne scait que peu de personnes de consideration, qui sont restés dans la melée, du coté des francois, entre lesquels on n'a nommé jusqu'a present que le Duc de Rochoart, le C. d'Eu, Prince du Sang, les Ducs d'Harcourt, de Boufleurs et d'Ayen sont blessés.

Der Marschall erkannte schließlich, daß das Ungleichgewicht aufgrund ihrer überlegenen Position zu groß war, und zog seine Truppen geordnet zurück, in Gegenwart der Feinde, die keine Lust hatten, sie zu verfolgen. Er stellte sie wieder in Schlachtordnung auf, abseits des Dorfes und des Sumpfgebietes, von wo aus sie dann den Main wieder überquerten und zu ihrem ersten Lager zurückkehrten, ohne daß die Feinde gewagt hätten, ihnen zu folgen.

Die Verluste auf der Seite der österreichischen Alliierten werden höher veranschlagt als die auf seiten der Franzosen, erstere haben ungefähr 5000 Tote und Verletzte, da das französische Geschütz verheerenden Schaden bei ihnen angerichtet hat. Letztere dürften einen Verlust von etwa 2000 haben.

Man weiß nur wenig über bekannte Personen, die auf dem Schlachtfeld geblieben sind, auf französischer Seite hat man bis jetzt nur den Herzog von Rochechouart genannt, der Graf d'Eu, Prinz von Geblüt, die Herzöge von Harcourt, Bouffleurs und Ayen sind verletzt.

Man weiß von den Engländern, daß der General Clayton getötet ist, der Herzog von Cumberland und die Herzöge von Arenberg sowie mehrere andere verletzt sind. Seit dem Rückzug sind keine Gefangenen mehr gemacht worden, und man weiß noch nicht, wieviel im Kampfgetümmel genommen wurden.

Das Haus des Königs hat in diesem Kampf sehr gelitten, und bei den Engländern sind die grauen Königsgarden und einige andere Regimenter fast vollständig ruiniert. Die Franzosen haben fünf Standarten der Engländer erbeutet, aus ihrer Mitte heraus, und es heißt, daß diese den Franzosen einige abgenommen haben. Die ganze französische Artillerie wurde in ihr Lager zurückgeführt, mit einer Kanone der Feinde, die das Regiment der Auvergne erbeutet hatte.

Du coté des Anglois on scait que le General Clayton est tué, le Duc de Cumberland et les Ducs d'Aremberg avec plusieurs autres blessés. Depuis la retraite il n'y a pas eu des prisonniers et l'on ne peut pas encore scavoir ce qui fut pris dans la melée.

La maison du Roi a beaucoup souffert dans ce combat, et de la part des Anglois des Gardes grises du Roi et quelques autres regimens ont eté presque tous ruinés. Les Francois ont enlevé cinq etendars aux Ennemis, au milieu de leur rang, et l'on dit, que ceux-ci on pris quelques uns aux francois. Toute l'artillerie francoise fut ramenée a son camp avec une piece des canons des ennemis prise par le Regiment d'auvergne.

Le M[arech]al de Noailles se trouve donc a present maitre d'Aschaffenbourg, ou etoit le quartier-general des Anglois. Il a deux ponts sur le Main, et l'avantage d'avoir fait occuper sur Bas-Main le poste de Steinheim, de maniere que toutes ses premiers dispositions subsistent encore apres cette action, comme au paravant.

Mais les Anglois ont eté obligés aujourd'hui d'abandonner leur camp, et de se retirer a Dornickheim, ou ils campent actuellement. Le Roi d'Angleterre est a Hanau. Mylord Stairs a aban-

PLAN des Treffens bey Dettingen
Dettingen
Mayn Flus
Allirte Canon

Marschall de Noailles ist also im Moment Befehlshaber von Aschaffenburg, wo das Hauptquartier der Engländer war. Er besitzt zwei Brücken über den Main und den Vorteil, daß er am Untermain die Stellung von Steinheim hat besetzen lassen, so daß alle seine ursprünglichen Dispositionen nach diesem Gefecht weiter bestehenbleiben wie vorher.
Aber die Engländer mußten heute ihr Lager verlassen und sich nach Dörnigheim zurückziehen, wo sie im Moment lagern. Der englische König ist in Hanau. Lord Stair hat seine Verletzten dagelassen und sie dem Marschall de Noailles übergeben, der sie versorgen und bewachen läßt. Es gibt keinen Zweifel, daß dieser [= Noailles] ihnen [= den Briten] bald folgen wird, und vielleicht wird es bald wieder zu Gefechten kommen. Die Anglo-Österreicher haben zuwenig Vorräte, während die Franzosen davon im Überfluß besitzen und die Herren des Mains sind. Seine Kaiserliche Majestät ist heute morgen hier [= Frankfurt a. M.] in bester Gesundheit angekommen."

In Großbritannien bewunderte man in erster Linie die beispielhafte Unerschrockenheit des Königs. In einem Heft des „Gentlemen's Magazine" von 1745 wurde ein Augenzeugenbericht abgedruckt, nach dem eine französische Batterie von zwölf Kanonen auf Georg II. feuerte und die Kugeln nur einen halben Yard (etwa einen halben Meter) über den königlichen Kopf hinwegflogen. Als daraufhin der Herzog von Arenberg den König bat, die Gefahrenzone zu verlassen, wollte dieser davon nichts hören[30]. Solche Schilderungen fanden in Großbritannien mehr Gefallen als die Berichte über das furchtsame Verhalten des anwesenden Außenministers, Lord Carterets, der in sicherer Entfernung und mit ängstlichem Gesicht in seiner Kutsche den Gefechtsausgang abgewartet hatte[31].

donné ses blessés et les a fait recommender au M[arech]al de Noailles, qui en fait prendre soin et les garder. Il n'y a pas a douter, que celui-ci ne les suive bientot, et peut etre viendra-t-on bientot derechef aux mains. Les Anglo-Autrichiens manquent de subsistance, au lieu que les francois ont tout en abondance, et se trouvent maitre du Mayn.
Sa Maj. Imp. est arrivée ce matin ici en parfaite santé."

30 Gentlemen's Magazine 1745, Account: „The French fired at His Majesty from a Battery of 12 cannon, but levelled too high. I saw the balls go within half a yard of his head. The Duke d'Aremberg desired him to go out of danger, he answered ‚Don't tell me of danger, I'll be even with them'."

31 *W. Baring Pemberton*, Carteret. The Brilliant Failure of the Eighteenth Century, London o. J., S. 212: „Dettingen is noteworthy as being the last battle in which a British sovereign fought – and fought with exemplary intrepidity – but to Carteret it has little significance. He sat in a coach and six well out of cannon shot, wearing an anxious expression on his face and immersed throughout the action in the solution of a new problem raised by events of the preceding four weeks. The victory of the allied troops seemed likely to facilitate the solution." Zu Lord Carte-

Am Tag nach der Schlacht (Freitag, 28. Juni 1743) verfaßten auch die beiden kurmainzischen Deputierten Reigersberg und Merget im Lager der französischen Armee einen gemeinsamen Bericht, betreffend „der gleich ober Dettingen zwischen denen französischen und allijrten armees vorgefallenen action“[32]:

> „Indessen haben wir weiters in erfahrnus gebracht, daß bey anrückhung der französischen die allijrte armee en ordre de bataille unter commando des Königs in Engelland derselben entgegen gerücket seye, auch bey näherer zusammenkunft den innen fliegel dergestalten habe wenden lassen, daß das königl. haus sich gegen der allijrten armee und infanterie befunden habe, so durch das starke feuern dergleichen weder zu Quastalla[33] noch zu Parma gewesen seyn solle, in vollkommentliche confusion und deroulle gebracht worden ist, wordurch nach beschehenem dritten angriff die französische armee sich wieder zurück und über den Mayn begeben hatt. Dem lieutenant general Duc de Grammont wird die schuld dieses unsterns zugemessen, weilen derselbe ehender den angriff gethan hatte, als befohlen worden ist, in massen der commandirende Marechal et Duc de Noailles die ausdrückliche verordnung ertheillet hätte, ehender nicht dem feind sich zu nähern bis die armee den mayn passiret. Andere hingegen behaupten, daß man vermuthet, statt der gantzen armee nur einen theil anzutreffen.
>
> Der anfang der action ware umb ein uhr, und gegen halb fünf uhr hatte das gantze geschäft seine endtschaft, in erwegung die französische armee sich in bon ordre mit zwey erbeiteten stücken zurück gezogen hatt und einige mannschaft erst gegen 8 uhr abendts hierdurch marchiret ist, ohne daß die engl. dieser nachgesetzet, welche ist zware einige stund au champ de bataille still stehen geblieben, hatt sich aber hernach theils von Dettingen bis gegen Kahl gezogen, allwo dieselbe diesen morgen noch en ordre de bataille sich befindet.
>
> Den verlust der todten, worunter jedoch der Printz Soubise und Mr. le Duc de Luxembourg, wie gestern unterthänigst berichtet worden, nicht mit begriffen seynd, wie auch der blessirten, weis man noch nicht,

ret vgl. *Werner Loibl*, Zehn Tage „Schau-Bühne des Krieges“. Aschaffenburg und sein Umland vor der Schlacht bei Dettingen, in: Aschaffenburger Jahrbuch für Geschichte, Landeskunde und Kunst des Untermaingebietes 16 (1993), im Druck.

32 HHStA Wien, MEA, MIL 57, Tom. I, f. 76-78, Reigersberg und Merget aus Seligenstadt an Kurfürst Ostein in Mainz am 28. Juni 1743.

33 Bei Guastalla besiegte am 19. September 1734 eine französisch-sardinische Armee die Österreicher unter Graf Königsegg.

> jedoch versichern die Franzosen, daß eben so viel jenseiths als diesseits geblieben seyen [. . .].
> Es ist der franz. regiment des gardes francoises, welches theils in den Mayn gesprenget worden ist, und hatt dieses am mehristen gelitten, umb willen nach ihrer aussag sie über 1500 mann verlohren haben, man redet von einer ferneren unternehmung, welcherthalben die armee zusammen gezogen und diese neue den feind angehen solle".

Die Schlacht war vorüber, doch für den Kurstaat des Erzkanzlers war die Gefahr damit noch nicht gebannt. Mainz fürchtete insbesonders, „daß zumahlen so nahe bey allhiesiger vestung das theatrum belli aufgerichtet werden möge"[34]. Eine erste Entwarnung kam am 1. Juli 1743 aus dem französischen Lager zu Seligenstadt, als Reigersberg an Bentzel meldete[35], daß alle

> „wegen Aschaffenburg ausser aller sorg gesetzet werden. So eben verlauthet, daß die armee morgen aufbrechen und den weeg auf Dieburg, sodan zurück nach Worms nehmen werde, daß also und sofern es dabey bleibet, die Chur Mainzischen Lande von denselben bald verlassen werden".

Vizedom Schönborn schrieb in seiner gewohnt verzögerten Berichterstattung erst am 9. Juli an seinen Vater[36]:

> „Es scheint, wir werden hier unsere Französischen auch bald los werden, indem man viele [. . .] nach Seligenstadt umb die blessirte nach Wormbs zu transportieren müssen geschickt werden. Wie ich höre, sterben die Verwundeten gar stark".

Noailles versuchte, sich erneut den Briten zu nähern; nicht, um das Odium des Verlierers loszuwerden, sondern nach Ranke[37] nur, um „zu beweisen, daß er keine Niederlage bei Dettingen erlitten habe". Diese Ansicht bestätigen die kurmainzischen Berichte aus dem Lager der Pragmatischen Armee von Hofkammerrat Mosbach, der aus Frankfurt am 3. Juli nach Mainz schrieb[38]:

[34] HHStA Wien, MEA, Korr. 84, Tom. III, f. 175/6, Extractus Prot. conferentiae militaris Mainz, 30. Juni 1743.

[35] HHStA Wien, MEA, MIL 57, Tom. I, f. 79, Reigersberg aus Seligenstadt an Bentzel in Mainz am 1. Juli 1743.

[36] *Domarus* (wie Anm. 3), S. 759.

[37] *Ranke* (wie Anm. 8), Bd. 2, S. 236.

[38] HHStA Wien, MEA, MIL 57, Tom. I, f. 87, Mosbach aus Frankfurt/Main an Kurfürst Ostein in Mainz am 3. Juli 1743. Franz Rudolf Mosbach, Keller zu Algesheim (um 1734), erhielt 1734 das Prädikat Hofkammerrat und Zusicherung der wirklichen Einreihung unter die Hofkammerräte (lebte noch 1768).

„Als gestern mich mehrmahlen von hier nach Hannau begeben, habe des Königs von England Mayestät mit einer kleinen suite zu pferdt nahe ahn einem wältlein unterhalb Hannau ahngetroffen, welche vermuthlig recognosciren geritten, weillen die Franzosen gegen Kellstadt über starke batterien aufzuwerfen annoch continuiren, dahero auch gestern nachmittag verschiedene englisch- und hessische regimenter ihr nahe ahm mayn gehabtes lager quittiren und sich linker hand umb von denen canonschüss sicher zu seyn, lageren müssen, wie indessen verlauthen wollen, so werden in zeith 3 tägen österr. husaren bey der armee eintreffen, und vermuthet man in eben etlichen tägen eine newerliche action, wozu nuhn bessere praeparatoria als letzthin geschehen, gemacht worden."

Offenbar hatten die Franzosen zunächst den Gedanken an eine Revanche noch nicht aufgegeben, während sich die Briten weiterhin vor einer Überraschung zu schützen versuchten. Doch in der Zwischenzeit litt nun das Volk um Hanau – so wie vor einer Woche die kurmainzischen Untertanen um Aschaffenburg[39]:

„Im Hanauischen ist das flüchten der unterthanen ungemein gros, welche ihre mobilien und effecten nach Hanau bringen, weillen die Engelländer hier und dahe mit blündern fortfahren und ist zwahr bey der armee, jedoch anderster nicht das gras zu fouragiren erlaubet worden, es bleibet aber dabey nicht sondern werden allerhandt sorten früchten, dabey abgemehet und verdorben, daß diesem übell zu steuern niemandt im stand ist, zumahlen der König selbsten solches täglich beym ausreithen ahnsehen mus [. . .]. Neben der schädlichen fouragirung auch sogahr die pfähl aus denen weinbergen, wie im hanauischen geschehen und ich [= Mosbach] täglich mit augen gesehen, aus abgang des brennholtz heraus genommen und unersetzlicher schaden in denen weinbergen veruhrsachet worden".

Bis zum endgültigen Abzug der Alliierten auf das andere Rheinufer Mitte August blieb die Gegend um den Spessart von der folgenreichen Anwesenheit vieler Soldaten weiterhin betroffen. Der Lohrer Bürger und kurmainzische Untertan Johann Christoph Endres notierte in seinen Aufzeichnungen[40]:

„Hier waren den Tag vor Portiunkula [erster Sonntag im August] 40 Mann Engländer und haben hier ein Pferd vom Keller Schneidt und

[39] Ebd.

[40] Aufzeichnungen eines Lohrer Bürgers in den Jahren 1721 bis 1759, Lohr 1891, S. 14.

eines von Jakob Goßmann genommen, sowie eins zu Rothenfels und eins zu Hafenlohr. Da sich die Engländer zu Hafenlohr unehrlich aufführten, kamen die Rothenfelser und die Bauern zusammen, worauf sich die Soldaten aus dem Staub machten und nach Esselbach und dann nach Aschaffenburg marschierten".

Teilweise konnten Schäden erst im nächsten Jahr behoben werden, wie „die Fenster in dem Pfarr-Haus zu Mömbris, so die Engelländer zerschlagen"[41].

Doch die Niederlage oder das „schwere Mißgeschick"[42] hatte die französischen Verantwortlichen kriegsmüde gemacht. Dies konnte vor allem Reigersberg feststellen, als er wegen der sich häufenden Klagen über die französischen Ausschreitungen im Kurstaat bei Marschall Noailles vorstellig wurde.

Bevor die gegnerischen Armeen die gefährliche Konfrontation in nächster Nähe aufgaben, ging man daran, die eigenen Erfolge für die Nachwelt zu registrieren und die Verluste des Gegners zu schätzen: Wie üblich fielen beide zu hoch aus. Unübersehbar waren noch immer die schlecht versorgten Verwundeten in den jeweiligen Lagern. Nicht nur bei vielen einfachen Soldaten existierten starke Blessuren, auch siegreiche Offiziere waren betroffen. Der Duke of Cumberland[43], Georgs 21jähriger Sohn, gehörte dazu, und Mosbach[44] wußte über den Herzog von Arenberg, daß bei diesem eine „Kugell stickt noch in der wundt und ist nicht heraus zu nehmen".

Aber auch wenn es sich um ein schreckliches Geschäft gehandelt hatte, so mußte trotzdem Bilanz gezogen werden. Mosbach schrieb am 3. Juli nach Mainz[45]:

> „Wie viel dazumahlen bey Dettingen ahn Franzosen geblieben, auch wie stark die französische armee effective ist, habe gestern specifice mit anhero gebracht [die Aufstellung fehlt], wobey die Österreicher 6 estandarten nebst einer silbernen pauk und 7 canonen, sodan die Engelländer

[41] StA Würzburg, R 27390, f. 117.

[42] *Solf* (wie Anm. 9), S. 11.

[43] William Augustus, Duke of Cumberland (1721-1765); vgl. *Rosalind Mitchison*, A History of Scotland, London 1970, S. 356: „Second surviving son of Georg II. Educated for the navy, but turned to an army career, fought at Dettingen and took over an army of some eight thousand men in England at the end of November 1745. Like Cope he was competent but not brilliant." Ebd., S. 341: „At twenty-five a competent professional soldier." Ende der Eigenständigkeitsträume Schottlands im 18. Jahrhundert unter Prince Charles Edward Stuart, „the Bonnie Prince Charlie", durch Niederlage in Culloden Moor am 16. April 1746 gegen Cumberland, seither Cumberland: „the butcher".

[44] HHStA Wien, MEA, MIL 57, Tom. I, f. 87, Mosbach aus Frankfurt/Main an Kurfürst Ostein in Mainz am 3. Juli 1743.

[45] Ebd.

# Eigentliche Vorstellung / und aus genauen Nachrichten hergenommene Beschreibung des über die Französische Armee unter der Heldenmüthigen Anführung des Königs in Engelland Majest. von denen Englisch- und Oesterreichischen allürten Völckern zwischen Dettingen und Klein-Ostheim, 2. Stunden von Hanau, den 27. Jun. 1743. befochtenen Siegs.

Num. 1. Das Französische Lager, welches von den Allürten erbeutet worden. 2. Die am Mayn gepflanzten Stücke, womit anfänglich der lincke Flügel der Allürten incommodiret worden. 3. Der Angriff der Franzosen. 4. Das Treffen selbsten. 5. Die in Grund geschossene Schiff-Brücke. 6. Die Retirade der Franzosen nach Seeligenstadt. 7. Wie sie in den Mayn gesprenget worden. 8. Die erbeuteten Pferde und Bagage. 9. Der König in Engelland, Prinz von Cumberland und Graf Stair. 10. Die Generalität. 11. Der Marquis von Clermont. 12. Der Marquis d'Harcourt. 13. Die übrigen gefangene hohe Officiers. 14. Das Englische Lager. 15. Die erbeuteten Stücke, Standarten und Trompeten, Paucken, Fahnen, Pulver, Bomben. 16. Die Einäscherung der Magazins und die Flucht der Franzosen.

6 estandarten eroberet. Östereicher und allijrter seithen auch 3200 mann thot und blessirte, französischer seithen aber 8000 mann thot – blessirt – oder abgängig, welches ein französischer colonell, der seinen blessirten vetter gesteren in Hanau besuchet, offentlich eingestanden hat, die in dem allijrten lager gebliebenen gefangenen aber seynt aber auf parole losgelassen worden".

Vizedom Schönborn wußte im Brief an seinen Vater zu berichten[46]:

„Von der bey Dettingen vorgegangenen Action hat man nur die zuverlässige Nachricht, daß die Franzosen bey 8000 Man eingebüßet, die englische und hungarische Armee aber höchstens 3000 verlohren haben, worunter die letztere 990 Mann, die übrige Engländer und Hannoverische. Alliirterseits wäre der Verlust nicht so groß gewesen, wan die Engländer anfangs mit einigen Escadrons nicht gewichen hätten, die österreichische Regimenter Arenberg und Salm haben aber auf die weichent Feuer geben, umb sie wiederumb in Ordnung zu setzen, welches auch so gerathen, daß die Aliierte Armée den Champ de Bataille erholte. Gott sei Dank, daß die viele dothe Menschen und Pferde nuhn begraben seyndt".

Schnell war bis über den Spessart hinaus die Kunde von der Schlacht und ihren Begleitumständen gedrungen. Endres schrieb in seinen Aufzeichnungen[47]:

„Auf beiden Seiten blieben viele Soldaten. Von den Bauern im Spessart hat mancher brav Beute gemacht. Die Franzosen führten ihre Blessirten nach Seligenstadt, während die Bauern die Toten begruben".

Am 6. Juli 1743 konnte Mosbach aus Frankfurt nach Mainz berichten[48], daß im

„haubtlager zu Hanau [. . .] morgen nachmittag gegen 7 uhr das te deum laudamus abgesungen und 3 salve wegen letzt bey Dettingen glücklich erhaltener victoire gegeben werden sollen, Ihre Mayestät der König haben zugleich gestern jedem regiment, welches bey letzterer action eine estandarte erobert 100 Rthlr. geschenkt und auszahlen lassen".

Möglicherweise entwickelte sich aus diesem Ereignis der spätere königliche Auftrag an Georg Friedrich Händel, durch sein berühmt gewordenes „Te Deum" den englischen Sieg – und damit den Schlachtort Dettingen – musikalisch zu verewigen.

[46] *Domarus* (wie Anm. 3), S. 759.

[47] Aufzeichnungen (wie Anm. 40), S. 14.

[48] HHStA Wien, MEA, MIL 57, Tom. I, f. 93, Mosbach aus Frankfurt/Main an Kurfürst Ostein in Mainz am 6. Juli 1743.

Die Zuschauer des Kriegstheaters wollten nicht nur Zahlen und Berichte sehen, um sich über das Geschehen zu informieren; erstaunlich früh wurden deshalb Kupferstiche der Schlacht bei Dettingen angefertigt. Schon zehn Tage nach dem Ereignis, am 6. Juli 1743, schrieb Mosbach an seinen Fürsten[49]:

> „Euer Churfürstlichen Gnaden lege zugleich den von des Hrn. Herzogs von Aremberg ingenieur verferttigten und mir gestern gegen eine discretion abcopirten plan der letzt vorgewesenen action ohnweith Dedingen (wie solcher Ihro Mayestät der Königin von Ungarn und dem Printz Carl überschicket worden) unterthänigst hiebey, welcher demnechst wohl gahr in kupfer dahier gestochen würd".

Und auch Peter Mathai warb am 12. Juli 1743 direkt beim Kurfürsten[50]:

> „Nachdem ich den plan über die battaille bey Dettingen in kupfer stechen lassen [. . .] [erlaube ich mir,] Euer Churfürstlichen Gnaden die 6 ersten exemplaria davon hiebey gehorsambst einzuschicken."

Die heutige Verbreitung derartiger Stiche bestätigt, daß die Rechnung der Produzenten mit der Neugierde der Welt aufgegangen zu sein scheint.

Doch während die Sieger feierten – Maria Theresia ließ sich, von Linz kommend, in Wien einen großen Empfang bereiten, bei der ihr der zweijährige Erzherzog Joseph eine Fahne entgegenschwenkte[51] –, versuchten die Verlierer, das Ereignis zu verdrängen. Obwohl Bayern an der Schlacht nicht direkt beteiligt war, wurde dabei, als Stammland des amtierenden Kaisers, auch sein Schicksal entschieden. Wie weit der Prozeß des Verdrängens gehen konnte, läßt ein Blick in die Geschichtsbücher ahnen, denn gerade die vielgelobte bayerische Historiographie des 18. Jahrhunderts nahm keine Notiz von dem welthistorischen Ereignis, man war viel zu sehr auf den am gleichen Tag abgeschlossenen Vertrag von Niederschönenfeld zwischen dem österreichischen General von Khevenhüller und seinem bayerischen Kontrahenten von Seckendorff fixiert.

Lediglich zwei Ausnahmen konnten im 18. Jahrhundert festgestellt werden. Einmal der Universal-Historiker Anselm Desing, der in den drei Supple-

[49] Ebd.

[50] HHStA Wien, MEA, MIL 57, Tom. I, f. 96, Peter Mathai aus Frankfurt/Main an Kurfürst Ostein in Mainz am 12. Juli 1743. Hofkanzler Bentzel machte darauf einen Vermerk: „Mainz 14. Juli 1743: ad acta sambt beyliegendem abriß, Folio A. Reinhardt sc. Francfurt." Diese Beilage fehlt; es handelte sich dabei um den bei *Gustav Stadelmann,* Bibliographie der Schlacht bei Dettingen nebst Verzeichnis der vorhandenen Abbildungen und Pläne, Aschaffenburg o. J. [1929], S. 19, Nr. 8, genannten Plan.

[51] Vgl. *Eugen Guglia*, Maria Theresia, München 1990, S. 13; *Ranke* (wie Anm. 8), Bd. 2, S. 238.

mentbänden zu seinem „Historischen Behülf" oder „Auxilia Historica" bereits 1748 in der „Geschichte von Bayern" ausführte[52]:

> „Mittler Zeit da die Königl. Ungarische Armee auf den Ober-Rhein zugieng, hatte es auch an dem Mittel-Rhein was abgesetzet. Die Englische Hülffs-Völcker vor die Königin in Ungarn hatten sich bis an den Mayn heraufgezogen, und lagen um Hanau und Aschaffenburg, und Seine Königl. Majestät von Groß-Britannien waren in höchster Person dabey. Die Franzosen ruckten ihnen entgegen, giengen beym Stifft Sigeberg [= Seligenstadt?] über den Main, und hatten die Engelländer schon alle in Unordnung gebracht, als der Herzog von Aremberg, Ungarischer General, mit den teutschen Truppen das Treffen nicht nur unterstützet, sondern auch den Feind mit Verlust in die Flucht gebracht. Beederseits seynd sehr viele geblieben. Die Franzosen zogen sich sodann hinter Landau, die Engelländer ruckten bis Speyer nach."

Zweitens – jedoch mit Einschränkungen – Lorenz Westenrieder, denn in keiner seiner vielen Geschichtsdarstellungen über Bayern aus dem Ende des 18. Jahrhunderts erscheint eine Erwähnung der Schlacht bei Dettingen. Lediglich in seinem zwanzigsten und letzten historischen Kalender aus dem Jahre 1815 geht er in der Kurzbiographie von „Carl Albert als Kaiser der VII." auf dieses Ereignis ein[53]:

> „Die Oesterreicher waren indessen in diesem Jahre 1743 noch durch eine außerordentliche Macht unterstützt worden. Diese Macht war König Georg II. von England [. . .]. Der König war bis ins Aschaffenburgische gekommen, und wurde bey dem, am Mayn gelegenen Dorf Dellingen [Dettingen] von einem französischen Heeer angegriffen, dessen Anführer, General von Noailles eines dergestalt vortheilhaften Postens, daß ihm der Sieg gar nicht entgehen zu können schien, sich bemächtigt hatte; aber der, auf Alles aufmerksame, und überall gegenwärtige König benuzte augenblicklich einige Lücken, welche in der französischen Schlachtordnung durch die willkührliche Voreiligkeit einiger zur Unzeit unternehmenden Generäle entstanden waren, entriß seinen Feinden die

[52] *Anselm Desing*, Auxilia Historica continuata oder Supplementum zu dem Historischen Behülf, Stadt am Hof 1748, Teil 1, Geschichte von Bayern, S. 215. Abgesehen von sporadischen Erwähnungen in kürzester Form, setzt sich diese Nichtbeachtung bis heute fort, was im Hinblick auf die postulierte geographisch-einheitliche „bayerische" Geschichte des Freistaates zumindest bemerkenswert erscheint. Zu Desing (* 1699, † 1772) vgl. *Wolfgang Rappel,* Anselm Desing, in: Karl Bosl (Hrsg.), Bayerische Biographie, Regensburg 1983, S. 135.

[53] *Lorenz Westenrieder,* Historischer Calender, XX. und letzter Jahrgang, München 1815, S. 72. Zu Westenrieder (* 1748, † 1829), vgl. *Winfried Müller,* Lorenz von Westenrieder, in: Bosl (wie Anm. 52), S. 840.

Lorbeer, welche sie in den Händen zu halten wähnten, und gewann die den 16. Juni 1743[54] vorfallende Schlacht bey Dettingen, welche zwar als nicht entscheidend anzusehen, aber dann doch so wichtig war, daß man es dem König von England für ein großes Versehen anrechnete, die erste Bestürzung der Franzosen nicht benützt, und den Rheinübergang nicht sogleich vorgenommen zu haben."

In Großbritannien rätselt die Historiographie seit längerer Zeit, ob Georg II. tatsächlich feldherrlich gehandelt und durch eigene Befehle die Schlacht zu seinen Gunsten entschieden hatte oder ob die übliche fürstliche Hagiographie auch diesem Geschehen ihren besonderen Interpretationsstempel aufdrückte. Großbritanniens bester Kenner dieser Zeit, Sir Richard Lodge[55], attestierte 1923 Georg II. noch Glück bei seiner Flucht aus der Falle. In neuerer Zeit fand man im Königreich nur noch erwähnenswert, daß dies die letzte Schlacht war, in der ein König persönlich anwesend gewesen war[56].

Wie ein Urteil über die Auswirkungen dieses welthistorischen Ereignisses auch einige Jahrzehnte später sein konnte, demonstriert der Reisebericht von Johann Matthäus Hassencamp, Professor der Mathematik und morgenländischen Sprachen an der hessen-kasselischen Universität Rinteln. Im Jahre 1782 fuhr er auf Einladung des Würzburger Fürstbischofs Franz Ludwig von Erthal von Marburg über Gießen, Friedberg, Hanau und Aschaffenburg nach Würzburg, um an der Jubiläumsfeier der dortigen Universität teilzunehmen. Glücklich angekommen, schrieb Hassencamp am 28. Juli 1782 in sein Tagebuch[57]:

„Kurz nach Mitternacht [25./26. Juli 1782] kamen wir über das Schlachtfeld bey Dettingen, wo in einem Winkel von Deutschland das damalige Schicksal Europens abgewogen wurde, wo Engellands Schaale sank [= größeres Gewicht des Sieges] und Frankreichs Schaale stieg. Hier blinkten die Hügel im Mondscheine, welche Helden und stolze Krieger bedecken, weyland Europens Schieds-Richter, nunmehr verwandelt in Moder und Staub."

[54] Schlachtdatum nach dem Julianischen Kalender; vgl. dazu *Hans-Bernd Spies*, Die doppelte Datierung der Schlacht bei Dettingen, unten S. 127-133, bes. S. 127 u. 132f.

[55] *Sir Richard Lodge*, The so-called ‚Treaty' of Hanau of 1743; in: The English Historical Review, 38 (1923) S. 384-531, dies S. 392: „But George II's lucky escape from the trap in which his composite forces had been involved, and his success in reaching his base of supplies at Hanau, rendered it impossible for Noailles to risk any eastward advance, and in the end he retreated to the Rhine."

[56] Vgl. *Pemberton* (wie Anm. 31), S. 212: „Dettingen is noteworthy as being the last battle in which a British sovereign fought."

[57] *Johann Matthäus Hassencamp*, Briefe eines Reisenden von Pyrmont, Cassel, Marburg, Würzburg und Wilhelmsbad, Tl. 2, Frankfurt a. M./Leipzig 1783, S. 99.

# Über Verwundete und Kranke im Zusammenhang mit der Schlacht bei Dettingen

von Martin Goes

## Die Absprache

Als die Alliierten noch vor Aschaffenburg lagen, schlug Graf von Stair, der bis zum Eintreffen Georgs II. die britische Armee führte, dem französischen Marschall Herzog von Noailles vor, die Gefangenen gegenseitig auszuliefern und die Hospitäler wie Immunitätsbezirke zu betrachten und zu schützen[1].

Der französische Unterhändler, Seigneur de Sillehouette, berichtete vom 20. Juni 1743, dem Tag der Absprache, eine Woche vor der Schlacht[2]:

> „Ich arbeitete im besonderen mit dem Grafen von Stair und dessen Sekretär [Baron de Carteret] zusammen, den er eigens hatte kommen lassen. Was wir verhandelten, waren die Artikel, die als Grundlage für einen Gefangenen- und Lösegeldaustausch-Vertrag dienen konnten, eine Angelegenheit, bei der man gewöhnlich einbringt, was für beide Seiten bequem und angenehm ist. Ich lege eine Kopie der genannten Artikel bei, von denen der Graf von Stair den ersten, der sich mit den Kranken beschäftigt, vom Herrn Marschall erbeten hat."

Der Artikel I lautete im Entwurf:

Die Kranken beider Parteien sollten nicht als Kriegsgefangene gelten und sollten in den Hospitälern in sicherer Obhut verbleiben können. Oder aber sie sollten im Schutz von Geleitbriefen der jeweiligen Generäle der beiden Seiten entlassen werden.

Im weiteren Seigneur de Sillehouette:

> „Alle anderen Artikel stimmen mit dem überein, was man gewöhnlich in solch gelagerten Fällen verabredet, [. . . ]. [. . . ] Ich nahm Abschied von ihm [dem Baron] und vom Grafen von Stair, nachdem wir mündlich übereingekommen waren, daß die Verletzten in beiderseitiger Sicherheit

[1] Vgl. *John Pringle,* Observations on the Diseases of the Army, London 1752, übersetzt von Johann Ernst Greding: Beobachtungen über die Krankheiten einer Armee so wohl im Felde als in Garnison etc., Altenburg 1754, Vorrede des Verfassers S. [8]; diese Übersetzung wurde benutzt.

[2] Französisches Zitat bei *Ernst Friedrich Gurlt,* Zur Geschichte der internationalen und freiwilligen Krankenpflege im Kriege, Leipzig 1873, S. 22, übersetzt von Herrn Studiendirektor Karl Köhler.

den Main hinabfahren könnten. Der Graf von Stair hat mir persönlich erklärt, er werde diese Übereinkunft als bindenden Beschluß bekanntgeben, und hat hinzugefügt, daß man im übrigen immer noch daran arbeiten könne, den Entwurf eines Vertrages über die Prinzipien auszuarbeiten, mit denen man mit mir übereingekommen sei. Dieser Vertrag könne dann festgelegt und von den Generälen der beiden kriegführenden Parteien unterzeichnet werden."

Jetzt konnte man die Lazarette näher an die kämpfende Truppe schieben, und die Verwundeten hatten einen kürzeren und weniger verlustreichen Weg zur ärztlichen Versorgung[3].

Nach dem Kampf waren die Alliierten so knapp an Verpflegung, daß sie sich schleunigst nach Hanau in ihre Depots, auch Magazine genannt, zurückzogen und ihre Verwundeten auf dem Schlachtfeld liegenlassen mußten, ebenso wie sie ihr Lazarett in Aschaffenburg ungeräumt aufgaben.

Zuvor hatte Graf von Stair den Franzosen mitgeteilt, der britische König habe eine auf sich selbst gestellte Kompanie zurückgelassen, die sich auf dem Schlachtfeld um die Verwundeten kümmern und nach seinem strengen Befehl keine Feindseligkeiten begehen solle. Deshalb könnten die Franzosen ihre Gefallenen bestatten. Und hoffentlich würden sie die, die man zurückgelassen habe, mit Humanität behandeln[4].

So menschlich ging es im Zweiten Weltkrieg nicht zu. Wenn nach einer gewaltsamen Aufklärung oder einem abgewehrten Angriff Verwundete zwischen den Linien lagen, konnten sie wegen der Scharfschützen erst in der Dämmerung zurückgeholt werden. Dann krochen zwei Kameraden ins Niemandsland, erstarrten bei jeder Leuchtkugel und zogen den Verwundeten auf einer Zeltplane hinter sich her. Die oft lange dauernde Aktion wurde durch das mögliche Kreuzfeuer der Maschinengewehre und durch die benachrichtigte Artillerie gedeckt. Auch waren der Kompaniechef und der Truppenarzt in Stellung gegangen. Die jedesmal total erschöpften Retter erhielten das Eiserne Kreuz Erster Klasse. Aber mancher hat dabei sein Leben gelassen. Und es kam vor, daß die eigene Artillerie zu kurz schoß, weil die Daten des Metereologen nicht mehr stimmten, und das Unternehmen zur Hölle machte.

Nun zu den Lazaretten:

Sie waren durch die Flagge des Roten Kreuzes geschützt. Im Osten war man sich da nicht sicher und trug allergrößte Verantwortung. Von der Schlacht

[3] Vgl. *Pringle* (wie Anm. 1), S. [8].

[4] Vgl. *Sir Neil Cantlie,* A History of the Army Medical Departement, Bd. 1, Edinburgh/London 1974, S. 83 f.

bei Dettingen weiß man aber, daß die Franzosen die in Aschaffenburg zurückgelassenen Verwundeten und Kranken gut versorgt haben[5] und daß der Herzog von Noailles, als er eine Abteilung aufs andere Mainufer nach Fechenheim schickte, wo sich ein britisches Hospital befand, rasch den Befehl gab, die Alarmierten nicht zu beunruhigen[6].

Es gibt auch andere, grausame Berichte[7]. Die Absprache der beiden Oberkommandierenden mag nicht bis zum letzten Soldaten durchgekommen und mit dem nötigen Nachdruck überwacht worden sein. Schließlich gab es unter den Soldaten liederliche Gesellen, und auch die Zivilbevölkerung versuchte, sich zu bereichern.

## Der Vertrag von Frankfurt

Unter dem Titel „Vertrag und Übereinkunft über die Kranken, Verletzten und Kriegsgefangenen der Hilfstruppen Seiner Allerchristlichen Majestät und denen der Alliierten“[8] unterzeichneten am 18. Juli 1743 in Frankfurt am Main für die Franzosen Generalleutnant Henry François Comte de Ségur und Michel Ferdinand d'Alberg d'Ally, Duc de Pecquigny, für die Kaiserlichen Feldmarschalleutnant Carl Urban Graf von Chanclos und für die Briten William Graf von Albemarle.

Die hier wichtigsten Artikel lauten:

„XXXVII. Der Generalprofoß [der oberste Feldrichter], seine Stellvertreter und andere Offiziere und Wachmannschaften des Marschallgerichts, der Hauptkriegsgerichtsrat, sein Stellvertreter, der Stabs-Kriegsgerichtsrat und andere, die Vorsteher, Sekretäre und Kanzler der Kriegskanzleien, die Sekretäre der Generäle, der Militärintendanten sowie der Finanzverwalter des Hauptkriegskommissars und andere Sekretäre; die Feldgeistlichen, Priester, die Posthalter und deren Schreiber, Kuriere und Postillione, Ärzte, Chirurgen, Apotheker, Vorsteher und andere Beamte, die in Hospitälern oder in den Armeen Dienst tun; die Stallmeister, die Haushofmeister und alle anderen Hausangestellten – alle diese genannten Personen sind nicht als Kriegsgefangene zu nehmen und werden so schnell wie möglich wieder entlassen.“

[5] Vgl. ebd., S. 83.
[6] Vgl. *Pringle* (wie Anm. 1), S. [9].
[7] Vgl. *Jakob Jung*, Darstellung der Schlacht bei Dettingen, oben S. 22-86, dies S. 62 f.
[8] *Gurlt* (wie Anm. 2), S. 23 f.

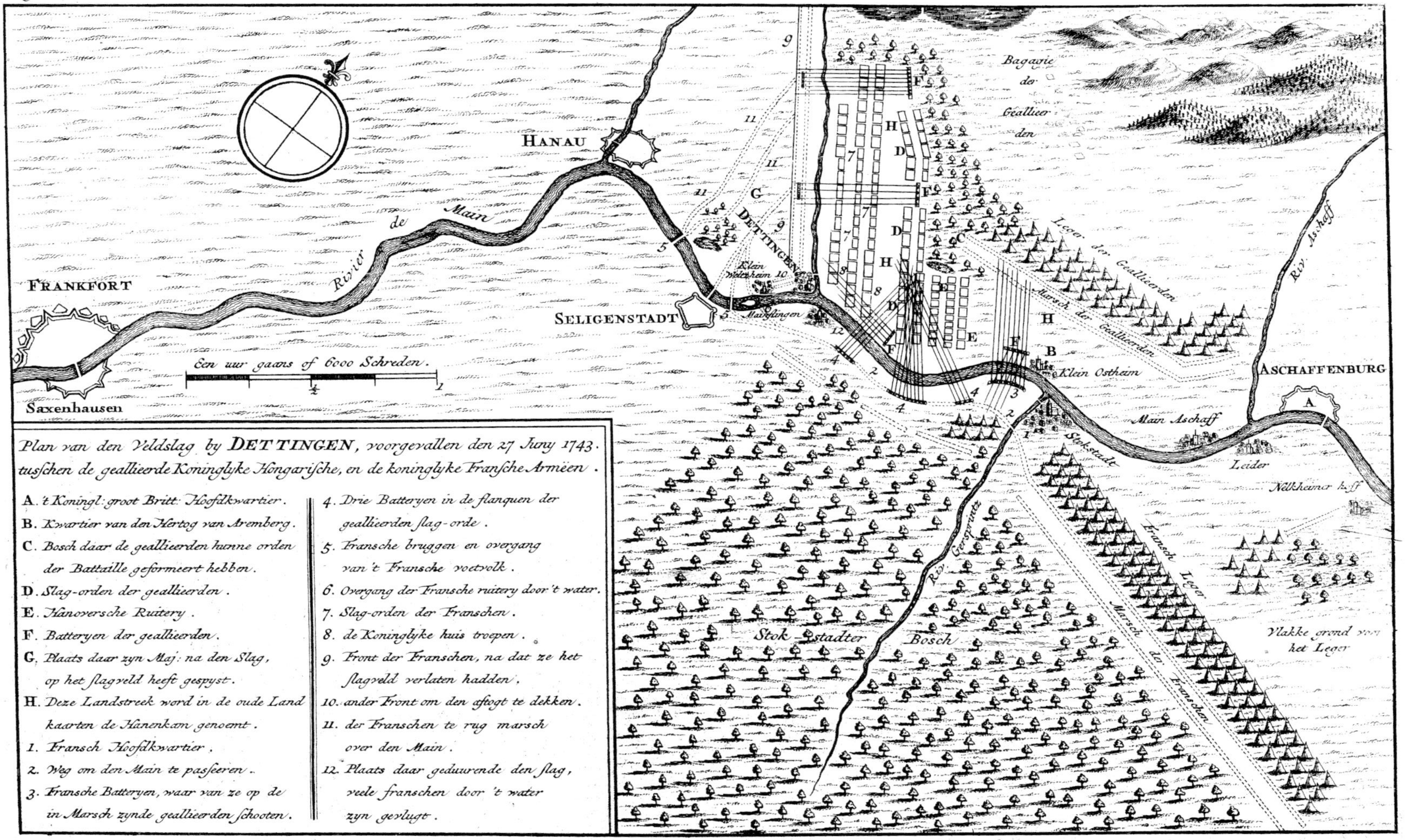


**Plan van den Veldslag by DETTINGEN, voorgevallen den 27 Juny 1743. tusschen de geallieerde Koninglyke Hongarische, en de koninglyke Fransche Armëen.**

A. 't Koningl: groot Britt: Hoofdkwartier.
B. Kwartier van den Hertog van Aremberg.
C. Bosch daar de geallieerden hunne orden der Battaille geformeert hebben.
D. Slag-orden der geallieerden.
E. Hanoversche Ruitery.
F. Batteryen der geallieerden.
G. Plaats daar zyn Maj: na den Slag, op het slagveld heeft gespyst.
H. Deze Landstreek word in de oude Land kaarten de Hanenkam genoemt.
1. Fransch Hoofdkwartier.
2. Weg om den Main te passeeren.
3. Fransche Batteryen, waar van ze op de in Marsch zynde geallieerden schooten.
4. Drie Batteryen in de flanquen der geallieerden slag-orde.
5. Fransche bruggen en overgang van 't Fransche voetvolk.
6. Overgang der Fransche ruitery door 't water.
7. Slag-orden der Franschen.
8. de Koninglyke huis troepen.
9. Front der Franschen, na dat ze het slagveld verlaten hadden.
10. ander Front om den aftogt te dekken.
11. der Franschen te rug marsch over den Main.
12. Plaats daar geduurende den slag, veele franschen door 't water zyn gevlugt.

„XLI. Von beiden Seiten her wird man sich der Verletzten annehmen; man wird wechselseitig ihre Medikamente und ihre Nahrung bezahlen und wird die anfallenden Kosten wechselseitig ersetzen; es wird erlaubt sein, den Verletzten Chirurgen zuzusenden wie auch ihr Dienstpersonal, in beiden Fällen versehen mit den Geleitschreiben der Generäle; im übrigen sollen diejenigen, die man gefangengenommen hat, aber auch jene, die nicht Kriegsgefangene sind, unter dem Schirm und Schutz der Generäle zurückgeschickt, d. h. entlassen werden, wobei die freie Wahl bestehen soll, ob dies auf dem Land- oder auf dem Wasserweg erfolgen soll, je nachdem, was für sie nach Sachlage am bequemsten ist. Das Ganze gilt jedoch unter der Bedingung, daß diejenigen, die man gefangengenommen hat, auch ausgetauscht werden wollen.

XLII. Es ist nicht statthaft, die Kranken auf beiden Seiten zu Kriegsgefangenen zu machen; sie sollen vielmehr in den Hospitälern in Sicherheit bleiben können, wo es jeder kriegführenden Partei und deren Alliierten freistehen soll, ihnen eine Wache zu überlassen, die ebenso wie die Kranken auf kürzestem Weg ohne Störungen und Verhaftungen unter dem Schutz der Geleitbriefe der jeweiligen Generäle zurückgeschickt und damit entlassen werden sollen. So soll auch verfahren werden mit den Feld-Kriegskommissaren, den Feldgeistlichen, Ärzten, Chirurgen, Apothekern, ausgebildeten Krankenpflegern, Dienern und anderen Personen, die im Dienst der Kranken tätig sind – also: keine Gefangennahme, statt dessen: Entlassung."

Die Erweiterung im Artikel XLI auf alle Kriegsgefangenen sowie der Artikel XLII gehen über Vereinbarungen, die seit dem Ende des 16. Jahrhunderts oder noch früher getroffen worden sind, hinaus[9]. Diese hatten lediglich festgelegt, wer auf beiden Seiten ohne Lösegeld zu entlassen und welches Entgelt bei verletzten und kranken Gefangenen für Medikamente und Verpflegung zu entrichten sei. So war der vorliegende Frankfurter Vertrag vom 18. Juli 1743 vor Abschluß der Genfer Konvention vom 22. August 1864 „ein Fortschritt in der Sorge um die Opfer des Krieges und ihrer Pfleger"[10]. Doch die Genfer Konvention kennt nicht: Entlassung statt Gefangennahme sowie die Nichtgefangennahme der Verwundeten und ihre Versorgung durch eigene Ärzte.

[9] Vgl. ebd., S. 5.
[10] Ebd., S. 9.

Eigentliche Vorstellung der neulichst vor
gegangnen BLUTIGEN SCHLACHT zwisch
en den Allyrten und Franzosen.

## Die Seuchen

Nach der Schlacht brach die Ruhr aus. In der Nacht vorher wäre die Truppe schutzlos einem starken Regen ausgesetzt gewesen, berichtet Sir Neil Cantlie[11]. Es hätte erst nachts nach dem Kampf geregnet, als die Soldaten noch auf dem Feld und ohne Zelte waren, und in der nächsten Nacht hätten sie vor Hanau auf nassem Boden und ohne Stroh gelagert, teilt hingegen John Pringle[12] mit. Pringle war damals Leibarzt des Grafen von Stair. Der König ernannte ihn wegen seiner Verdienste um die Kriegsmedizin zwei Jahre später zum Generalarzt der Überseeischen Streitkräfte[13].

Beim Auftreten der Ruhr kommt es auf eine Nacht mehr oder weniger nicht an. Wesentlich ist, daß die Betroffenen durchnäßt eine Nacht im Freien waren und auf ihre Notdurft nicht achteten, mag der eine schon ruhrkrank oder, wie beim Typhus, nur ein gesunder Bazillenausscheider gewesen sein. Auf jeden Fall war am anderen Tag die Übertragung durch Fliegen vom Kot zum Mund gegeben. Doch man stand noch in falschen mittelalterlichen Vorstellungen. Deshalb sei die Beobachtung hervorgehoben, die 1761 Johann Friedrich Struensee (1737-1772), damals Stadtarzt in Altona, später dänischer Minister, veröffentlichte, nämlich daß die Fliegen vielleicht als Hauptursache für die Ausbreitung in Frage kommen[14]. Erst 1898 hat Kiyoshi Shiga (1870-1957) den Erreger und damit das in der Infektionskette noch fehlende Glied entdeckt.

Die Erreger führen nach zwei bis fünf Tagen zu wäßrigen, dann schleimigblutigen Durchfällen mit kolikartigen Leibschmerzen, quälendem Stuhldrang und nicht mehr beherrschbaren Darmentleerungen. Die Kranken verlieren sturzartig an Gewicht, liegen im eigenen Kot, lechzen nach Wasser, trinken aus jeder Dreckpfütze, wimmern, werden teilnahmslos und verdämmern im Kollaps. Zum Glück überwiegen die leichteren Fälle.

„Die krankheitsauslösende Infektionsdosis ist mit etwa 100 virulenten Erregern sehr gering“[15], während beim Typhus höhere Keimdosen nötig sind und die Zeit bis zum Ausbruch der Krankheit länger dauert[16]. Deshalb breitet sich die Ruhr rascher und stürmischer als der Typhus aus. Beide sind von der ört-

[11] Vgl. *Cantlie* (wie Anm. 4), S. 85.

[12] *Pringle* (wie Anm. 1), S. 22.

[13] Vgl. *Cantlie* (wie Anm. 4), S. 81.

[14] Vgl. *Stefan Winkle*, Johann Friedrich Struensee, Arzt, Aufklärer und Staatsmann. Beitrag zur Kultur-, Medizin- und Seuchengeschichte der Aufklärungszeit, Stuttgart ²1989, S. 431.

[15] *Friedrich Burkhardt* (Hrsg.), Mikrobiologische Diagnostik, Stuttgart 1992, S. 134.

[16] Ebd., S. 183 (1-3 Wochen).

lichen Sauberkeit abhängig, und so trat mit der Ruhrepidemie noch eine Typhusepidemie auf. Von den Erkrankten starben im allgemeinen etwa 50 Prozent[17].

Auf dem Rückmarsch häuften sich die Malariafälle. „Ruhr, Malaria und Typhus, die Trias, die die Geißel aller Armeen im Felde war, machten ein unheilvolles Ende des Feldzugs. Und am Jahresschluß war ein Viertel der gesamten Streitkräfte im Hospital"[18].

Seuchen sollen erst seit dem Deutsch-Französischen Krieg von 1870/71 weniger Opfer gefordert haben als Kämpfe.

Im Zweiten Weltkrieg kam in den Gefangenenlagern und den Spezialhospitälern an der unteren Wolga zu Ruhr, Malaria, Typhus und Fleckfieber noch die Tuberkulose hinzu. Die unterernährten Männer waren ärztlich einigermaßen versorgt. Wenn sie aber starben, dann mehr aus Mangel an Pflege, Infusionen und eiweißreicher Aufbaukost als an Krankheiten. Und zur Tuberkulose: Sie war vor 250 Jahren noch nicht als eine eigene Krankheit bekannt und blieb unter den Diagnosen Bronchitis, Lungen- und Rippenfellentzündung versteckt. Man hatte aber bei Sektionen schon die Knotenbildung in der Lunge gesehen.

Doch gerade von solchen Erkrankungen wird aus den vorausgehenden Wintermonaten 1742/43 berichtet, außerdem von der Krätze und vom Rheumatismus, einer allgemeinen Bezeichnung für Muskel- und Gelenkschmerzen[19].

Das enge Zusammenleben in den Winterquartieren erleichtert der Krätzemilbe das Überwandern von Haut zu Haut. Erst nach zehn Tagen, wenn genügend Milben vorhanden sind, beginnt der Juckreiz zu plagen, und nach sechs Wochen ist die Haut durch das ständige Kratzen entzündet und vereitert. Die Unbeherrschtheit beim Husten bringt die zweite Gefahr. Denn von einem Kameraden, der an einer offenen Lungentuberkulose leidet, kann eine ganze Gruppe angesteckt werden.

Von Läusen, Flöhen und Wanzen schrieb man damals nicht. Sie waren Haustiere und sind auch heute noch eine Soldatenqual im Felde wie in der Gefangenschaft.

## Die Organisation des britischen Sanitätsdienstes[20]

Nach dem Ausbruch der Ruhr mußte in Fechenheim, wie schon erwähnt, ein Kriegslazarett aufgemacht werden, das die Briten „General-Hospital",

[17] Vgl. *Cantlie* (wie Anm. 4), S. 86.
[18] Ebd.
[19] Vgl. ebd., S. 81.
[20] Nach *Cantlie* (wie Anm. 4), S. 83 f.

übersetzt Hauptlazarett, nannten. Seine Ausstattung war für 600 Betten gedacht. Doch bald lagen dort 1500 Kranke, und bald waren Ärzte, Schwestern und Sanitäter ebenso wie die Zivilbevölkerung angesteckt.

Dagegen hatten die Regimentshospitäler nur 40 Betten, und dort genasen die Kranken schneller. „Dies war Dr. Pringles erste Erkenntnis von der Gefahr der Konzentration der Kranken und dem Vorteil der Verteilung, eine Richtlinie, die zu verteidigen er für den Rest des Krieges nie aufgab". Und sie gilt bei Seuchen weiterhin.

Die Regimentshospitäler erfüllten auch im Kriegseinsatz ihre Aufgabe. Aber unsere Krankenreviere und Standortlazarette sind Einrichtungen der Garnisonen, und im Felde versorgte der Bataillonsarzt die Frischverwundeten zunächst auf seinem Truppenverbandplatz, meist nahe am Bataillonsgefechtsstand, bevor er sie an den Hauptverbandplatz der divisionseigenen Sanitätskompanie weiterleitete. Bei stehender Front behandelte er in seinem Feldrevier, was man auch darunter verstehen mag, oder überwies gleich an das divisionseigene Feldlazarett. Doch dieses verfügte kaum über 50 bis 70 Betten. Er, wie schon erwähnt, auch Truppenarzt genannt, hatte als Grundausstattung drei große, schwere und bei überstürztem Ortswechsel hinderliche Sanitätskisten, für die planmäßig ein eigener Wagen bereitstehen sollte.

Die Briten hatten 1743 auf dem Vormarsch ein Feldlazarett in Nied bei Höchst und ein zweites, wie bekannt, in Aschaffenburg eingerichtet. Sie bezeichneten sie als „Fliegende Hospitäler". Ihre Belegung war für 200 bis 300 Mann vorgesehen, ihre Sanitätsoffiziere kamen von den Hauptlazaretten und ihre Ausrüstungen aus dem Sanitätsdepot in Gent. Im übrigen standen sie in Anlehnung an die Regimentshospitäler.

Im Einsatz sollten sich die fliegenden oder mobilen Hospitäler solange halten, bis ein Hauptlazarett nachgezogen war. Man beschlagnahmte Krankenhäuser, Kirchen oder andere Einrichtungen und beschaffte sich Bettgestelle und Möbel, wenn möglich, am Ort. Aber die meisten Soldaten lagen auf Strohsäcken. Mitgebracht wurden Gerät für die Krankensäle und zusammengerolltes Bettzeug, das aus Wolldecken, Laken und Bettdecken bestand. Als Krankenwärterinnen nahm man Soldatenfrauen, als Sanitäter Soldaten oder Genesende.

Es wurde unterschieden zwischen den gelehrten Ärzten, das waren die Physici, und den Wundärzten, von denen die niederen Ränge eine gewerbliche, die der höchsten Klasse eine Universitätsausbildung hatten. Auch gehörten zum Sanitätspersonal Apotheker, Sanitäts- und Apothekerunteroffiziere sowie eine Oberin.

Jägers Historisch-statistisches Zeitungslexikon 1782:

Dettingen, Dorf, am Mayn, im Mainzischen Centamt Seligenstadt, wurde merkwürdig durch ein Treffen, 1743. welches die Franzosen, unter dem Marschal von Noailles, durch voreilige Hitze des Herzogs von Grammont, wider die verbundnen österreichischen und englischen Völker, bey denen sich König Georg II. selbst befand, verlohren.

Brockhaus 1988:

**Dettingen a. Main,** Teil der Gem. Karlstein a. Main in Unterfranken, Bayern; kath. Pfarrkirche St. Peter und Paul (von D. BÖHM, 1922–23). – In der **Schlacht von Dettingen** wehrte im Österr. Erbfolgekrieg die ›Pragmat. Armee‹ unter Führung von König GEORG II. von England am 27. 6. 1743 einen Angriff des frz. Heeres unter dem Befehl von ADRIEN MAURICE, Herzog VON NOAILLES ab.

Zedler 1734:

Oettingen, eine adliche Familie in Schwaben, welche derer Grafen von Achalm Dienst-Leute gewesen. Bertholdus schenckte gegen Ausgang des 11. Seculi dem Closter Zweyfalten 2. mansos zu Hulewen und seine Gemahlin Salome Gold und Edelgesteine. *Crusius* Annal. Suev. P. II. Lib. IX. c. 20. Götze ist an. 1392. mit in der Verbindung S. Georgen-Schilds gewesen. *Datt* de Pace Publ. II. 3. §. 97. p. 252.

Hübners Staats-, Zeitungs- und Konversationslexikon 1757:

Oettingen, ein geringer Ort, nicht weit von Aschaffenburg, welcher 1743. durch eine daselbst zwischen den Frantzosen und Engelländern zum Nachtheil der erstern gehaltene blutige Schlacht berühmt worden.

## Über Erfahrungen in der Kriegschirurgie

Der Wundarzt Buchanan[21] von den Horse Guards, der Gardekavallerie, meinte, es sei unmöglich, „die Vielfalt der Wunden von Kanonenkugeln, leichten Waffen, Säbeln und Bajonetten zu beschreiben". Bei ihrer Behandlung war sein erstes Ziel die Blutstillung, die „durch Umstechen der Gefäße", durch Kompression und Verbinden gelang. Da er keine Helfer hatte, vermied er Amputationen. Die Notwendigkeit habe ihn verpflichtet, „in solchen Fällen . . ." Hier bricht der Satz ab, der nur noch Erschütterndes hätte bringen können. Und weiter: „Die Nacht kam unter dem Stöhnen der Sterbenden und den Klagen derer, die jene überlebten".

Leichte Verwundungen behandelte er mit Salbe und war überrascht, wie dann die Schmerzen nachließen. Weichteilprellungen durch Kanonenkugeln „erholen sich selten", berichtet er. „Bald dehnen sie sich aufwärts und abwärts und oft in Verbindung mit einem über den ganzen Körper ausgedehnten Emphysem". Treffend wird hier der Gasbrand beschrieben, eine heute noch gefürchtete Verschlimmerung, die eintreten kann, wenn gequetschte und zerrissene Weichteile durch Lehm und Ackererde mit dem Gasbrandbazillus infiziert werden. Von den Wundrändern aus entwickeln sich kissenartige Schwellungen, die beim Betasten knistern, weil sie mit Gasbläschen durchsetzt sind. Der Verlauf führt unter allgemeinen Vergiftungserscheinungen meist schneller zum Tod, als Eingriffe und andere Maßnahmen verhindern können.

Gegen die häufigste Klage der Verwundeten, nämlich den Durst, die Trokkenheit im Mund, belehrt Buchanan seine Kollegen, sollten sie lieber ihre Kästen mit passenden Flüssigkeiten füllen als mit Apothekerdrogen stopfen. „Punsch und Wasser helfen da besser".

Am Tag nach der Schlacht wurde er ins französische Lager geschickt, um die Verwundeten seiner Armee zu besuchen – im letzten Krieg eine Unmöglichkeit. Er sagt aus, die französischen Ärzte würden die Wunden mit Branntwein waschen, trockene Leinwand in Branntwein tauchen und damit verbinden. Außerdem würden sie eine besondere Salbe verwenden.

Zweifellos haben die Franzosen die desinfizierende Eigenschaft des Alkohols erkannt. Aber bei flächenhaften Wunden entstehen brennende, kaum auszuhaltende Schmerzen.

Dagegen hätten die hannoverschen Ärzte vorsichtiger gehandelt. Buchanan lobt ihre „sehr sauberen" Verbände, die Reinigung der Wunden „mit feinen Schwämmen", die mit durch „warmes Wasser" verdünntem Branntwein getränkt sind. (Der Barmherzige Samariter – Lukas 10/34 – wusch die Wun-

[21] Vgl. ebd., S. 84 f.

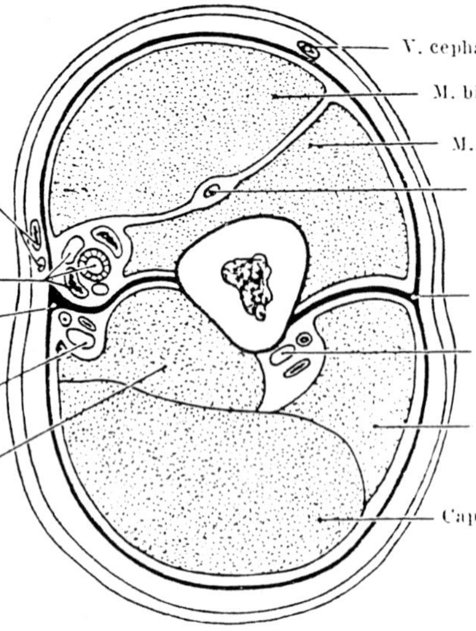


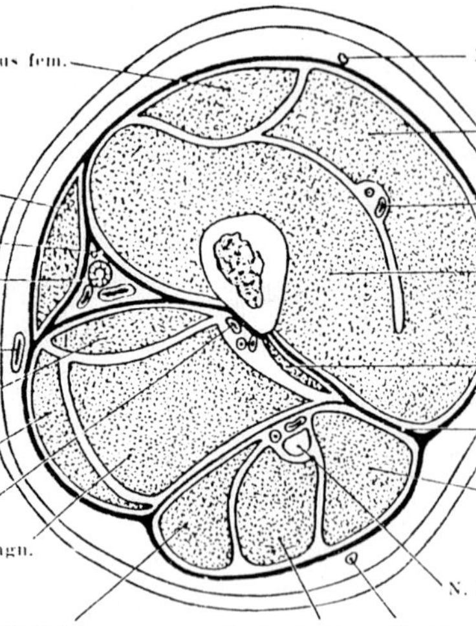


den mit Öl und Wein, einer ebenfalls niederprozentigeren Flüssigkeit. Allerdings gab es damals noch keinen Branntwein.) Er rühmt ihre praktischen, in Fächer unterteilten (Zimmer-)Wägen und so die leicht zugängliche Abgabe loser oder unverpackter Medikamente. Einer ihrer Ärzte visitiere täglich die Küche und prüfe die Vorkehrungen.

John Ranby[22], der Leibarzt Georgs II., fühlte sich nach der Schlacht unbeschäftigt. So trieb ihn, wie es heißt, seine ärztliche Einstellung dazu, bei den Regimentshospitälern mitzuhelfen, „wo Glieder zu amputieren und Verwundete zu versorgen waren". Er war wohl einer der besten Wundärzte und besonders erfahren im Amputieren, dem damals viel mehr als heute unaufschiebbaren Versuch, das Leben zu erhalten.

Die wegen der Blutung abgebundenen Oberarme und Oberschenkel wurden mit einem Zug, dem sogenannten Zirkelschnitt, bis auf den Knochen

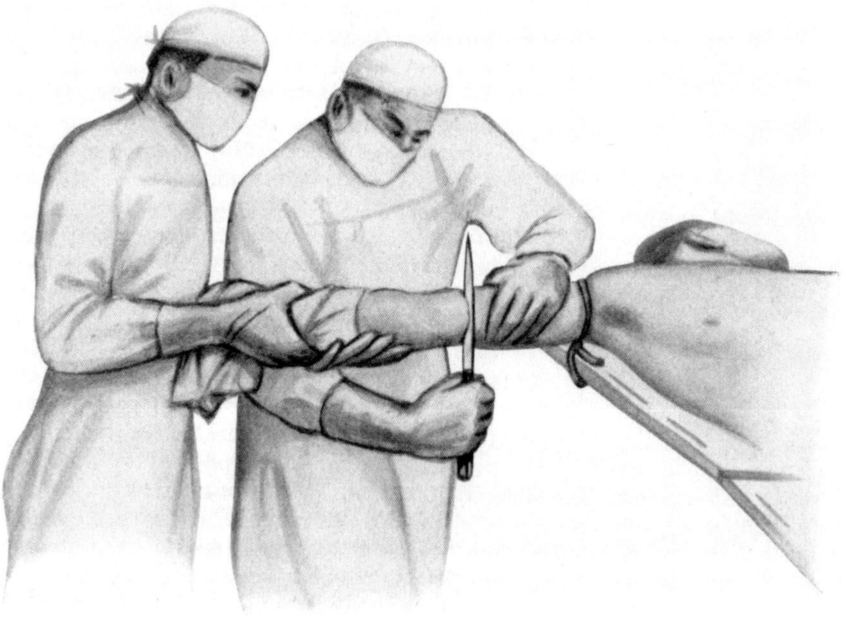

Zirkelschnitt nach Jean Louis Petit (1674-1760), in Paris tätig gewesener Chirurg (Abbildung aus: *Otto Kingreen*, Chirurgische Operationslehre, München/Berlin 1952, S. 139).

durchtrennt, dieser oberhalb abgesägt, die Nervenstränge vielleicht heruntergezogen und gekürzt, die Hauptschlagader unterbunden oder, wenn wir Buchanan folgen, umstochen und die Wunde mit Brenneisen verschorft. Es

[22] Vgl. ebd., S. 84.

← Querschnitte etwa durch die Mitte des linken Oberarmes (oben) bzw. des linken Oberschenkels (gegenüber dem Oberarm weiter verkleinert), Ansichten von distal (Abbildungen aus: *Otto Oertel*, Leitfaden der topographischen Anatomie und ihrer Anwendung, Berlin [2]1927, S. 210 bzw. 119).

kam auf die Schnelligkeit und das handwerkliche Geschick an. Den Schmerz konnte eine noch so starke Abschnürung nicht ausschalten[23]. Der markerschütternde Schrei ging im Wundschock unter. Der Schock, die Gefahr der

Amputation einer Hand, dargestellt in einem 1747 in Nürnberg erschienenen Chirurgie- und Wundarzneibuch (Abbildung aus: *Heinz Goerke*, Medizin und Technik. 3000 Jahre ärztliche Hilfsmittel für Diagnostik und Therapie, München 1988, S. 174, Nr. 236).

Nachblutung und die unausbleibliche Wundinfektion, darunter der Gas- oder Hospitalbrand, waren die Komplikationen, an denen der Operierte starb. Jean Dominique Larrey (1766-1842), bei Napoleon Chef des Sanitätswesens, soll weniger als zwei Minuten zu einer Amputation gebraucht haben. Es wird von noch kürzeren Zeiten berichtet. So sagte Konrad Johann Martin Langenbeck

[23] Vgl. *Otto Chiari*, Heilkunde im Wandel der Zeit, Zürich 1953, S. 139.

(1776-1851), Generalchirurg der hannoverschen Armee, bei der Besprechung einer Armamputation: „Der Kranke litt wenig dabei, weil ich dazu kaum eine halbe Minute gebraucht habe“[24]. Heute ist die Schnittführung eine andere.

Nach der Schlacht wurden Amputationen am laufenden Band gemacht. Wer kann sich die Belastung vorstellen, die ein Wundarzt und seine Helfer bei einem solchen Arbeitstag durchstehen mußten? Man hört immer nur von denen, die „auf dem Bett der Ehre“, d. h. auf dem Schlachtfeld gefallen sind. Vom Schicksal der Verwundeten schweigen die damaligen Quellen. Aber noch im Krieg 1870/71 starben die meisten der Amputierten[25] – bei den Franzosen 76 Prozent[26].

Ganz ungewöhnlich war der Fall des Generals Campbell zu Fontenoy. Wegen eines offenen Unterschenkelbruches mußte er amputiert werden. Er habe sich während der Operation von seinem Adjutanten einen genauen Bericht von der Schlacht geben lassen[27]. Ist das möglich? Der Examenskandidat wird in die Raritätenkiste greifen und antworten: Der General hatte eine Syringomyelie. Es handelt sich um eine Erkrankung des Rückenmarks mit Verlust der Schmerz- und Temperaturempfindung, doch häufiger an den Armen als an den Beinen. Die Diagnose steht in jedem Lehrbuch. Warum soll es bei dem Massenamputationsbetrieb nicht diesen seltenen Fall gegeben haben?

Der Leibarzt hatte von seiner Tätigkeit in den Regimentshospitälern noch die Beobachtung mitgebracht, daß Wundärzte bei gegenseitiger Assistenz, wenn man ihre Hospitäler zusammenlege, erfolgreicher arbeiten würden als allein. „Aber ein Oberst, der schwierig und unkooperativ war, konnte bei seinem Wundarzt darauf bestehen, daß er ausschließlich die Verwundeten seiner Einheit versorge“.

Im Überblick ist zu sagen:

„Solange es nicht möglich war, die Infektion der Operationswunde weitgehend zu verhüten und den Eingriff schmerzlos zu gestalten, blieb die Chirurgie ein grausames Handwerk“[28].

[24] Ebd., S. 129.

[25] Vgl. ebd., S. 128; laut *Cantlie* (wie Anm. 4), S. 97 wurden nach der Schlacht bei Dettingen etwa 300 Amputationen durchgeführt, von denen nur 10% erfolgreich waren.

[26] Vgl. ebd., S. 201.

[27] Vgl. *Cantlie* (wie Anm. 4), S. 84.

[28] *Chiari* (wie Anm. 23), S. 139.

## Der Abzug der Briten und Hannoveraner

Die britische Armee wurde nach der Schlacht in keine weiteren Kämpfe mehr verwickelt und bezog ihre Winterquartiere in den Niederlanden. Sie ließ aber 3 000 Kranke in den Hospitälern von Fechenheim, Osthofen und Bechtheim bei Worms zurück[29].

In Fechenheim sind im ganzen 3 386 Kranke und Verwundete behandelt worden. Davon starben 640, also etwa 20 Prozent. Doch vom Lageranhang, nämlich 175 Frauen und 111 Kinder, überlebte nur die Hälfte. Im Oktober wurden die letzten 800 Soldaten per Schiff nach Neuwied verlegt[30].

Die Hannoveraner hatten schon auf dem Vormarsch „am Main auf der Flörsheimer Seite ein Proviantmagazin aufgeschlagen" und nach der Schlacht ein Hauptlazarett im Ort, der ummauert war, eingerichtet, worüber „die Einwohner nicht erbaut waren". Weiter steht in den Pfarramtsakten[31]:

> „In jedem Hause lagen 10 Kranke und Verwundete, im Gerichtshause 200, im Karthäuser Kloster 300. Katholische Geistliche waren nicht bei dem Heere, jedoch 3 protestantische. 451 Hannoveraner starben hier und liegen vor dem Thore am Unterflecken begraben. Außer dem Oberarzt und dem Oberchirurgen waren noch 24 Chirurgen thätig. Die Kosten des Lazaretts werden auf über 100 000 fl [Gulden] geschätzt".

Am 9. April 1744 zogen sie nach Brabant.

Vergleichbare Berichte von seiten der Österreicher und Bayern waren nicht greifbar. Doch dürften ihre Schwierigkeiten mit der Kriegsmedizin die gleichen gewesen sein.

[29] Vgl. *Cantlie* (wie Anm. 4), S. 86.

[30] Vgl. ebd.

[31] Heimsuchung Flörsheims durch die verschiedenen Kriege in den vorigen Jahrhunderten, zusammengestellt von Bürgermeister Lauck, Flörsheim 1917, S. 9f.

# Die doppelte Datierung der Schlacht bei Dettingen

von Hans-Bernd Spies

Die meisten zeitgenössischen Flugblätter auf die Schlacht bei Dettingen[1] haben als Datum des Ereignisses den 27. Juni 1743[2], aber es gibt auch solche, die den 16. Juni 1743[3] oder sogar beide Tage[4] nennen. Ähnlich sieht es bei den fünf Medaillen auf die Schlacht aus: Die vier außerhalb Großbritanniens geprägten bezeichnen den 27. Juni 1743[5], die einzige in Großbritannien geprägte hingegen den 16. Juni 1743[6] als Datum der Schlacht bei Dettingen.

An der Schlacht bei Dettingen waren einerseits französische und andererseits britische, hannoverische[7] sowie österreichische Soldaten beteiligt gewesen, also Menschen aus drei verschiedenen Staaten. Während in Frankreich und dem Heiligen Römischen Reich Deutscher Nation damals schon der neue Kalenderstil galt, wich die britische Datierung davon um elf Tage ab, denn im Vereinigten Königreich von Großbritannien rechnete man noch mit dem Julianischen Kalender.

Dieser alte Kalender ging auf den römischen Feldherrn und Diktator Gaius Iulius Caesar (100-44)[8] zurück, der im Jahre 46 vor unserer Zeitrechnung den römischen Kalender reformiert hatte[9]. Dem nach Caesar benannten Julianischen Kalender lag das Sonnenjahr zugrunde. Das Sonnenjahr ist die Umlaufzeit der Erde um die Sonne und ist vergangen, wenn die Sonne auf ihrer scheinbaren Bahn um die Erde wieder an demselben Wendepunkt, nämlich dem Frühlingspunkt (Frühlings-Tagundnachtgleiche), anlangt. Das Sonnenjahr, auch tropisches Jahr genannt, ist im Mittel fast 365 Tage 5 Stunden 48 Minuten

[1] Zur Schlacht bei Dettingen sei generell verwiesen auf *Wolfgang Handrick*, Die Pragmatische Armee 1741 bis 1743. Eine alliierte Armee im Kalkül des Österreichischen Erbfolgekrieges (Beiträge zur Militärgeschichte, Bd. 30), München 1991, S. 187-211 und *Jakob Jung*, Darstellung der Schlacht bei Dettingen, oben S. 22-86, besonders S. 47-59.

[2] Siehe in diesem Band Abb. S. 26, 31, 36, 41, 46, 54, 68, 76f., 91, 96f., 101, 107, 115, 223, 231 u. 241.

[3] Siehe Abb. S. 128.

[4] Siehe Abb. S. 129.

[5] Vgl. *Konrad Schneider*, Medaillen auf die Schlacht bei Dettingen, unten S. 145-156, dies S. 149-153.

[6] Vgl. ebd., S. 155.

[7] Zu diesem Begriff vgl. Anm. 26.

[8] Zu diesem vgl. *Hans Georg Gundel*, Gaius Iulius Caesar, in: Der Kleine Pauly. Lexikon der Antike, hrsg. v. Konrat Ziegler u. Walter Sontheimer, Bd. 1, Stuttgart 1964, Sp. 998-1003.

[9] Vgl. *Friedrich Karl Ginzel*, Handbuch der mathematischen und technischen Chronologie. Das Zeitrechnungswesen der Völker, Bd. 1-3, Leipzig 1906-1914, dies Bd. 1, S. 97 u. Bd. 2, S. 274-277. Zum römischen Kalender vor Caesar vgl. ebd., Bd. 2, S. 207-273.

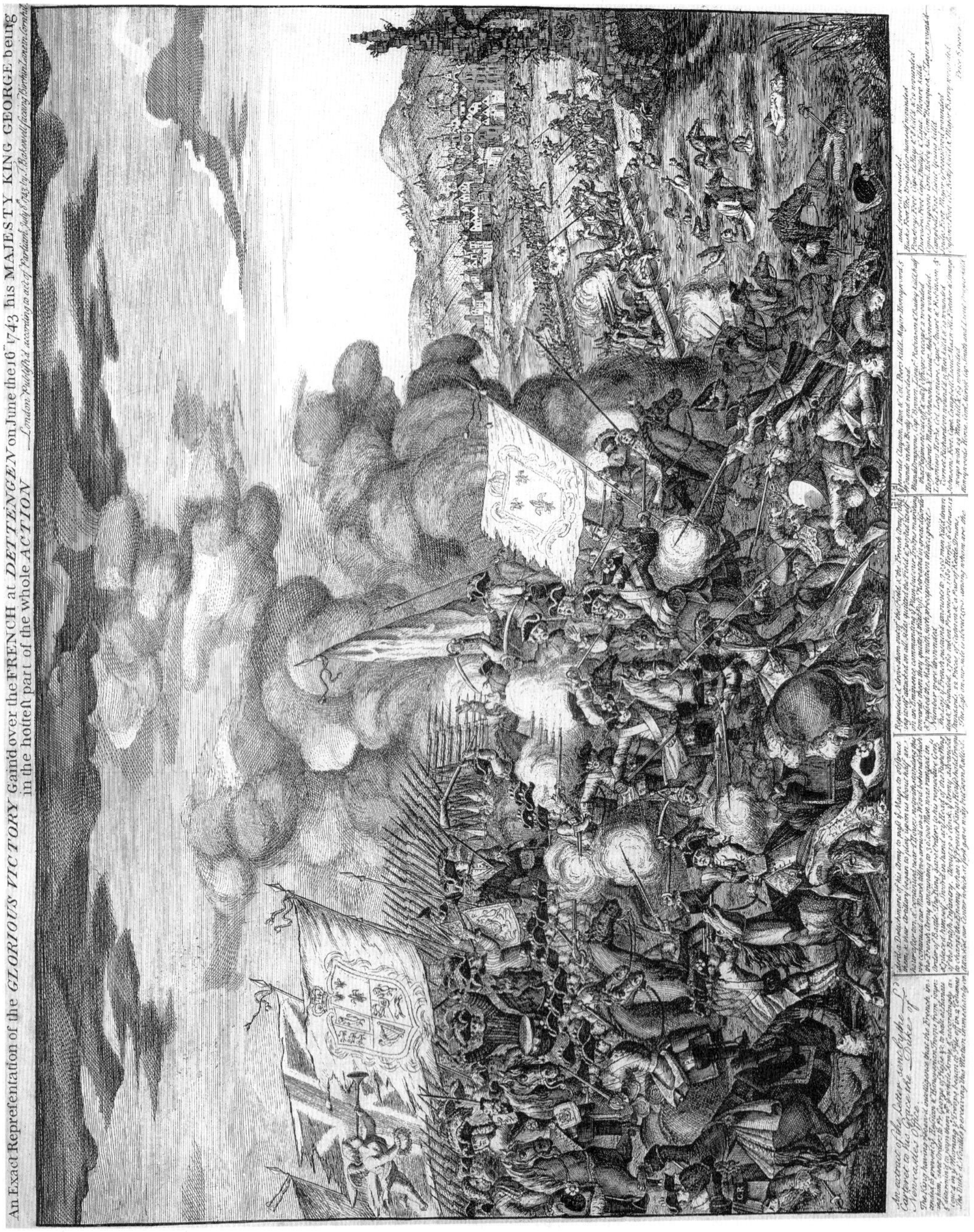
An Exact Representation of the GLORIOUS VICTORY Gain'd over the FRENCH at DETTINGEN on June the 16th 1743 his MAJESTY KING GEORGE being in the hottest part of the whole ACTION

A View of the Allied Forces on their March towards Hanaw when attackt by the French whom they Defeated
FRANCFORT
Offenbach
Seligenstadt
Aschaffenberg
HANAW
Dettingen
A View of the Glorious Action of Dettingen June 16 O.S. 27 N.S. between the Forces of the Allies Commanded by the KING of GREAT BRITAIN and the French Army under the Marshal Noailles.

und 46 Sekunden lang[10]. Ein Tag hat 24 Stunden und ergibt sich aus der Zeit zwischen zwei aufeinanderfolgenden Kulminationen der Sonne[11]. Caesar hatte für seinen Kalender eine Jahreslänge von 365 Tagen und 6 Stunden angenommen und den Jahresanfang vom 1. März auf den 1. Januar verlegt[12]. Die Verlängerung des Kalenderjahres gegenüber dem altrömischen (355 Tage) brachte auch die bis heute gebräuchliche Länge der Monate mit sich[13]:

Anzahl der Tage im Gemeinjahr

| | altrömisch | seit Caesar |
|---|---|---|
| Januar | 29 | 31 |
| Februar | 28 | 28 |
| März | 31 | 31 |
| April | 29 | 30 |
| Mai | 31 | 31 |
| Juni | 29 | 30 |
| Juli[14] | 31 | 31 |
| August[15] | 29 | 31 |
| September | 29 | 30 |
| Oktober | 31 | 31 |
| November | 29 | 30 |
| Dezember | 29 | 31 |

[10] Vgl. ebd., Bd. 1, S. 31 f.

[11] Vgl. ebd., Bd. 1, S. 16. Da dieser wahre Sonnentag im Jahresverlauf nicht gleich lang ist, wird seit etwa 1780 der mittlere Sonnentag als Grundlage genommen; er hat 24 Stunden, wohingegen der wahre Sonnentag mal kürzer, mal länger ist; vgl. ebd., Bd. 1, S. 16 f.

[12] Zu Caesars Kalenderreform vgl. ebd., Bd. 1, S. 97 u. Bd. 2, S. 274-288. Vom 1. Januar als Jahresanfang wichen die deutschen Kanzleien von der Karolingerzeit an bis ins 16. Jahrhundert – im Erzbistum Trier sogar bis 1648 – häufig und in verschiedenen Formen ab; im bürgerlichen Leben blieb durchweg der 1. Januar Jahresanfang (bürgerliches Jahr); vgl. ebd., Bd. 3, S. 156-170. Durch die Verlegung des Jahresbeginns auf den 1. Januar wurden die früheren sieb-ten bis zehnten Monate, September bis Dezember (lateinisch: septem, octo, novem, decem = 7, 8, 9, 10), die mit ihren Namen ihre Stellung innerhalb des Jahres angaben, zu den neunten bis zwölften und ihre Namen zu Anachronismen.

[13] Vgl. ebd., Bd. 2, S. 277.

[14] Der altrömische Monatsname Quinctilis wurde 44 vor unserer Zeitrechnung zu Ehren Caesars in Iulius umbenannt; vgl. ebd., Bd. 2, S. 288.

[15] Der altrömische Monatsname Sextilis wurde 8 vor unserer Zeitrechnung zu Ehren von Caesars Großneffen und Adoptivsohn Gaius Iulius Caesar Octavianus (63 v. u. Z. - 14. u. Z.), der seit 27 den Ehrentitel Augustus trug, in Augustus umbenannt; vgl. ebd. Zu Augustus vgl. *Rudolf Hanslik,* Augustus, in: Der Kleine Pauly (wie Anm. 8), Bd. 1, Sp. 744-754.

Auf drei Gemeinjahre mit 365 Tagen folgte im Julianischen Kalender ein Schaltjahr mit 366 Tagen[16]; durch den zusätzlichen Tag, den Schalttag, hatte der Februar im Schaltjahr 29 Tage[17]. Damit war das Sonnenjahr nach dem Kenntnisstand der Antike in das Kalenderjahr eingefügt.

Entgegen dieser Annahme war der Julianische Kalender aber noch nicht genau genug, denn der Unterschied zwischen dem tropischen und dem 11 Minuten und gut 14 Sekunden längeren Julianischen Jahr wuchs in etwa 128 auf einen vollen Tag an, so daß der Frühlingspunkt im Kalender allmählich zum Jahresanfang hin zurückrutschte. Daher arbeitete 1576-1581 – zahlreiche frühere Reformvorschläge waren ohne Ergebnis geblieben – eine von Papst Gregor XIII. (1502-1585)[18] eingesetzte Kommission aufgrund eines eingereichten Entwurfes einen neuen Kalender aus, dessen Grundzüge der Papst am 24. Februar 1582 durch die Bulle „Inter gravissimas" bekanntmachte[19]: In jeweils 400 Jahren sollen drei Schalttage ausfallen, daher sind die Säkularjahre, die nicht ohne Rest durch 400 teilbar sind, keine Schaltjahre[20]. Das Datum des Frühlingspunktes soll wieder – wie zur Zeit des Konzils von Nicaea (325) – auf den 21. März fallen; der augenblickliche Rückstand von zehn Tagen wird durch unmittelbaren Übergang vom 4. Oktober 1582 (Donnerstag) auf den 15. Oktober 1582 (Freitag) aufgeholt.

Diesen vom Papst vorgesehenen Übergang zum Gregorianischen Kalender machten lediglich einige katholische Staaten mit. Auf dem Gebiet des Heiligen Römischen Reiches Deutscher Nation gingen einige Reichsstände Ende 1582, die meisten katholischen Reichsstände teils 1583, teils 1584 an verschiedenen Terminen zum neuen Kalender über; die evangelischen Reichsstände hingegen lehnten die Annahme des Gregorianischen Kalenders ab[21].

[16] Die entsprechende Anordnung Caesars war nach seinem Tod falsch angewendet worden, indem man nicht erst alle vier, sondern bereits alle drei Jahre ein Schaltjahr hatte stattfinden lassen, so daß in 36 Jahren zwölf statt neun Schalttage eingefügt worden waren. 8 vor unserer Zeitrechnung wurde durch Augustus festgelegt, daß es in den nächsten zwölf Jahren keine Schaltjahre geben sollte; die nächste Schaltung fand erst wieder im Jahre 8 unserer Zeitrechnung statt; vgl. *Ginzel* (wie Anm. 9), Bd. 2, S. 288.

[17] Zum Problem des römischen Schalttages vgl. ebd., Bd. 2, S. 278 ff.

[18] Vor seinem Pontifikat (1572-1585) trug er den Namen Ugo Buoncompagni; zu diesem vgl. *Georg Schwaiger*, Gregor XIII., in: Lexikon für Theologie und Kirche, hrsg. v. Josef Höfer u. Karl Rahner, Bd. 4, Freiburg [2]1960, Sp. 1188-1190.

[19] Zur Geschichte dieser Kalenderreform vgl. *Ginzel* (wie Anm. 9), Bd. 1, S. 97 f. u. Bd. 3, S. 252-257; zum Gregorianischen Kalender vgl. ebd., Bd. 3, S. 257-266.

[20] Damit ist das Kalenderjahr gegenüber dem tropischen Jahr zwar immer noch zu lang, doch ergibt dieser Unterschied erst nach mehr als 3000 Jahren einen Tag; vgl. ebd., Bd. 3, S. 277.

[21] Zur Einführung des Gregorianischen Kalenders vgl. ebd., Bd. 3, S. 266-277.

Da das Nebeneinander von zwei Kalenderstilen innerhalb des Heiligen Römischen Reiches Deutscher Nation auf die Dauer als zu beschwerlich und umständlich empfunden wurde[22], beschlossen am 23. September/3. Oktober 1699 schließlich auch die evangelischen Reichsstände eine Kalenderreform. Diese geschah zwar nicht durch unveränderte Annahme des Gregorianischen Kalenders, sondern in Form des sogenannten Verbesserten Kalenders, der dem Gregorianischen allerdings bis auf die Berechnung des Osterdatums, die astronomisch, im Gregorianischen Kalender hingegen zyklisch erfolgte, entsprach. Zur Umstellung auf das Datum des Gregorianischen Kalenders folgte in den Territorien der evangelischen Reichsstände auf den 18. Februar 1700 sogleich der 1. März 1700[23].

Bei Anwendung der astronomischen Berechnung des Osterdatums hätte das Fest im Verbesserten Kalender 1700 auf den 4. April fallen müssen, doch legte man es entsprechend dem Gregorianischen Kalender auf den 11. April. Aufgrund der beiden unterschiedlichen Berechnungen fielen die Osterdaten 1724 (9. April im Verbesserten, 16. April im Gregorianischen Kalender) und 1744 (29. März bzw. 5. April) auseinander. Weitere unterschiedliche Osterdaten hätten sich bis Ende des Jahrhunderts 1778 und 1798 ergeben, doch zur Vermeidung dieses chronologischen Auseinanderfallens beschlossen die evangelischen Reichsstände im Dezember 1775 die Annahme der zyklischen Osterberechnung. Der dadurch entstandene, mit dem Gregorianischen identische Kalender wurde jedoch nicht als solcher bezeichnet, sondern hieß aus konfessionspolitischen Gründen Verbesserter Reichskalender. Ein in diesem Sinne am 29. Januar 1776 abgefaßtes Reichsgutachten erhielt am 7. Juni 1776 die kaiserliche Bestätigung. Damit war der Gregorianische Kalender auch bei den evangelischen Reichsständen eingeführt[24].

Somit waren seit dem 1. März 1700 die Kalenderdaten im ganzen Heiligen Römischen Reich Deutscher Nation einheitlich, nur hinsichtlich der Ostertermine sollte es – wie erwähnt – noch zwei Abweichungen geben. Frankreich hatte den Gregorianischen Kalender sogar schon 1582 durch Sprung vom 9. auf den 20. Dezember eingeführt[25]. Großbritannien aber rechnete auch zum

22 Besonders mißlich war es, wenn sogar innerhalb einer Grafschaft je nach Konfessionszugehörigkeit der alte oder der neue Kalenderstil verwendet wurde und schließlich eine gerichtliche Entscheidung dazu führte, daß innerhalb eines Ortes die Angehörigen einer Konfession je nach Lage ihres Wohnsitzes auf der einen oder anderen Flußseite den alten oder den neuen Kalenderstil gebrauchen mußten; vgl. *Hans-Bernd Spies,* Kalenderstreit und -reform in Sayn-Altenkirchen, in: Siegerland. Blätter des Siegerländer Heimatvereins 55 (1976), S. 44-48, dies S. 44 f.

23 Vgl. *Ginzel,* (wie Anm. 9), Bd. 3, S. 272; zu Geschichte und Problematik der Osterberechnung vgl. ebd., S. 210-251, 264 ff. u. 272 f.

24 Vgl. ebd., Bd. 3, S. 272 ff.

25 Vgl. ebd., Bd. 3, S. 266.

Zeitpunkt der Schlacht bei Dettingen noch nach dem Julianischen Kalender, dessen Rückstand gegenüber dem Gregorianischen Kalender sich inzwischen aufgrund des in letzterem nicht als Schalttag eingefügten 29. Februar 1700 auf elf Tage erhöht hatte, so daß die doppelte Datierung für die Schlacht bei Dettingen 16./27. Juni 1743 lautet.

Während das in Personalunion mit dem Vereinigten Königreich von Großbritannien verbundene Herzogtum Braunschweig-Lüneburg[26] mit den anderen evangelischen Reichsständen 1700 vom Julianischen Kalender abgegangen war, folgte Großbritannien selbst erst mehr als ein halbes Jahrhundert später: Die datumsmäßige Angleichung unter Übernahme der Schaltung nach dem Gregorianischen Kalender erfolgte durch Sprung vom 2. auf den 14. September 1752; 1753 wurde auch die Osterberechnung des Gregorianischen Kalenders, zu dem sich allerdings erst 1778 eine Abweichung ergeben hätte[27], übernommen[28]. Somit führte Großbritannien letztendlich den Gregorianischen Kalender in seiner reinen Form doch 23 Jahre früher ein als Braunschweig-Lüneburg und die anderen evangelischen Stände des Heiligen Römischen Reiches Deutscher Nation.

[26] König Georg II. von Großbritannien und Irland (1683-1760) regierte seit 1727 nicht nur in den beiden Königreichen, sondern als Herzog von Braunschweig-Lüneburg auch in den Stammlanden seiner Familie. 1692 hatten die Herzöge von Braunschweig-Lüneburg die neunte Kurwürde des Heiligen Römischen Reiches Deutscher Nation erhalten. Daher wurde im Laufe der Zeit für das Herzogtum Braunschweig-Lüneburg die staatsrechtlich unrichtige Bezeichnung Kurhannover üblich. Aus diesem Grunde wurden die Truppen des Herzogtums Braunschweig-Lüneburg auch als Hannoveraner bezeichnet; vgl. *Georg Schnath*, Georg II. von Hannover, in: Neue Deutsche Biographie, Bd. 6, Berlin 1964, S. 212 und *ders.*, *Hermann Lübbing* u. *Franz Engel*, Niedersachsen, in: Georg-Wilhelm Sante (Hrsg.), Geschichte der deutschen Länder. „Territorien-Ploetz", Bd. 1, Würzburg 1964, S. 347-380, dies S. 368 ff.

[27] Siehe oben bei Anm. 24.

[28] Vgl. *Ginzel* (wie Anm. 9), Bd. 3, S. 275. Mit Wirkung vom 1. Januar 1752 war in Großbritannien 1751 auch der Jahresanfang vom 25. März auf den 1. Januar verlegt worden; vgl. ebd.

# Britische Soldaten und die Zivilbevölkerung im Umfeld der Schlacht bei Dettingen

von Hans-Bernd Spies

In einer achtseitigen Druckschrift über Durchmärsche und Einquartierungen französischer Truppen in Aschaffenburg während der Jahre 1742 bis 1745[1] heißt es nach einem kurzen Bericht über das Jahr 1742[2]:

> „Ein grösseres Denckmahl hinterliesse uns solches Wetter[3] in dem darauf gefolgten 1743. Jahr, als am 17. Junii gegen Abend die Ungarische Alliirte[4] wider alles Vermuthen gantz urplötzlich sich eingefunden; alle Häuser und Strassen waren angefüllt mit Engelländern, welche nebst denen Oesterreichischen und Hanoveranern die Stadt auch auswärts umlagert hatten; Vor uns aber auf der anderen Seithe des Mayns erschiene zu gleicher Zeit die völlige Frantzösische Armee unter dem Hertzog von Noailles[5]; in welcher Positur beyde Theile bis auf den 27. ejusdem geblieben, da die Schlacht bey Tettingen angegangen, wehrend welcher die von denen Englischen verlassene Bruck und Stadt sogleich von Frantzosen occupiret und besetzet wurde; Wie viel tausend beyderseits in dieser Schlacht, wo die Alliirte das Feld erhalten, geblieben ist so eigentlich nicht bekannt[6], der Schade aber welchen die Stadt und nur

[1] Frantzosen Zu Aschaffenburg Jm Pragmatischen Krieg; Oder Summarische Relation Von Frantzösischen Durchmarschen und Einquartirungen Von dem Jahr 1742. bis 1745. Ex Annal. priv. J. J. K., o. O. o. J. [Aschaffenburg 1745]; das Erscheinungsjahr ergibt sich aus dem Chronogramm ebd., S. [8]. Ein Druck ist vorhanden in: Bayerisches Staatsarchiv Würzburg, Mainzer Regierungsarchiv, LG 3317.

[2] Ebd., S. [3].

[3] Vgl. ebd., S. [2]: „ASchaffenburg und hiesiges Vice-Dom-Ambt hatte die trübe Wolcken des Pragmatischen Kriegs-Wetters bereits im Jahr 1742. über sich herziehen gesehen".

[4] ‚Ungarisch' ist hier weniger im speziellen Sinn auf Ungarn bezogen gemeint, sondern auf den ganzen Herrschaftsbereich der Habsburgerin Maria Theresia Erzherzogin von Österreich (1717-1780), die seit 1740 als höchste Titel die einer Königin von Ungarn und von Böhmen führte und damals allgemein kurz als ‚Königin von Ungarn' bezeichnet wurde; als Ehefrau des 1745 gewählten und gekrönten römisch-deutschen Kaisers war sie seitdem auch Kaiserin; zu dieser vgl. *Adam Wandruszka*, Maria Theresia, Kaiserin, in: Neue Deutsche Biographie, Bd. 16, Berlin 1990, S. 176-180.

[5] Adrien Maurice Duc de Noailles (1678-1766), Marschall von Frankreich, Oberbefehlshaber der französischen Armee in der Schlacht bei Dettingen; vgl. *P[aul] Louisy*, Adrien-Maurice, Duc de Noailles, in: Nouvelle Biographie Générale depuis les temps les plus reculés jusqu'à nos jour, avec les renseignements bibliographiques et l'indication des sources à consulter, Bd. 38, Paris 1862, Sp. 122-131.

[6] Zu den Verlusten in der Schlacht bei Dettingen vgl. *Jakob Jung*, Darstellung der Schlacht bei Dettingen, oben S. 22-85, dies S. 85.

nächst herumliegende Dorffschafften durch Fouragiren, Rauben, Plündern an Früchten, Geld, Mobilien etc. erlitten belauffet sich über 230 000. Guld. dann also hat jeder Unterthan seinen Verlust durch ein abgelegtes Cörperliches Eyd auf eingelangten Churfürstlichen[7] Gnädigsten specialen Befehl ohne Absichten auf einigen Vortheil, mithin um desto sicherer zu gehen unter dem wahren Werth würcklich beschwohren. Am 11. Julii zohe die Frantzösische Guarnison auch aus, uns hingegen bliebe, gleichwie vorm Jahr die hitzige Kranckheit, also nun die rothe Ruhr zuruck[8], von welcher sehr wenige ohnangesteckt geblieben, sehr viele aber täglich aus beyden Pfarreyen[9] dahin gestorben."

Im Rahmen des Österreichischen Erbfolgekrieges (1741-1748)[10] war also am 17. Juni 1743 ein Teil der hauptsächlich aus britischen, hannoverischen und österreichischen Truppen bestehenden Pragmatische Armee[11] in Aschaffenburg eingerückt[12]. Die oben in der zeitgenössischen Flugschrift genannte

[7] Damaliger Erzbischof von Mainz und in seiner Eigenschaft als Landesherr des Erzstiftes Mainz Kurfürst des Heiligen Römischen Reiches Deutscher Nation war Johann Friedrich Carl Graf von Ostein (1696-1763), der rund zwei Monate vor der Schlacht bei Dettingen am 22. April 1743 gewählt worden war; vgl. *Anton Ph[ilipp] Brück*, Johann Friedrich Karl Graf v. Ostein, in: Neue Deutsche Biographie, Bd. 10, Berlin 1974, S. 499.

[8] Zu den besonders bei Feldzügen sich ausbreitenden Seuchen vgl. *Martin Goes*, Über Verwundete und Kranke im Zusammenhang mit der Schlacht bei Dettingen, oben S. 112-126, dies S. 118 f.

[9] Es handelte sich um die Pfarrei zu Unserer Lieben Frau und die Pfarrei St. Agatha; vgl. *Vitus Brander*, Geschichtliche Entwicklung und Rechtsverhältnisse der katholischen Pfarreien in Aschaffenburg, in: Aschaffenburger Jahrbuch für Geschichte, Landeskunde und Kunst des Untermaingebietes 4 (1957), Tl. 2, S. 927-943, dies S. 929-936.

[10] Vgl. dazu *Christa Mack*, Österreichischer Erbfolgekrieg, in: Gerhard Taddey (Hrsg.), Lexikon der deutschen Geschichte. Personen, Ereignisse, Institutionen. Von der Zeitwende bis zum Ausgang des 2. Weltkrieges, Stuttgart $^{2}$1983, S. 920-921; *Heinz Schilling*, Höfe und Allianzen. Deutschland 1648-1763 (Siedlers Deutsche Geschichte. Das Reich und die Deutschen), Berlin 1989, S. 287-296.

[11] Dazu sei generell verwiesen auf *Wolfgang Handrick*, Die Pragmatische Armee 1741 bis 1743. Eine alliierte Armee im Kalkül des Österreichischen Erbfolgekrieges (Beiträge zur Militärgeschichte, Bd. 30), München 1991. – Die britischen Soldaten wurden in den zeitgenössischen lokalen Quellen stets ‚Engländer' genannt, obwohl die britische Armee nicht nur aus Engländern bestand; bei den hannoverischen Truppen handelte es sich um solche des Herzogtums Braunschweig-Lüneburg – vgl. *Hans-Bernd Spies*, Die doppelte Datierung der Schlacht bei Dettingen, oben S. 127-133, dies S. 133 –; hinsichtlich der österreichischen Truppen vgl. Anm. 4.

[12] Vgl. Hauptmann *Sibin*, Aschaffenburg's Schicksal im Jahre 1743. Zum Theil aus städtischen Urkunden gezogen, in: Erheiterungen. Ein Unterhaltungsblatt 1843, Nr. 101 (26. Juni) u. 102 (28. Juni), S. 401-403 bzw. 405-407, dies S. 402:

„Am 16. Juny lagerte sich das Heer der Verbündeten bei Höchst, und Tages darauf erschien ein Quartiermeister des Königs in Aschaffenburg, welcher dem Vicedome erklärte, daß noch heute

Summe von 230 000 Gulden gibt den Gesamtschaden wieder, ist also nicht danach unterschieden, was auf die Franzosen bzw. auf die Pragmatische Armee zurückzuführen ist. Doch es gibt eine Aufstellung für 1743, die den durch letztere aufgrund von Plünderung und Fouragierung entstandenen Schaden auf 148 793 Gulden und 46 Kreuzer beziffert[13]. Davon entfiel der größte Betrag auf Kleinostheim (38 775 fl. 10 xr.)[14], gefolgt von Dettingen (23 333 fl.), Mainaschaff (20 132 fl. 11 xr.), dem Amt Johannesberg (18 439 fl. 57 xr.) und Obernau (14 281 fl. 30 xr.).

In den Unterlagen der zuletzt genannten Gemeinde gibt es eine „Specification aller denen Franntzössischen Kösten wegen den officir vndt gemeinen auch wegen den gethanen fuhr so die gemein in obernau von dem 9ten Xbris 1744 biß da hin d[en] 19t[en] Febr 1745 gethan haben auch wegen holtz stro licht vndt völlige Kösten wie hir in zu sehen“[15], die scheinbar für die gut zwei Monate vom 9. Dezember 1744 bis zum 19. Februar 1745 Aufwendungen von insgesamt 16 524 Gulden 57 Kreuzer[16] aufführt. Darunter befindet sich als letzter und zugleich größter, allerdings nicht zur zitierten Überschrift passender Posten:

10,000 Mann der Verbündeten Aschaffenburg und die Brücke um so mehr besetzen würden, als die französische Armee dieselbe Absicht bezwecke.
Der Vicedom entgegnete ihm zwar: daß die Gewährung dieses Ansinnens weder von ihm noch dem kurfürstlichen Stadtcommandanten abhänge, indem der Landesfürst die strengste Neutralität zu beobachten entschlossen sey; allein der Quartiermeister schied mit der Drohung: durch Gewalt zu erzwingen, was man der Bitte verweigere.
Und noch an demselben Tage rückte unvermuthet ein Theil der verbündeten Armee in Aschaffenburg ein, indeß der größere in den umliegenden Dörfern lagerte. Alle Straßen und Häuser der Stadt füllten sich mit dem Generalstabe des Heeres, das sein Hauptquartier daselbst errichtete, allein nicht jene Ordnung aufrecht erhielt, die man von gesitteten Kriegern, zumal in einem neutralen Lande erwarten konnte. Am 18. Juny wurden [. . .] in Aschaffenburg im Angesichte so vieler Generäle und Stabsofficiere viele Häuser rein ausgeplündert, den Weinfässern der Boden eingeschlagen, die Läden sämmtlicher Bäcker und Metzger erstürmt und Alles geraubt.“

13 Bayerisches Staatsarchiv Würzburg, Mainzer Regierungsarchiv, Militär K 219/114; Druck: *Jung* (wie Anm. 6), S. 77. Die Vorlage hat als falsche Summe: 148785 fl. 4 xr.

14 fl. = Gulden, xr. = Kreuzer.

15 Stadt- und Stiftsarchiv Aschaffenburg, Gemeinde Obernau, 1025. Hier und bei den weiteren Aktenzitaten diplomatische Wiedergabe der Vorlage.

16 Vorlage hat, obwohl bereits korrigiert, als Summe immer noch ein falsches Ergebnis (16522 fl. 37 xr.); richtiges Additionsresultat erstmals bei *Hans-Bernd Spies*, Geschichte Obernaus von den Anfängen bis zur Auflösung des Erzstiftes Mainz (1803), in: ders. u. Renate Welsch (Bearb.), Obernau 1191-1991. Beiträge zu Vergangenheit und Gegenwart, Aschaffenburg 1991, S. 13-49, dies S. 46.

---

Nebenstehend und auf der folgenden Seite:
Anfang und Schluß der in Anm. 15 genannten „Specification“.

8

Specification aller deren französischen Kösten wegen der officier undt gemein auch wegen der gethanen fuhr so die gemein in oberrau von dem 9ten Xbris 1744 biß da hin d. 9t Febr 1745 gethan haben auch wegen holtz stro licht undt völlige kösten wie hier in zu sehen

| | fl. | xr |
|---|---|---|
| Erstl. seind 75 köpf der under 1 Comandand 1 Capitän 1 leitenand 2 wachtmeister 1 Feldscherer undt das Spithal vor das regiment — — | 446 | 37 |
| ferner vor licht undt öhl vor die officier undt in die wacht — — — | 15 | 40 |
| Stck. 102½ It. vor bren holtz vor die officier undt auch in die wacht undt in das Spithol auch ist in die statt vor die Commisary | 281 | 38 |
| It. sein die gantze gemelte zeit hier in oberrau 91 pferd ein quartiert gewesen. | | |
| It. hat die gemein oberrau ahn französische fuhr von der statt aschaffenburg undt fuhr auff dem wasser ahn hauß undt haben, auch wegen dem tractz bahn ihre fuhr die fuhr vor sich müssen vor 392 fuhr — — | 147 | 45 |
| It. wegen 19½ fuder lang stro ad — — | 68 | 15 |
| It. wegen der fuhr auff osten bachüssing undt auff dieburg undt zu der armee jeder fuhr 24 kr thun 26 fuhr — | 62 | ~~4~~ |

Summa ~~15..~~ 1583 . 55

fl kr

It. haben wir nach Wittern-berg ahn der Pfandt geben müssen 22 par ochssen 3 perdt welche auf Klein ostheim fahren müssen auf ein paar 1 fl 30 kr theil – .33. –
ein perdt 1 fl 30 kr theil – – . 4.30

It. haben der Pfandt als 9 paar ochssen auf Klein ostheim geben müssen so ein fuhr auf ~~[illegible]~~ die mitten führen müssen ein paar 1 fl 30 kr theil – – – .27. –

It. haben wir in der gemein ober nun wegen der Engelländischen plünderung ahn schaden erlitten und ist beschrieben worden 1743 – – .14000 –

latus — –
14064 – 30

Summa 16522 fl ~~47~~ 37 kr

„It[em] haben wir in der gemein obernau wegen der Engelendischen plünderung ahn schathen erlitten vndt ist beschworen worden 1743 – 14 000“ Gulden.

Wenngleich der Inhalt der „Specification“ auch in anderer Hinsicht von den Vorgaben der Überschrift abweicht – es werden weitere Punkte aufgeführt, die aus dem genannten zeitlichen Rahmen herausfallen[17] –, offenbart doch gerade die Nennung der „Engelendischen plünderung“ in diesem Zusammenhang, wie schwerwiegend das Wüten der britischen Soldaten für das nicht einmal 500 Einwohner[18] zählende Dorf war: Nimmt man einen anderen Posten dieser Auflistung als Vergleichsmaßstab, nämlich die Kosten für die Übernachtung eines Regimentes am 8. August 1743 in Höhe von 77 fl. 30 xr.[19], dann sieht man, daß der Gegenwert des Plünderungsverlustes ausgereicht hätte, 180mal einem Regiment, das immerhin rund 750 Mann stark war[20], Nachtquartier[21], das in diesem Fall auch abends und morgens Verpflegung für Mensch und Tier umfaßte[22], zu gewähren oder 275 Personen ein ganzes Jahr lang bzw. alle Einwohner Obernaus ein halbes Jahr lang zu ernähren[23].

[17] Der älteste datierte Posten bezieht sich auf den 8. August 1743 („Ein Regmend ungrische hussaren hir Campirth vndt daß gantz dorff belegt word[en] ahn Kösten vor Ein nacht stattion“ 77 fl. 30 xr.), der jüngste auf den 8. April 1746.

[18] Zur Einwohnerzahl Obernaus im 18. Jahrhundert vgl. *Spies*, Geschichte (wie Anm. 16), S. 45 ff.

[19] Vgl. das Zitat in Anm. 17.

[20] Vgl. *Jung* (wie Anm. 6), S. 78.

[21] Zu diesem Begriff vgl. *Johann Heinrich Zedler*, Großes vollständiges Universal-Lexikon, Bd. 23, Graz 1982 (Reprint der Ausgabe Leipzig/Halle 1740), Sp. 280: „Nacht-Lager, Nacht-Quartier, Couchée, ist ein Kriegs-Wort, welches die Soldaten von einem stillen Lager gebrauchen, wenn sie auf dem Zuge an einem Ort über Nacht bleiben. Nach der gemeinen Verordnung sollen sie mehr nicht als das Obdach geniessen, und was sie an Kost oder Futter verzehren, bezahlen, oder wofern ihnen etwas zu reichen verordnet ist, wird es denen Einwohnern an ihren gewöhnlichen Steuern und Gaben gut gethan. Ist es aber nicht, so gehen die Kosten über den Eigenthümer und nicht über den Pachter. Geschiehet bey solchem Durchmarsch ein Schade, sind nach Bewandniß derer Umstände, andere, die es nicht betroffen, ihren Strang mit daran zu ziehen gehalten.“

[22] Zieht man von dem in Anm. 23 seitens des Katharinenspitals veranschlagten Betrag die für Heizkosten angesetzten 7 fl. ab, ergibt sich ein Betrag von 43 fl. 44 xr. pro Person und Jahr; rechnet man hingegen von den Nachtquartierkosten auf einen Betrag pro Person und Jahr um, heißt das Ergebnis 37 fl. 43 xr. Da das Nachtquartier nur zwei Mahlzeiten (abends und morgens) umfaßte und andererseits die seitens des Katharinenspitals angesetzte Fleischration von 4 1/2 Pfund je Woche nicht unbedingt anteilig für das Soldatenquartier zu berücksichtigen ist, war der in der Auflistung genannte Betrag von 77 fl. 30 xr. ausreichend, um das gesamte Regiment einschließlich der Tiere abends und morgens zu verköstigen.

[23] 1761 wurde für Verpflegung und Heizkosten je Person und Jahr im Katharinenspital zu Aschaffenburg ein Betrag von 50 fl. 44 xr. veranschlagt; vgl. *Martin Goes*, Die Wohltätigkeits- und Unterrichtsstiftungen von Aschaffenburg. Ein Beitrag zur Sozialgeschichte der Stadt (Veröffentlichungen des Geschichts- und Kunstvereins Aschaffenburg, Bd. 36), Aschaffenburg 1992,

Das Leid der Zivilbevölkerung läßt sich nicht nur aus solchen Zahlen ablesen, sondern es gibt auch einige erzählende Quellen, die darüber berichten. So schrieb der Pfarrer zu Kahl ins dortige Kirchenbuch[24]:

> „Memorabilia
> Anno 1743 circa Festum S. Jois Baptistae[25] in dem östreichischen Successions Krieg bezogen zwey starcke armeen, nemlich ein östreichisch von Englisch und Hanovrischen Hilffs Völcker disseits des mayns, und eine Frantzöische jenseits gantz unverhofft unsere gegend, hielten aber dabey eine so üble Haushaltung, das sie die Früchten auff dem Feld erbärmlich zurichtet, insonderheit hausten sehr übel die Engländer, weis nicht, aus Haß der Religion oder großer Bosheit, in dem sie viele Kirchen gäntzlich beraubten, [. . .] und viele Dörfer gantz und gar ausplünderten; dergleichen betrübtes Schicksal hatt unter andern erfahren müssen die Kirchen zu Kaal, woraus sie alle H.[26] Gefäße als Kelch, monstrantz, alben und meßgewändern sambt allem Kirchengeräth geraubt, und mithin die Kirchen mehr als 300 fl schaden erlitten; der Elende Zustand und allgemeine Bestürtzung dauerte in die gantze 3 wochen, bis endlich die schlacht bey Dettingen den 27ten Juny 1743 beyde armeen zertrennte, wo alsdann die Frantzosen, welche das Feld räumen musten, nach dem rein zu, die östreicher und Engländer aber denen Frantzosen nachzogen."

Der Pfarrer von Johannesberg machte im Gegensatz zu dem in Kahl seine entsprechende Eintragung in lateinischer Sprache[27]:

> „Anno Domini Millesimo Septingentesimo quadragesimo tertio die vigesimo sexto Mensis Augusti, infelicis illius Mensis, quo foedifragi rebelles Archi-Episcopatui et Deo dicatis Aedibus et templis infideles praedones Anglicani hic et in confinibus nostris non modo despoliaverunt et depauperaverunt Subditos, sed etiam ex Ecclesiis Sacra vasa, effusis in terram Sacris hostiis, et Suppellectilia Sacrata omnia abstulerunt, perveni ad hanc parociam, nihil inveniendo, nisi perturbationem populi et desola-

S. 101. Selbst wenn man davon ausgeht, daß das Katharinenspital knapp kalkulierte, man also mit 60 fl. rechnet, hätte der Geldwert des Plünderungsschadens immer noch ausgereicht, rund 230 Menschen ein Jahr lang zu ernähren.

[24] *Hans Morsheuser*, Das Pfarrbuch zu Kahl a. M. als Quelle der Heimatgeschichte, in: Aschaffenburger Geschichtsblätter 22 (1930), S. 8.

[25] Fest Johannes des Täufers = 24. Juni; vgl. *Hermann Grotefend*, Taschenbuch der Zeitrechnung des deutschen Mittelalters und der Neuzeit, durchgesehen v. Jürgen Asch, Hannover [12]1982, S. 68 f.

[26] H. = Heiligen.

[27] *M.* [= *Hans Morsheuser*], Aus alten Pfarrbüchern, in: Aschaffenburger Geschichtsblätter 20 (1928), S. 8.

tionem templi, in qua desolatione et spoliatione interiere etiam libri Baptizatorum et Inthronizatorum et mortuorum, igitur hinc de novo incepi apprecando, ut Deus ter optimus omnes Christifideles ab eiusmodi inhumanis hominibus praeservare et huic libro demandatis ovibus suam sanctam gratiam et benedictionem perpetuam elargiri dignaretur."
(Am 26. August 1743, in jenem unseligen Monat[28], in dem die dem Erzbistum und den gottgeweihten Kapellen und Kirchen treubrüchigen Rebellen, nämlich die ungläubigen englischen Räuber, hier und in unserer Nachbarschaft nicht nur die Untertanen ausplünderten und arm machten, sondern auch aus den Kirchen alle heiligen Gefäße, nachdem sie die geweihten Hostien auf den Boden geschüttet hatten, und Weihgeräte wegschleppten, kam ich in diese Pfarrei, nichts vorfindend als Verwirrung des Volkes und Verwüstung der Kirche. Bei dieser Verwüstung und Beraubung waren auch die Tauf-, Heirats- und Sterbebücher verlorengegangen; daher habe ich sie von neuem angelegt mit dem Gebet, der dreimal gütige Gott möge alle Christgläubigen vor solchen unmenschlichen Menschen bewahren und den diesem Buch anvertrauten Schafen seine heilige Gnade und ewigen Segen spenden[29].)

Neben diesen Kirchenbucheintragungen gibt es eine aufschlußreiche Notiz im 1688 angelegten Feldmeßbuch der Gemeinde Glattbach[30]. Darin heißt es[31]:

„Jm Jahr 1743 sein die Engelenter den 17t[en] Junij komen vndt hat die Schlagt[32] den 27t[en] Junij das selbsten im Lienig[33] auff den selben Tag mit dem frantzöschiesßen Volck vndt Armea die Schlagt vollentet vndt die Engelenter haben vns in dem Ordt Glatbach vom 17t[en][34] biß zu

[28] In seiner Entrüstung übersah der Schreiber, daß die Plünderungen nicht im Monat seines Dienstantrittes in Johannesberg stattgefunden hatten, sondern früher, denn die Briten hatten gleich nach der Schlacht bei Dettingen den Raum Aschaffenburg verlassen und waren am nächsten Tag in Hanau; vgl. *Jung* (wie Anm. 6), S. 62 und *Handrick* (wie Anm. 11), S. 212.

[29] Zum Verlust des Taufbuches noch ein weiterer Eintrag des Pfarrers von Johannesberg – *Morsheuser*, Aus alten Pfarrbüchern (wie Anm. 27), S. 8 –: „Anno Domini Millesimo Septingentesimo quadragesimo tertio Ecclesia Parochialis et tota Parochia in ominibus Suppellectilibus Sacris et profanis a malevolis et Archidioecesi nostrae et Deo infidis praedonibus anglicis despoliata fuit: interra liber Baptizatorum etiam interiit".

[30] Gemeindearchiv Glattbach, Feldmeßbuch, angelegt 1688.

[31] Wiedergabe wie in Anm. 15 erläutert, Groß- und Kleinschreibung allerdings modernisiert.

[32] Zu dieser Schlacht bei Dettingen vgl. *Jung* (wie Anm. 6), S. 47-59 und *Handrick* (wie Anm. 11), S. 187-211.

[33] Lienig = Lindig, Wald zwischen Kleinostheim und Karlstein-Dettingen; vgl. *Günter Wegner*, Kleinostheim. Dokumente und Beiträge zu seiner Geschichte, Kleinostheim 1975, S. 17, 25 ff., 140 u. 206.

[34] Vom Schreiber verbessert aus: 16t[en].

dem 26t[en] Junij al täglich geblindert vndt alles hientweg genohm die Kirchen geblindert vndt ales verdorben die Altär um geworffen das mihr den 20t[en] Junij 1743 haben misen mit der gantzen Gemein biß auff die Henrichs Hüten[35] im Spessarth hab ziegen vndt 11 Tag darbleiben misen [. . . ] wierdt auch darbey berichtet das damahl durch die engelentische Arme in dem Ordt Glatbach ist gebliendert worden 3077 f 18 xr so bey Eydts Pflichten ist beschworen worden[36] sein damahl hier Nachbahrn[37] gewessen in allem 51 Man welches wier Vnderschriebene eigenhändig adestiern
Glatbach d[en] 15t[en] Aug[usti] 1743
Michel Heün Schultheyß Conradt Glab Michel Sauer Conradt Gumbel vndt Hans Michel Sauer sambtlichs Gerichts Schöffen".

Aus dieser zeitgenössischen Aufzeichnung geht eindeutig hervor, daß Glattbach vom Tag des Eintreffens der Pragmatischen Armee im Raum Aschaffenburg (17. Juni 1743)[38] bis zum Vortag der Schlacht bei Dettingen immer wieder von britischen Soldaten geplündert wurde[39], weshalb die Ein-

[35] Henrichs Hüte = He(i)nrichshütte = Heinrichsthal; vgl. *Stefan Krimm*, Die mittelalterlichen und frühneuzeitlichen Glashütten im Spessart (Veröffentlichungen des Geschichts- und Kunstvereins Aschaffenburg, Bd. 18,1 – Studien zur Geschichte des Spessartglases, Bd. 1), Aschaffenburg 1982, S. 94, 97, 161 u. 190 und *Gerhard Kampfmann*, Verkehrsgeographische und landeskundliche Aspekte der vorindustriellen Glasproduktion im Spessart, in: ders. u. Stefan Krimm, Verkehrsgeographie und Standorttypologie im Spessart (Veröffentlichungen des Geschichts- und Kunstvereins Aschaffenburg, Bd. 18,2 – Studien zur Geschichte des Spessartglases, Bd. 2), Aschaffenburg 1988, S. 9-109, dies S. 64.

[36] Die oben in Anm. 13 erwähnte Liste hat für Glattbach 3558 fl. 32 xr. angegeben.

[37] Zu diesem Begriff vgl. *Karl-Sigismund Kramer*, Bauern und Bürger im nachmittelalterlichen Unterfranken. Eine Volkskunde auf Grund archivalischer Quellen (Veröffentlichungen zur Volkskunde und Kulturgeschichte, Bd. 17), Würzburg 1984, S. 38: Die Einzelmitglieder der Nachbarschaft „sind die Nachbarn, unter Nachbarn verstehen die Quellen unter anderem [. . . ] die haushäbigen Bauern des Dorfes, zu denen ab und zu auch einzelne Dorfhandwerker treten können. Nicht also die Nächstwohnenden, die Angrenzer, kein nur durch räumliche Nähe bestimmter Begriff etwa, sondern vielmehr ein soziologischer und rechtlicher. Sie, die mit ‚Feuer und Rauch', also mit eigenem Herd im Dorf sitzen, bilden die Nachbarschaft, die demnach die Gesamtheit der rechtsverantwortlichen Männer des Dorfes repräsentiert. Sie werden deutlich von den übrigen Bewohnern geschieden, den Knechten und Inleuten, den Frauen und den Kindern. Außerhalb dieses Kreises stehen auch noch andere, unterschiedlichen Rechtskreisen zugehörige Personen, die Geistlichen, herrschaftliche Beamte, Schulmeister, Schäfer. Nachbar zu sein ist ein Vorrecht, das durch Geburt oder durch Aufnahme begründet wird. Nachbar zu sein ist im gleichen Maße eine Pflicht".

[38] S. o. S. 134f.

[39] Zu weiteren und wiederholten Plünderungen seitens britischer Soldaten vgl. *Sibin* (wie Anm. 12), S. 402 und *Jung* (wie Anm. 6), S. 45.

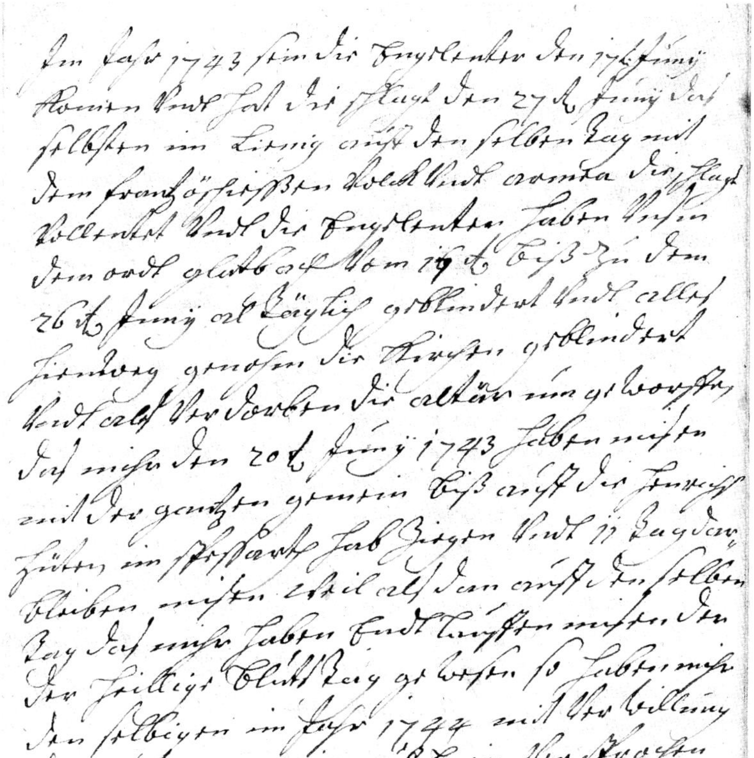

Seite aus dem Glattbacher Feldmeßbuch (vgl. Anm. 30).

wohner am 20. Juni ihr Dorf verlassen hatten und nach Heinrichsthal gezogen waren, wo sie bis Anfang Juli blieben.

Wenn man diese Quellen in ihrer Gesamtheit sieht, dann kann man in etwa ermessen, was die Bevölkerung damals erdulden mußte, und verstehen, daß die britischen Truppen aufgrund ihres disziplinlosen, unmenschlichen Verhaltens – sie plünderten, raubten, zerstörten, mißhandelten und mordeten[40] – in Aschaffenburg und Umgebung so verhaßt waren, daß die Franzosen, als sie, nach deren Abmarsch zum Schlachtfeld bei Dettingen, am 27. Juni in Aschaffenburg einzogen, gleichsam als Befreier begrüßt wurden[41].

[40] Vgl. *Sibin* (wie Anm. 12), S. 402: „Boshafter Weise zerschlug man nicht allein allen Hausrath, sondern mißhandelte auch die friedlichen Einwohner dieser Dörfer, ja mehrere Männer und selbst – Kinder wurden erschossen." Außerdem *[Johann Wilhelm Christian] Steiner*, Beschreibung der Schlacht bei Dettingen am Main (27. Juni 1743.) mit einem von einem Augenzeugen entworfenen Plan derselben, Darmstadt 1834, S. 9: „Hätten sich die Engländer durch ihre Spöttereien auf die Chatholiken bei den dasigen Einwohnern nicht verhasst gemacht, so wäre vom Spessart aus noch eine reichliche Quelle für ihren Unterhalt vorhanden gewesen; aber dafür mussten sie erfahren, was Abneigung vermag. Aller Orten verliessen die Bauern ihre Wohnungen, und flüchteten in die Gebirge; Vieh, Früchte u. s. w. nahmen sie mit sich, und verunreinigten die Brunnen."

[41] Vgl. *Sibin* (wie Anm. 12) S. 403: „Gleich Befreiern wurden übrigens die Franzosen von den Aschaffenburgern empfangen. Auf das Verlangen der Generäle brachten die Einwohner von ihrem letzten Wein den Durchmarschirenden einige Erquickung. Der auf dem Rathause versammelte Stadtrath ließ einige Fässer voll Wein auf die Straße legen, reichte den Generälen einen Ehrentrunk, und erquickte die Officiere und Soldaten."

# Medaillen auf die Schlacht bei Dettingen

von Konrad Schneider

Der Sieg der Pragmatischen Armee bei Dettingen war Anlaß zur Prägung von fünf Medaillen im Auftrag König Georgs II. Vier stammen aus Deutschland, eine aus Großbritannien. Georg II. hat eine Fülle von Medaillen hinterlassen[1].

Die Ausgabe von Medaillen auf militärische und politische Ereignisse, insbesondere Erfolge, sowie aus Gründen der Propaganda war im 17. und 18. Jahrhundert sowie auch nachher sehr beliebt. Wir haben es hier mit einer sehr umfangreichen, meist aber wenig originellen Medaillenproduktion zu tun, einer offiziellen Geschichtsdarstellung in Medaillenform, die im Publikum durchaus Anklang und Abnehmer gefunden hat.

Das Medium Münze oder Medaille als Propagandaträger war nichts Neues. Bereits in der Antike wurde rege davon Gebrauch gemacht. Insbesondere das Römische Reich nutzte die Rückseiten seiner Münzen, die als Soldzahlungen auch in die entlegensten Winkel des Imperiums gelangten, zu Zwecken der Propaganda. Dargestellt und verherrlicht wurden militärische und politische Erfolge, Jubiläen und traditionelle Werte. Auch wenn es darum ging, die Stärke Roms zu beweisen und neue Kaiser vorzustellen, wurden Münzen und seltener prächtige Medaillons benutzt[2].

Im Zeitalter der Renaissance kam zunächst in Italien die Medaille auf. Die Medaillen des 15. und 16. Jahrhunderts, die bald auch in Deutschland sehr beliebt waren, waren vorwiegend Güsse und dienten der Darstellung von Personen, nicht nur des Adels, sondern auch des gehobenen Bürgertums. Bald jedoch wurde die Möglichkeit erkannt, die Medaillen im billigeren Prägeprozeß herzustellen und als Propagandamaterial zu verwenden.

Die Gußmedaillen der Renaissance wurden zumeist aus Bronze angefertigt, aber auch gerne aus Blei; für die Prägemedaillen verwandte man neben Gold und Silber auch Buntmetall und Zinn. Die Medaillenherstellung verlagerte sich

[1] Das britische Standardwerk *Edward Hawkins, Augustus W. Franks* u. *Herbert A. Grueber*, Medallic Illustrations of the History of Great Britain and Ireland to the Death of George II., Bd. 2, London 1885 umfaßt die vier deutschen und eine britische Medaille (Nr. George II. 211-215), Tafelband dazu hrsg. vom British Museum, Department of Coins and Medals, London 1979 (= London 1904-1911), Tafel 162, während *Günther Brockmann*, Die Medaillen der Welfen, Bd. 2, Linie Lüneburg/Hannover, Köln 1987 nur die vier deutschen enthält (Nr. 886-889).

[2] Vgl. hierzu *H. Eisenlohr, B. Pinsker* u. *H. Schubert*, Kehrseiten. Politische Ereignisse im Spiegel roemischer Münzen, Wiesbaden 1991.

zumindest zum Teil von den Werkstätten niedergelassener Künstler in die obrigkeitlichen Münzstätten und damit zunehmend in den Zugriff der Staatsgewalt.

Im Gefolge des Achtzigjährigen Krieges zwischen den Niederlanden und Spanien (1568-1648) ist eine Fülle von Medaillen und „Jetons“ (Historiepenningen) entstanden, die die militärischen und politischen Ereignisse kommentierten. Die kleineren und vielfach kunstloseren Gebilde dieser Gattung werden oft „Jetons“ genannt und dienten unmittelbar der Propaganda, denn sie wurden bei bestimmten Ereignissen auch in die versammelte Menschenmenge geworfen, beispielsweise bei der Kaiserkrönung, um als eine Art metallener Zeitung zu dienen.

Die vielen kriegerischen und sonstigen Ereignisse von allgemeinem Interesse des 17. und 18. Jahrhunderts haben eine reiche Fülle von Medaillen hinterlassen. Frankreich begann zur Zeit Ludwigs XIV. mit regelrechten Suiten zur Verherrlichung der Erfolge und der Größe Frankreichs, die von seinen Nachfolgern fortgesetzt und auch von anderen europäischen Machthabern in Auftrag gegeben wurden, auch zur Lobpreisung der eigenen Dynastie. Das Zeitalter des Absolutismus hat die Medaille zur Darstellung der Herrscher und der von ihnen angestrebten Allmacht ausgiebig genutzt. Länger andauernde Kriege wie die des Kaiserhauses und seiner Verbündeten gegen die Türken haben reichen Stoff für die Medaillen, von denen viele auch topografische Darstellungen wie belagerte Festungen zeigen, geliefert. Diese Medaillen wurden nahezu alle geprägt.

Von Nutzen war hier der technische Fortschritt der Medaillenprägung. Die Spindelpresse oder der Balancier garantierte mit der Übersetzung der Energie über eine schraubenartige Spindel eine saubere und exakte Prägung des Schrötling (des Rohlings), auch wenn es nach wie vor zu dem Schlimmsten kam, das ein Stempelschneider zu befürchten hatte: dem Sprung eines oder beider Stempel beim ersten Schlag. Ursache hierfür war die noch nicht voll entwickelte Härtetechnik der Stempel aus Weicheisen, in die das Medaillenbild ja unmittelbar eingraviert wurde. Medaillen mit hohem Relief benötigten bis zur endgültigen Ausprägung mehrere Schläge. Ein weiterer technischer Fortschritt, der die Medaillenherstellung förderte und ihre Erzeugnisse ansehnlicher machte, war die Verbesserung der Rändeltechnik, die eine exakt runde oder – wenn gewünscht – ovale Medaille mit aufgestauchtem Rand garantierte[3].

[3] An dieser Stelle kann kein Überblick über die umfangreiche Literatur zur Medaillenkunde, zu der jedes Land über umfangreiche Medaillencorpora verfügt wie das erwähnte von *Hawkins* u. a. (wie Anm. 1), geliefert werden. Hinzuweisen ist dennoch zunächst auf das immer noch mit Nutzen heranzuziehende Werk von *Heinrich Bolzenthal*, Skizzen zur Kunstgeschichte der modernen Medaillenarbeit (1429-1840), Berlin 1840; ferner *Karl Domanig*, Die deutsche

Hinzu kam, daß die Medaillenprägung ein lukratives Geschäft war – sie wurden gerne gesammelt. Nicht nur der ab 1745 regierende Kaiser Franz I. war begierig auf Neuheiten auf dem Markt, sondern auch Privatleute, die Medaillen bereits vorbestellten[4].

Die Pragmatische Sanktion, die anfangs schlechte Lage Österreichs, die Wahl des Kurfürsten von Bayern zum Kaiser und der Österreichische Erbfolgekrieg haben ebenfalls reichlichen Stoff für die Medaillenprägung, die jederzeit auch zur Verhöhnung von Gegnern diente, geliefert[5].

Hierzu gehören auch die Medaillen auf den Sieg der Pragmatischen Armee bei Dettingen. Es sind insgesamt fünf verschiedene Medaillen bekannt, von denen ein Typus zwei verschiedene Vorderseiten hat. Womöglich ist die Anfertigung eines zweiten Vorderseitenstempels auf Stempelsprung zurückzuführen; auch die Rückseite zeigt Fehler. Weil der Rückseitenstempel vermutlich frühzeitig gesprungen ist, sollen nur Silberabschläge hergestellt worden sein. Es war durchaus üblich, Abschläge vom selben Stempel in verschiedenen Metallen (Gold, Silber, Kupfer, Zinn) anzufertigen – mit Rücksicht auf den Geldbeutel der Interessenten. Bemerkenswert ist, daß die Medaillen nur den britischen Titel nennen, der auch den eines Königs von Frankreich enthält, der einschließlich des französischen Lilienwappens bis in die Regierungszeit Georgs III. (1760-1820) geführt wurde. Der Titel „Verteidiger des Glaubens“ wurde Heinrich VIII. (1509-1547) vom Papst 1533 für dessen damalige Unterstützung der römischen Kirche verliehen und ist noch heute Bestandteil des britischen Königstitels. Die Taler und andere Münzen Georgs II. hingegen nennen auch seine deutschen Titel; schließlich war die welfische Linie Calenberg-Hannover, die seit 1692 die Kurwürde besaß, 1705 die Linie Lüneburg-Celle beerbt und 1719 das Herzogtum Bremen erworben hatte, einer der bedeutenderen Reichsstände, dies nicht nur wegen des politischen Ranges, sondern auch wegen ihrer ertragreichen Silbergruben im Harz.

Medaille, Wien 1907; *Lore Börner* u. *Wolfgang Steguweit*, Die Sprache der Medaille, Berlin 1990; *Joseph Kowarzik*, Über die Entwicklung der Münzen- und Medaillentechnik, in: Frankfurter Münzzeitung, 8 (1908), S. 357-364, 375-379 u. 385-393.

[4] Vgl. *Gert Hatz*, Ein numismatisches Geschenk für Kaiser Franz I., in: Numismatische Zeitschrift, 87/88 (1972), S. 132-141; *Konrad Schneider*, Die Medaillen des geistlichen Ministeriums von Hamburg, in: Beiträge zur deutschen Volks- und Altertumskunde, 22 (1983), S. 53-61.

[5] Vgl. als Beispiel *Rainer Koch* u. *Patricia Stahl*, Wahl und Krönung in Frankfurt am Main 1742-1745, Bd. 2 (Ausstellungskatalog), Frankfurt 1986, S. 28, 144-146, 235-237 u. 260-262.

Die Medaillen

1. Vorderseite: Geharnischtes belorbeertes Brustbild Georgs II. nach links.

GEORGIVS • II • D(ei) • G(ratia) • MAG(nae) • BRIT(anniae) • FR(anciae) • ET • H(iberniae) • REX • F(idei) • D(efensor) • = Georg II. von Gottes Gnaden, König von Großbritannien, Frankreich und Irland, Verteidiger des Glaubens.

Unter den Brustbild: M(artin). HANNIBAL

Rückseite: Behelmte Göttin, vermutlich Minerva (wohl nicht Mars wie bei Brockmann) mit Siegespalmzweigen in der rechten Hand, unter dem linken Fuß eine französische Fahne, mit der Linken hängt sie eine Tafel mit der Aufschrift AD /DET/TIN/GAM (= Bei Dettingen) an eine Palme[6], an deren Fuß Kriegstrophäen (Fahnen, Pauken, Geschütz) liegen, rechts daneben der ruhende Flußgott Main in Art antiker Flußgötter.

HOSTE VIRTVTE MILITVM VLTRA MOENVM REIECTO = Der Feind wurde durch die Tapferkeit der Soldaten [der Pragmatischen Armee] über den Main zurückgeworfen.

[6] Das Darstellung des Anheftens eines Siegesschildes – hier durch die Victoria – schon in der Antike üblich, hier z. B. auf der Rückseite eines Denars des Kaisers Marcus Aurelius (161-180) auf einen erfolgreichen Feldzug gegen die Parther im Jahres 166; *Eisenlohr* u. a. (wie Anm. 2), S. 68.

Unten im Abschnitt: D(ie) • XXVII • IVN(ii) • MDCCXLIII • = Am 27. Juni 1743.

Durchmesser 55 mm, Silber, 87,7 g.
*Brockmann* (wie Anm. 1), Nr. 886; *Hawkins* u. a. (wie Anm. 1), Nr. 213.

Diese Medaille mit der antikisierenden Rückseite ist sicherlich in amtlichem Auftrag entstanden. Der Graveur, Martin Hannibal (1704-1766), war von 1743 bis 1758 Stempelschneider der Münzstätte Clausthal im Harz und Sohn von Ehrenreich Hannibal (1678-1741), einem der bekanntesten Medailleure der Zeit, der viele Medaillen für Kurhannover geschaffen hat[7]. Die damals kurhannoversche Münzstätte Clausthal[8] war zu diesem Zeitpunkt bereits mit einem Balancier ausgestattet; die benachbarte in Zellerfeld erhielt erst im Jahr 1743 einen, nachdem hier bis dahin mit dem Hammer geprägt worden war[9].

[7] Vgl. *Brockmann* (wie Anm. 1), S. 345; *Ulrich Thieme* u. *Felix Becker* (Hrsg.), Allgemeines Lexikon der bildenden Künstler Bd. 15, Leipzig 1922, S. 593, dort auch Hinweis auf diese Medaille.

[8] Der Harz war im 18. Jahrhundert teils alleiniger Besitz von Kurhannover, teils diesem und Braunschweig-Wolfenbüttel gemeinsam, bis die Gemeinschaften 1788 geteilt wurden. Bis dahin gehörte Clausthal zu Hannover, dann zu Wolfenbüttel.

[9] Vgl. *Fritz Spruth*, Die Oberharzer Ausbeutetaler von Braunschweig-Lüneburg im Rahmen der Geschichte ihrer Gruben (Veröffentlichungen aus dem Bergbau-Museum Bochum, Bd. 36), Bochum 1986, S. 23-25.

2. Vorderseite: Geharnischtes belorbeertes Brustbild ohne Medailleurssignatur nach rechts.

GEORGIUS • II • D • G • MAG • BRI • FR • ET • HIB • REX • F • D.

Rückseite wie Nr. 1. Die bekannten Exemplare zeigen Fehler, die auf Beschädigungen des Rückseitenstempels schließen lassen.

Durchmesser 55 mm, Gold 139,3 g, Silber 43 bis 87,5 g; kommt auch in Zinn vor.

*Brockmann* (wie Anm. 1), Nr. 887; *Hawkins* u. a. (wie Anm. 1), Nr. 212. Die Vorderseite wird von Brockmann mit Wahrscheinlichkeit Martin Hannibal zugeschrieben.

3. Vorderseite: Geharnischtes belorbeertes Brustbild nach links.

GEORGIVS II D • G • MAGN • BRIT • FR • ET HIB • REX FID • DEF •

Unten: D(aniel) • HAESLING • F(ecit) •

Rückseite: Darstellung militärischer Einheiten in der im 18. Jahrhundert üblichen Schlachtordnung; im Vordergrund der König als Feldherr auf sprengendem Roß.

Zwischen zwei Linien: LIBERTAS FAVORE DEI ET VIRTVTE MILITIS RESTITVTA • = Die Freiheit wurde durch die Gnade Gottes und die Tapferkeit des Heeres wiederhergestellt.

Im Abschnitt: AD DETTINGAM D(ie) • XXVII/IVN(ii) • MDCCXLIII • = Bei Dettingen am 27. Juni 1743.

Durchmesser 66 mm. Gold 173,7 g, Silber 75,8 bis 146 g.
*Brockmann* (wie Anm. 1), Nr. 888; *Hawkins* u. a. (wie Anm. 1), Nr. 211.

Georg II. hat am 27. Juli 1743 seine Regierung in Hannover angewiesen, eine Gedächtnismedaille auf die Schlacht bei Dettingen mit seinem Bildnis auf der einen und der Schlacht mit der Legende „Proelium Dettingense" auf der anderen Seite prägen zu lassen[10], was möglicherweise zu dieser Medaillenprägung geführt hat.

Der Medailleur Daniel Haesling (1707-1746) war Schwede und arbeitete zunächst an der Stockholmer Münze und ging dann nach Hamburg, wo er für die dortige Münze, die zahlreiche Medaillen prägte, tätig war. Daneben arbeitete er auch für andere Auftraggeber[11]. Nebentätigkeiten dieser Art waren üblich und auch festangestellten Medailleuren gestattet. Wo die Medaille geprägt worden ist, geht aus ihr selbst nicht hervor. Es steht jedoch fest, daß

[10] Vgl. *Wolfgang Handrick*, Die Pragmatische Armee 1741 bis 1743. Eine alliierte Armee im Kalkül des Österreichischen Erbfolgekrieges (Beiträge zur Militärgeschichte, Bd. 30), München 1991, S. 209. Im Niedersächsischen Hauptstaatsarchiv Hannover befinden sich hierzu keine weiteren Unterlagen, desgleichen keine Entwurfszeichnungen; freundliche Auskunft des Niedersächsischen Hauptstaatsarchivs Hannover.

[11] Vgl. *Brockmann* (wie Anm. 1), S. 345; *Thieme/Becker* (wie Anm. 7), Bd. 15, S. 444, dort auch Hinweis auf diese Medaille.

man nur mit einer großen und intakten Spindelpresse sowie geeignetem Personal Medaillen dieser Größe und Qualität prägen konnte.

4. Vorderseite: Inmitten einer Schlachtszene der geharnischte König mit Kommandostab zu Roß in Siegerpose; die britischen Truppen (erkennbar an den Fahnen mit den drei englischen Leoparden) zu Fuß und zu Pferd schlagen die Franzosen (erkennbar an den Lilienbannern) in die Flucht.

Darüber: APPARUIT ET FUGAVIT / HOSTES IMPERII. = Er kam und schlug die Feinde des Reiches in die Flucht[12].

Im Abschnitt: EXOPTATA VICTORIA GEOR / GII II. MAG(nae): BRITT(anniae): REG(is) • / CONTRA GALL(os): 27 IUN(ii) / 1743 DETTINGÆ / OBTENTA • = Der ersehnte Sieg Georgs II., Königs von Großbritannien, gegen die Franzosen wurde bei Dettingen am 27. Juni 1743 errungen.

Auf der Bodenleiste links: C(hristian). S(chirmer).

Rückseite: Ausschnitt des Tierkreises mit der Sonne im Zeichen des Löwen (23. Juli bis 23. August) in der Mitte, die die drei französischen Lilien verdorren läßt.

[12] Diese Legende ist gewagt. Legal gewähltes Oberhaupt des Reiches war Kaiser Karl VII.

INFLUXUS IN LEONEM NUMINIS PARAT OBITUM LILIIS = Der Eintritt der Göttlichkeit (Sonne) in das (Tierkreis-) Zeichen des Löwen (Großbritannien) bedeutet für die Lilien (Frankreich) den Untergang.

Im Abschnitt als Chronogramm SIEHE ICH VVILL VBER / EVCH EINIGES VOLCK / VON FERNEN BRINGEN EIN / MAECHTIG VOLCK • / (= 1743) IEREM(ia): C 5.15 [Verkürzt zitiert] – Hinweis auf die britischen Truppen, die an der Schlacht teilgenommen haben.

Durchmesser 55 mm, Silber 51,1-58,5 g.
*Brockmann* (wie Anm. 1), Nr. 889; *Hawkins* u. a. (wie Anm. 1), Nr. 214.

Der Medailleur Christian Schirmer (1679-1751) war seit 1699 an der Königsberger Münze tätig und dort bis 1749 zeitweise Wardein, Silbereinkäufer und Münzmeister[13]. Als er diese Medaille schuf, waren Preußen und Großbritannien über ihre jeweiligen Allianzen Kriegsgegner.

5. Vorderseite: Belorbeertes Brustbild des Königs in antikisierender Darstellung nach links.

GEORGIUS SECUNDUS • DEI • GRATIA • REX. • ; auf dem Armabschnitt T(ibs).

Rückseite: Gekrönte thronende Justitia mit Schwert und Waage, den linken Fuß im Nacken einer vor ihr sitzenden weiblichen Person (Tyrannei), am Boden ein Joch, abgeschüttelte Ketten.

[13] Vgl. *Brockmann* (wie Anm. 1), S. 351; *Thieme/Becker* (wie Anm. 7), hier Bd. 30, Leipzig 1936, S. 87, dort auch Hinweis auf diese Medaille.

PARCERE • SUBIECTIS • ET • DEBELLARE • SUPERBOS = Die Unterworfenen schonen und die Hochmütigen vernichten.

Im Abschnitt: OB GALLOS VICTOS APUD DETTINGEN / PER EXER(citum): FŒD(eratum): SUB:AUSPICIO / GEO(rgii): II IUN(ii) 16 / 1743 • = Anläßlich des Sieges über die Franzosen bei Dettingen durch das verbündete Heer unter dem Oberbefehl Georgs II. am 16. Juni 1743 (= Julianischen Kalender = 27. Juni nach dem Gregorianischen). In Großbritannien fand die Kalenderreform erst 1752 statt[14].

Durchmesser 35 mm, Buntmetall, Gewicht 15 g.
Heimatmuseum Karlstein.

*Hawkins* u. a. (wie Anm. 1), Nr. 215, Tafel 162 (dort in Kupfer und geringer Erhaltung abgebildet).

Dies ist die einzige in Großbritannien geprägte seltene Medaille auf den Sieg bei Dettingen. Über den Medailleur T. Tibs, der für die Zeit von 1727 bis 1745 nachweisbar ist, sind keine Einzelheiten bekannt; seine Medaillen sind, wie das vorliegende Beispiel belegt, von minderer Qualität[15].

Die fünf hier vorgestellten Medaillen entsprechen in der Art und Propaganda völlig den Medaillen der Zeit auf derartige Anlässe. Der gefeierte Sieg wird aus den übrigen politischen und militärischen Ereignissen herausgelöst und auf pompöse Weise glorifiziert und mehr nicht. Der vertane Sieg und die verzwickte politische Situation in einem Reich, in dem viele Stände nicht wuß-

[14] Vgl. dazu *Hans-Bernd Spies*, Die doppelte Datierung der Schlacht bei Dettingen, oben S. 127-133, bes. S. 127 u. 132f.

[15] Vgl. *Hawkins* u. a. (wie Anm. 1), S. 741.

ten, ob sie dem legal gewählten Kaiser oder der traditionellen Dynastie die Treue halten sollten, bleibt hinter den Kulissen verborgen.

Die künstlerische Darstellung der Medaillenrückseiten von Hannibal und Tibs gehören trotz der deutlich erkennbaren Qualitätsunterschiede – die von Tibs ist plump und unbeholfen – zu den üblichen ihrer Zeit. Hier wird mit Hilfe antikisierter allegorischer Darstellungen das Ereignis gefeiert. Die Schlachtendarstellungen von Haesling (3) und Schirmer (4) hingegen zeigen Tiefe, letztere auch Dynamik. Sie ist durchaus zu den besseren Medaillenprägungen des 18. Jahrhunderts zu rechnen; auch die Allegorie der Rückseite mit der die Lilien verdorrenden Sonne zeigt Originalität, mag man doch eine Umkehrung der Rolle des „Sonnenkönigs" Ludwig XIV. von Frankreich auf Georg II. ableiten. Die Schlachtszene von Haesling zeigt nur die eine Seite, die die Schlacht noch in voller Aufstellung erwartet, und einen vor diesen Hintergrund gestellten König, während der von Schirmer zwar auch hervorgehoben, doch in die Lebendigkeit der Schlachtszene eingebunden ist.

**Bildnachweis**

1.-4. Copyright British Museum, London.
5. Foto Alfen GmbH, Aschaffenburg.

# Friedrich der Große und die Schlacht bei Dettingen

von Hans-Bernd Spies

Die Schlacht bei Dettingen am 27. Juni 1743[1] war ein Treffen aus einer ganzen Reihe letztendlich nicht entscheidender bewaffneter Zusammenstöße innerhalb des mehr als sieben Jahre währenden Österreichischen Erbfolgekrieges (1741-1748)[2]. Derjenige aber, der diese Auseinandersetzung am 16. Dezember 1740 mit dem Einmarsch seiner Truppen in das damals noch österreichische Schlesien begonnen hatte[3], war zu jener Zeit allerdings, jedenfalls für eine Weile, aus dem Konflikt ausgeschieden, und zwar als Sieger[4],

[1] Vgl. dazu *Wolfgang Handrick,* Die Pragmatische Armee 1741 bis 1743. Eine alliierte Armee im Kalkül des Österreichischen Erbfolgekrieges (Beiträge zur Militärgeschichte, Bd. 30), München 1991, S. 187-211 und *Jakob Jung,* Darstellung der Schlacht bei Dettingen, oben S. 22-86, dies S. 47-59.

[2] Vgl. dazu u. a. *Christa Mack,* Österreichischer Erbfolgekrieg, in: Gerhard Taddey (Hrsg.), Lexikon der deutschen Geschichte. Personen, Ereignisse, Institutionen. Von der Zeitwende bis zum Ausgang des 2. Weltkrieges, Stuttgart [2]1983, S. 920-921 und *Heinz Schilling,* Höfe und Allianzen. Deutschland 1648-1763 (Siedlers Deutsche Geschichte. Das Reich und die Deutschen), Berlin 1989, S. 287-296. Zum Ausbruch dieses Krieges vgl. auch *Peter Claus Hartmann,* Die politische und militärische Lage in Europa um 1743, oben S. 9-21, dies S. 9-14.

[3] Vgl. dazu u. a. *Schieder* (wie Anm. 5), S. 135-146, *Hans Leuschner,* Friedrich der Große. Zeit – Person – Wirkung, Gütersloh 1986, S. 15 u. 155 und *Schilling* (wie Anm. 2), S. 287 f. Dieser Erste Schlesische Krieg (1740-1742) weitete sich durch Preußens Bündnisvertrag mit Frankreich und Annäherung an Bayern zum Österreichischen Erbfolgekrieg aus; vgl. u. a. *Christa Mack,* Schlesische Kriege, in: Taddey (wie Anm. 2), S. 1107-1108, *Leuschner,* S. 154 f. und *Schilling,* S. 290. Zur Eroberung und zum Hineinwachsen Schlesiens in den preußischen Staat vgl. *Peter Baumgart,* Die Annexion und Eingliederung Schlesiens in den friderizianischen Staat, in: ders. (Hrsg.), Expansion und Integration. Zur Eingliederung neugewonnener Gebiete in den preußischen Staat (Neue Forschungen zur brandenburg-preußischen Geschichte, Bd. 5), Köln/Wien 1984, S. 81-118, zur Eroberung S. 83-90.

[4] Im Präliminarfrieden von Breslau vom 11. Juni 1742, der durch den eigentlichen Frieden von Berlin vom 28. Juli 1742 bestätigt wurde, erhielt Preußen ganz Nieder-, den größten Teil Oberschlesiens sowie die Grafschaft Glatz aus der habsburgischen Erbmasse und schied für etwa zwei Jahre aus dem Österreichischen Erbfolgekrieg aus; vgl. *F[riedrich] W[ilhelm] Ghillany,* Europäische Chronik von 1492 bis Ende April 1865. Mit besonderer Berücksichtigung der Friedensverträge, deren wichtigste Paragraphen nach dem Wortlaut in der Grundsprache der Friedensinstrumente eingeführt werden. Ein Handbuch für Freunde der Politik und Geschichte, Bd. 1, Leipzig 1865, S. 263-266; vgl. auch *Schieder* (wie Anm. 5), S. 154 ff. Erst im Zweiten Schlesischen Krieg (1744-1745) griff Preußen wieder in den Österreichischen Erbfolgekrieg ein; vgl. *Mack,* Kriege (wie Anm. 3), S. 1108, *Schieder* (wie Anm. 5), S. 158-167 und *Leuschner* (wie Anm. 3), S. 155 f.

nämlich der preußische König Friedrich II.[5], den schon seine Zeitgenossen Friedrich den Großen nannten[6].

Als Friedrich II. in dem etwa 20 km nördlich von Neuruppin in der Mark Brandenburg gelegenen Schloß Rheinsberg, wo er von 1736 bis zum Ende seiner Kronprinzenzeit gelebt hatte[7], am 3. Juli 1743 die Nachricht vom Ausgang der Schlacht bei Dettingen erhielt, in der die hauptsächlich aus britischen, hannoverischen und österreichischen Truppen bestehende Pragmatische Armee[8] unter König Georg II. von Großbritannien[9], seinem Onkel, eine zahlenmäßig überlegene französische unter Marschall Noailles[10] besiegt hatte, war er darob

[5] Zu diesem (1712-1786), 1740-1786 preußischer König (zunächst König in Preußen, ab 13. September 1772 König von Preußen), vgl. zunächst *Theodor Schieder,* Friedrich der Große. Ein Königtum der Widersprüche, Frankfurt am Main/Berlin/Wien 1983, wo die ältere Literatur angegeben ist, außerdem u. a.: *Jürgen Ziechmann,* Biographie Friedrich des Großen, in: ders. (Hrsg.), Panorama der Fridericianischen Zeit. Friedrich der Große und seine Epoche. Ein Handbuch (Forschungen und Studien zur Fridericianischen Zeit, Bd. 1), Oldenburg 1985, S. 923-930, *Leuschner* (wie Anm. 3), S. 7-45, *Peter Baumgart,* Friedrich der Große als europäische Gestalt, in: Johannes Kunisch (Hrsg.), Analecta Fridericiana (Zeitschrift für Historische Forschung, Beiheft 4), Berlin 1987, S. 9-31 und *Johannes Kunisch,* Friedrich der Große, ebd., S. 33-54. Zu seinem Verhältnis zu Krieg und Frieden vgl. *Ingrid Mittenzwei,* Krieg und Frieden im Denken Friedrich II., in: Jürgen Ziechmann (Hrsg.), Fridericianische Miniaturen, Bd. 2 (Forschungen und Studien zur Fridericianischen Zeit, Bd. 3), Oldenburg 1991, S. 71-88 u. 258-264.

[6] Dazu grundlegend *Schieder* (wie Anm. 5), S. 473-491; vgl. auch *Baumgart,* Friedrich (wie Anm. 5), S. 31.

[7] Vgl. *Schieder* (wie Anm. 5), S. 45-50 und *Leuschner* (wie Anm. 3), S. 146 f.

[8] Zu dieser sei generell verwiesen auf die Arbeit von *Handrick* (wie Anm. 1).

[9] Georg II. (1683-1760) war 1727-1760 König von Großbritannien und Irland sowie Herzog von Braunschweig-Lüneburg und in letzterer Eigenschaft zugleich Kurfürst des Heiligen Römischen Reiches Deutscher Nation. Braunschweig-Lüneburg hatte 1692 die neunte Kurwürde erhalten, daher wurde im Laufe der Zeit für das Herzogtum die staatsrechtlich unrichtige Bezeichnung Kurhannover üblich, und entsprechend wurden auch seine Truppen als Hannoveraner bezeichnet. Georg II. war als Bruder der Mutter Friederichs II. dessen direkter Onkel. Zum Vorgenannten vgl. *Georg Schnath,* Georg II. von Hannover, in: Neue Deutsche Biographie, Bd. 6, Berlin 1964, S. 212, *ders., Hermann Lübbing* u. *Franz Engel,* Niedersachsen, in: Georg-Wilhelm Sante (Hrsg.), Geschichte der Deutschen Länder. „Territorien-Ploetz", Bd. 1, Würzburg 1964, S. 347-380, dies S. 368 ff. und *Otto Graf zu Stolberg-Wernigerode,* Friedrich II. von Preußen, in: Neue Deutsche Biographie, Bd. 5, Berlin 1961, S. 545-558, dies S. 545.

[10] Adrien Maurice Duc de Noailles (1678-1766), Marschall von Frankreich, Oberbefehlshaber der französischen Armee in der Schlacht bei Dettingen; vgl. *P[aul] Louisy,* Adrien-Maurice, Duc de Noailles, in: Nouvelle Biographie Générale depuis les temps les plus reculés jusqu'à nos jours, avec les renseignements bibliographiques et l'indication des sources à consulter, Bd. 38, Paris 1862, Sp. 122-131 und *Handrick* (wie Anm. 1), S. 348.

Friedrich der Große im Alter von 34 Jahren, Gemälde von Antoine Pesne (1683-1757), Schloß Augustusburg bei Brühl (Vorlage: *Karl Otmar von Aretin,* Friedrich der Große. Größe und Grenzen des Preußenkönigs. Bilder und Gegenbilder, Freiburg/Basel/Wien 1985, S. 49).

sehr verärgert. Noch am selben Tag schrieb er seinem Außenminister Podewils[11] nach Berlin[12]:

> „Ich bin schwer gekränkt über die Nachrichten, die ich Ihnen schicke und die ich aus Hannover erhalten habe; Sie ersehen daraus, daß mein Onkel – der Teufel soll ihn holen – die Schlacht gegen die Franzosen gewonnen hat; ich halte mich keineswegs damit auf, das erbärmliche Verhalten der Franzosen zu tadeln, ich berücksichtige nur die Folgen dieses Sieges, und ich möchte Ihnen verdeutlichen, was sie meiner Meinung nach schlimmstenfalls bringen können."

[11] Heinrich Graf (seit 1741) von Podewils (1695-1760) war 1720 in den preußischen Staatsdienst getreten und hatte 1730 den für auswärtige Angelegenheiten zuständigen Platz im Kabinett erhalten, den er, zuletzt gesundheitlich angeschlagen und mit abnehmendem Einfluß, bis zu seinem Tod behielt; vgl. *[Reinhold] Koser,* Graf Heinrich von Podewils, in: Allgemeine Deutsche Biographie, Bd. 26, Leipzig 1888, S. 344-351 und *Leuschner* (wie Anm. 3), S. 128f.

[12] Politische Correspondenz Friedrich's des Großen, Bd. 2: 1742-1743, Berlin 1879, S. 380f.:

„Rheinsberg, 3 juillet 1743.

Mon cher Podewils. Je suis bien mortifié des nouvelles que je vous envoie et que je viens de recevoir d'Hanovre; vous y verrez la bataille que monsieur mon oncle – que le diable veuille emporter – vient de remporter sur les Français; je ne m'amuse point à critiquer la conduite pitoyable des Français, je ne m'arrête qu'aux suites de cette victoire, et, pour prendre toutes les choses au pis, je vais vous marquer ce que je crois qu'elles pourront produire.

Premièrement, la supériorité complète du roi d'Angleterre et de la reine de Hongrie dans les affaires de l'Empire. En second lieu, l'élection du duc de Lorraine comme roi des Romains. En troisième lieu, une ligue qui ne nous sera point avantageuse, entre l'Angleterre, l'Autrichien, le Saxon, le Danois et le Russe. Vous me direz que le Danemark et la Russie n'entreront pas ensemble en alliance avec l'Angleterre, mais cela se pourrait pourtant. Ensuite, par la paix générale, il est à craindre que l'on nous veuille faire encore quelque rabais de notre conquête. Ce sont tous des points sur lesquels il faut réfléchir, s'arranger aux uns et prévenir les autres.

Je veux envoyer Finck à présent au roi d'Angleterre, pour qu'il soit au guet sur ce qui se passe en fait de traités; qu'il fasse des insinuations favorables aux intérêts de l'Empereur, et que dans son instruction le principal point roule sur l'attention aux propositions de paix qui, selon toutes les apparences, doivent se faire dans peu.

Les événements de cette année ne nous rient point; il faut espérer qu' un autre temps viendra où nous aurons notre tour. J'avoue que j'ai assez prévu ce qui est arrivé jusqu'à présent en Europe, mais je n'étais point préparé à ce coup ici: enfin, il faut se préparer à tout et prendre de si bonnes mesures que l'on soit à temps informé de la moindre bagatelle qui pourrait se tramer contre moi. Quand même la paix se ferait avec l'Empereur, je ne crois point que la paix avec la France soit si prochaine; ainsi, nous aurons toujours le temps de nous arranger et de nous préparer à tout événement.

Ecrivez-moi une longue, longue lettre, avec toutes vos réflexions, et mettez tout au pire.

Je pars demain pour Stettin. Adieu. Federic".

Friedrich II. führte Podewils gegenüber folgende vier Punkte auf:

1. Die vollständige Überlegenheit des Königs von Großbritannien und der Königin von Ungarn[13] in allen Reichsangelegenheiten.
2. Die Wahl des Herzogs von Lothringen[14] zum römischen König.
3. Ein für Preußen keineswegs günstiges Bündnis zwischen Großbritannien, Österreich, Sachsen, Dänemark und Rußland.
4. Bei einem allgemeinen Frieden wird man Preußens Eroberungsgewinn zu schmälern versuchen.

Friedrich II. teilte Podewils außerdem mit, daß er den Grafen Finck von Finckenstein[15] zu Georg II. senden wolle. Hinsichtlich der dem Grafen zu erteilenden Instruktion ließ Friedrich seinem Minister am gleichen Tag durch seinen Kabinettssekretär Eichel[16] ausrichten[17]:

> „Dass der Graf von Finckenstein ohne Zeitverlust von Berlin abgehen[18] und seinen Weg nicht sowohl auf Hannover nehmen, (weil Se. Königl.

[13] Maria Theresia Erzherzogin von Österreich (1717-1780) führte seit 1740 als höchste Titel die einer Königin von Ungarn und Böhmen, als Ehefrau des 1745 gewählten und gekrönten römisch-deutschen Kaisers (vgl. Anm. 14) war sie seitdem auch Kaiserin; vgl. *Grete Klingenstein,* Maria Theresia, Kaiserin, in: Brigitte Hamann (Hrsg.), Die Habsburger. Ein biographisches Lexikon, München 1988, S. 340-344 und *Adam Wandruszka,* Maria Theresia, Kaiserin, in: Neue Deutsche Biographie, Bd. 16, Berlin 1990, S. 176-180.

[14] Herzog Franz von Lothringen (1708-1765) hatte 1736 Maria Theresia Erzherzogin von Österreich (vgl. Anm. 13) geheiratet, er war 1729-1736 Herzog von Lothringen, auf das er verzichten mußte, 1737 erhielt er als Ersatz das Großherzogtum Toskana, 1745 wurde er – auch mit der Stimme des preußischen Königs Friedrich II., der als Markgraf von Brandenburg auch Kurfürst des Heiligen Römischen Reiches Deutscher Nation war – am 13. September zum römisch-deutschen Kaiser gewählt und am 4. Oktober in Frankfurt am Main gekrönt; vgl. *Heinrich Benedikt,* Franz I., Kaiser, in: Neue Deutsche Biographie, Bd. 8, Berlin 1961, S. 358, *Brigitte Hamann,* Franz I. Stefan, Kaiser, in: dies. (wie Anm. 13), S. 126-130 und *Alois Schmid,* Franz I. und Maria Theresia. 1745-1765, in: Anton Schindling u. Walter Ziegler (Hrsg.), Die Kaiser der Neuzeit. 1519-1918. Heiliges Römisches Reich, Österreich, Deutschland, München 1990, S. 232-248 u. 488-490.

[15] Karl Wilhelm Graf Finck von Finckenstein (1714-1800) war 1740-1742 preußischer Gesandter am dänischen Hof in Kopenhagen gewesen und sollte 1749 Kabinettsminister werden; vgl. *Lothar Graf zu Dohna,* Karl Wilhelm Graf Finck von Finckenstein, in: Neue Deutsche Biographie, Bd. 5, Berlin 1961, S. 152-154.

[16] August Friedrich Eichel (1698-1768), Vertrauter Friedrichs des Großen; vgl. *Johannes Schultze,* August Friedrich Eichel, in: Neue Deutsche Biographie, Bd. 4, Berlin 1959, Bd. 368-369.

[17] Politische Correspondenz (wie Anm. 12), Bd. 2, S. 382.

[18] Er verließ Berlin am 8. Juli und überreichte Georg II. am 15. Juli sein Beglaubigungsschreiben, seine letzte Audienz beim britischen König hatte der preußische Legationsrat am 11. November 1743; vgl. Repertorium der diplomatischen Vertreter aller Länder seit dem Westfälischen Frieden (1648), Bd. 2, hrsg. v. Friedrich Hausmann, Zürich 1950, S. 297 und ebd.

Majestät besorgen, dass, wofern er sich von Hannover aus bei dem König von Engelland meldete, ihm die Antwort werden möchte, dass er gleich andern Gesandten des Königs Retour nach Hannover abwarten möchte) sondern lieber gerades Weges auf Frankfurt gehen und sich durch Mylord Carteret[19] bei dem König melden lassen sollte.
Dem König von Engelland sollte er viel Complimente und Freundschaftsbezeugungen von wegen Sr. Königl. Majestät machen, ihm auch de bouche, aber nicht schriftlich, unter anderm wegen der erhaltenen Avantage über die Franzosen gratuliren.
Seine Commission sollte sein, den König von Engelland convenablement zu ersuchen, den Kaiser[20] nicht ganz zu abandonniren und dessen Interesse, so weit es möglich, zu Herzen zu nehmen, da er doch einmal ein erwählter Chef des Reiches wäre. Sollte man fragen, was vor Propositions der Kaiser hätte oder man seinetwegen zu thun vermeinete, so sollte der Graf von Finckenstein nur zu verstehen geben, dass in der Situation, worin der Kaiser stünde, von ihm wohl keine Propositions zu gewärtigen wären, sondern er solche vielmehr würde annehmen müssen, worüber des Königs von Engelland Majestät sich mit Sr. Königl. Majestät hoffentlich vertraulich communiciren würden etc.
Sonsten sollte der Graf von Finckenstein nur gleich und ohne Equipage fortgehen, als die er vor der Hand nicht brauchte, sondern allenfalls nachkommen lassen könnte."

19 John Baron Carteret (1690-1763), seit 1711 Mitglied im House of Lords, 1742-1744 (stellvertretender) britischer Außenminister, ab 1744 Earl Granville; vgl. The Dictionary of National Biography. The Concise Dictionary, Bd. 1: From the Beginnings to 1900, Oxford 1969, S. 210. Der Titel ‚Lord' (bzw. die Anrede ‚Mylord') war und ist einerseits der der Mitglieder des britischen Oberhauses (House of Lords) und andererseits die weniger förmliche Alternative zum vollen Titel, „whether held by right or by courtesy, of marquess, earl or viscount, and is always so used in the case of a baron (particularly in the peerage of Scotland where it remains the only correct usage at all times). Where the name is territorial the ‚of' is dropped, but ‚the marquess of A.,' but ‚Lord A.' The younger sons of dukes and marquesses have, by courtesy, the title of lord prefixed to the Christian and surname"; vgl. *Stanley Burke-Roche Poole*, Lord, in: Encyclopædia Britannica, Bd. 14, Chicago/London/Toronto/Geneva/Sydney/Tokyo/Manila 1971, S. 308.

20 Nachdem gut 302 Jahre lang ununterbrochen Mitglieder des Hauses Habsburg Reichsoberhäupter gewesen waren, war am 24. Januar 1742 in Frankfurt am Main ein Wittelsbacher, Herzog Karl Albrecht von Bayern, Kurfürst des Heiligen Römischen Reiches Deutscher Nation, zum römisch-deutschen Kaiser gewählt worden (Krönung: 12. Februar 1742), als solcher nannte er sich Karl VII.; zu diesem (1697-1745), 1726-1745 Herzog von Bayern und Kurfürst, 1742-1745 Kaiser, vgl. *Peter Claus Hartmann*, Karl Albrecht – Karl VII. Glücklicher Kurfürst, unglücklicher Kaiser, Regensburg 1985 und *Alois Schmid*, Karl VII. 1742-1745, in: Schindling/Ziegler (wie Anm. 14), S. 215-231 u. 487-488.

Friedrich II. sah als Folge der französischen Niederlage gegen die Pragmatische Armee bei Dettingen eine wenig erfreuliche Lage für Preußen, vor allem aber eine äußerst ungünstige für Kaiser Karl VII. entstehen, der es durch diplomatisches Handeln entgegenzuwirken galt. Doch die Mission des Grafen Finck von Finckenstein in das Hauptquartier Georgs II. in Hanau sollte sich als erfolglos erweisen, da er nicht zu den entscheidenden, wenngleich letztendlich scheiternden Verhandlungen der Kriegsparteien zugelassen wurde[21].

Gegenüber dem französischen Schriftsteller und Philosophen Voltaire[22] äußerte sich der preußische König, ebenfalls am 3. Juli, im Nachsatz eines Briefes recht empört[23]:

> „Ihr Franzosen laßt Euch schlagen wie Feiglinge, ich kenne dieses Volk nicht mehr, die Sinnenlust hat es verweichlicht, das ist Hannibal beim Verlassen Capuas[24]."

An Generalmajor Rothenburg[25] schrieb Friedrich II. am gleichen Tag, noch in Rheinsberg, aber schon auf dem Weg nach Stettin, nicht minder verärgert[26]:

[21] Zu den verschiedenen Verhandlungen nach der Schlacht bei Dettingen vgl. *Handrick* (wie Anm. 1), S. 214-230.

[22] Zu Voltaire (eigentlich: François Marie Arouet, 1694-1778) vgl. *Eugène Asse*, François-Marie Arouet de Voltaire, in: Nouvelle Biographie Général (wie Anm. 10), Bd. 46, Paris 1866, Sp. 363-448, *Theodore Besterman*, Voltaire, London/New York 1969 und *Leuschner* (wie Anm. 3), S. 191 ff.

[23] Druck: *Voltaire*, The Complete Works, Bd. 92: Correspondence and related documents, hrsg. v. Theodore Besterman, Bd. 8, Genève 1970, S. 385 f., Zitat S. 385: „Vos Français se laisent battre Come des Lâches, je ne reconois plus Cette Nation, la Volupté L'a amolie, c'est Hanibal au sortir De Capoûe." In seiner Antwort vom 13. Juli 1743 (ebd., S. 390 f., Zitat S. 390) verteidigte Voltaire die Franzosen, indem er Beispiele ihrer Tapferkeit aufführte: „Mais, sire, [. . .] malgré la faute faite à Dettingen, il paraît que les Français n'ont pas manqué de courage; les seuls mousquetaires, au nombre de deux cent cinquante, ont percé cinq lignes Anglais, et n'ont guère cédé qu'en mourant; la grande quantité de notre noblesse tuée ou blessée est une preuve de valeur assez incontestable. Que ne ferait point cette nation si elle était commandée par un prince tel que vous!"

[24] Der karthagische Feldherr und Staatsmann Hannibal (247/246-183) hatte im Zweiten Punischen Krieg (218-201) die Römer bei Cannae geschlagen, worauf mehrere Bundesgenossen Roms im Süden Italiens, darunter auch das antike Capua (heute: Santa Maria Capua Vetere, 4 km südöstlich des heutigen Capua), zu ihm übergingen, das die Römer 211, nach Hannibals mißglücktem Vorstoß – zur Entlastung der von den Römern belagerten Stadt – auf Rom, zurückeroberten; vgl. *Alfred Heuß*, Römische Geschichte, Braunschweig ²1964, S. 76-94 und *Hans Volkmann*, Hannibal, in: Der Kleine Pauly. Lexikon der Antike, hrsg. v. Konrat Ziegler u. Walter Sontheimer, Bd. 2, Stuttgart 1967, Sp. 938-939.

[25] Friedrich Rudolf Graf von Rothenburg (1710-1751) war 1741 zum Generalmajor befördert worden und wurde 1745 Generalleutnant; vgl. *Leuschner* (wie Anm. 3), S. 149.

[26] Druck: Politische Correspondenz (wie Anm. 12), Bd. 2, S. 381 f., Zitat S. 381: „Mon cher Rothenburg. Non, je ne veux plus entendre nommer le nom français; non, je ne veux plus que

„Mein lieber Rothenburg. Ich will nicht länger den Namen Franzose hören; nein, ich will nicht mehr, daß man mir von ihren Truppen und ihren Generälen erzählt. Noailles[27] ist geschlagen. Von wem? Von Leuten, die nicht einmal eine Anordnung treffen können und die dabei keine gemacht haben. Ich erzähle Ihnen nicht länger davon, und ich kann nichts mehr darüber sagen."

In Stettin erfuhr der preußische König drei Tage später (6. Juli), daß der Sieg der Pragmatischen Armee bei Dettingen doch nicht so überragend gewesen war, wie es nach den ersten Berichten den Anschein gehabt hatte[28]. Daraufhin äußerte sich Friedrich II., der inzwischen nach Potsdam zurückgekehrt war, am 13. Juli in einem an den sich weiterhin in Aachen aufhaltenden Generalmajor Rothenburg gerichteten Schreiben folgendermaßen[29]:

„Mein lieber Rothenburg. Da haber wir viel Lärm um nichts und viele unnötig Gefallene, wie Sie es sehr richtig sagen. Dieser so herausposaunte Sieg des Königs von England beschränkt sich auf ein einziges Schlachtfeld, das er behauptet hat, und auf gleichen Verlust auf beiden Seiten."

Die anfängliche Verärgerung und auch – was die daraus für Preußen zu erwartenden Folgen anging – Sorge über einen vermeintlich großen Sieg der Pragmatischen Armee waren bei Friedrich II. aufgrund der neuen Nachrichten der Erkenntnis gewichen, daß die Schlacht bei Dettingen keineswegs eine entscheidende, sondern vielmehr ein in seinen Auswirkungen auf die große Politik unbedeutendes Treffen gewesen war, das lediglich sinnlose Opfer gefordert hatte. Für den preußischen König zeigte sich die Schlacht bei Dettingen angesichts des übertriebenen Jubels Georgs II. einerseits und der Toten und Verwundeten andererseits nun eher als Szene einer Tragikomödie.

l'on me parle de leurs troupes et de leurs généraux. Noailles est battu. Par qui? Par des gens qui ne savent pas faire une disposition, et qui n'en ont fait aucune. Je ne vous en dis pas davantage, et je ne saurais en dire plus."

[27] Siehe Anm. 10.

[28] Vgl. Politische Correspondenz (wie Anm. 12), Bd. 2, S. 383.

[29] Druck: ebd., S. 385: „Mon cher Rothenburg. Voilà bien du bruit pour peu de chose, et bien des gens tués inutilement, comme vous le dites très bien. Cette victoire tant criée du roi d'Angleterre se réduit au seul champ de bataille, qu'il a maintenu, et perte égale des deux côtés." Vgl. auch den Anfang des Schreibens Friedrichs II. aus Potsdam am 11. Juli 1743 an Generalfeldmarschall Samuel Graf von Schmettau – zu diesem (1684-1751) vgl. *B. Poten*, Samuel Graf v. Schmettau, in: Allgemeine Deutsche Biographie, Bd. 31, Leipzig 1890, S. 644-647 –, Politische Correspondenz (wie Anm. 12), Bd. 2, S. 384: „Je vous suis obligé des nouvelles que vous me mandez par votre lettre du 6 de ce mois au sujet du combat qu'il y a eu près de Dettingen, qui ne causera guère du changement dans les grandes affaires."

Nach diesen in unmittelbarem zeitlichem Zusammenhang mit ihr stehenden Äußerungen nun zur Darstellung der Schlacht bei Dettingen durch Friedrich den Großen[30] in seiner 1775 in die endgültige Fassung gebrachten Geschichte seiner Zeit[31], die auch schon für die erste lokalgeschichtliche Arbeit über dieses Ereignis herangezogen wurde[32]. Im Anschluß an die Beschreibung der politischen und militärischen Lage Europas im Jahre 1743 heißt es[33]:

> „Lord Stair[34], der bei Höchst stand, wagte es, den Main zu überschreiten. Die wachsamen Franzosen nötigten ihn sogleich, in seine erste Stellung zurückzugehen. Nach diesem Schülerstreich fürchtete der König von England[35] von dem allzu hitzigen Temperament seines Generals noch größere Unvorsichtigkeiten und beeilte sich, den Oberbefehl seiner

[30] Nachdem Voltaire ihn im Sommer 1742 schon einmal so genannt hatte, wurde die Bezeichnung ‚Friedrich der Große' nach dem Ende des Zweiten Schlesischen Krieges (vgl. Anm. 4) ab 1745 allgemein üblich; vgl. *Schieder* (wie Anm. 5), S. 377 f.

[31] 1742/43 hatte Friedrich II. eine Geschichte des Ersten Schlesischen Krieges geschrieben, 1746 eine solche des Zweiten Schlesischen Krieges und die des ersten überarbeitet, 1775 überarbeitete er beide Teile und vereinigte sie unter dem neuen Titel „Histoire de mon temps" (Geschichte meiner Zeit); zur Chronologie der verschiedenen Fassungen vgl. *Jürgen Ziechmann*, Geschichtswissenschaft, in: ders. (Hrsg.), Panorama (wie Anm. 5), S. 84-93, dies S. 91 f.

[32] *Joh[ann] Wilh[elm] Christ[ian] Steiner*, Geschichte und Topographie des Freigerichts Wilmundsheim vor dem Berge oder Freigerichts Alzenau, bei Gelnhausen und Seligenstadt. Geschichte der Herrschaft Geiselbach, als Beitrag zur Geschichte der ehemaligen Abtei Seligenstadt. Beschreibung der Schlacht bei Dettingen am 27ten Juni 1743, mit einem Plane, Aschaffenburg 1820, S. 215-235, Hinweise auf die entsprechende Darstellung Friedrichs des Großen ebd., S. 230 f. u. 234; leicht veränderter separater Neudruck: *ders.*, Beschreibung der Schlacht bei Dettingen am Main (27. Juni 1743.) mit einem von einem Augenzeugen entworfenen Plane derselben, Darmstadt 1834, S. 19 f. u. 23. Zu Steiner (1785-1870) vgl. *Jakob Jung*, Johann Wilhelm Christian Steiner, der erste Geschichtsschreiber des Kahlgrunds, in: Unser Kahlgrund. Heimatjahrbuch für den ehemaligen Landkreis Alzenau 37 (1992), S. 145-148.

[33] Die Werke Friedrichs des Großen, hrsg. v. Gustav Berthold Volz, deutsch v. Friedrich v. Oppeln-Bronikowski, Bd. 2: Geschichte meiner Zeit, Berlin 1913, S. 140-143; die Wiedergabe wurde in folgenden Punkten verändert: 1. Am Schluß des ersten Absatzes wurde das vom Übersetzer hinzugefügte Datum der Schlacht gestrichen. 2. Am Anfang des zweiten Absatzes wurde „an den Mainufern" verbessert zu „mainaufwärts". 3. Am Schluß des zweiten Absatzes wurde „Rhein" durch „Main" – wie auch richtig in der französischen Fassung – ersetzt. – Französische Originalfassung: Oeuvres historiques de Frédéric II Roi de Prusse, Bd. 3 (Oeuvres de Frédéric le Grand, Bd. 3, hrsg. v. J. D. E. Preuß), Berlin 1846, S. 11-16:
„Le lord Stair, qui était à Höchst, risqua de passer le Main; les Français, qui l'épiaient, l'obligè-

[34] John Dalrymple Earl of Stair (1673-1747), britischer Feldmarschall (seit 1742) und Diplomat – Gesandter u. a. in Dresden (1709), Paris (1715-1720) und in Den Haag (1742-1743) –, 1742-1743 Oberbefehlshaber der Pragmatischen Armee; vgl. Dictionary (wie Anm. 19), Bd. 1, S. 314 u. 1470. Zum Titel ‚Lord' siehe Schluß von Anm. 19.

[35] Siehe Anm. 9.

Truppen selbst zu übernehmen. Das Heer bestand aus 17 000 Engländern, 16 000 Hannoveranern und 10 000 Österreichern, insgesamt also aus 43 000 Streitern; 6000 Hessen und einige hannöversche Regimenter waren noch im Anmarsche. Lord Stair war so leichtsinnig vorgegangen, daß es seinen Leuten an Brot und seinen Pferden an Futter mangelte. Um dem Notstand abzuhelfen, verlegte der König das Lager nach Aschaffenburg. Das genügte aber nicht, um die Nachlässigkeit in der Verproviantierung gutzumachen. Am Rhein konnte der König Proviant finden; da er sich aber von ihm entfernte, so kam er mehr als zuvor in Verlegenheit.

rent d'abord à reprendre sa première position. Ce pas de clerc fit appréhender au roi d'Angleterre que son général, trop fougueux par tempérament, ne commît quelque imprudence plus forte, et il se hâta de prendre lui-même le commandement de ses troupes. Ce corps était composé de dix-sept mille Anglais, seize mille Hanovriens et dix mille Autrichiens, ce qui faisait le nombre de quarante-trois mille combattants; six mille Hessois et quelques régiments hanovriens étaient encore en marche pour le joindre. Le lord Stair avait agi avec si peu de prudence, que ses soldats manquaient de pain, et ses chevaux, de fourrage. Pour subvenir à cet inconvénient, le Roi vint se camper auprès d'Aschaffenbourg; mais ce remède ne suffit pas pour obvier à la négligence qu'on avait eue de ne pas amasser assez de vivres. Le Rhin pouvait fournir des secours; et le Roi, s'éloignant de cette rivière, se trouva plus resserré qu'auparavant par le Main et par les Français qui gardaient l'autre bord, et sur ses derrières par les montagnes arides du Spessart: il ne s'aperçut que trop tôt de sa faute. Le maréchal de Noailles affama le monarque anglais dans son camp; et comme il prévit que celui-ci ne pouvait y rester que peu de jours, Noailles conçut un dessein digne du plus grand capitaine: il prit Dettingen, et fit construire deux ponts sur le Main, et préparer à côté des gués pour sa cavalerie. Toutes ces choses s'exécutèrent sans que le roi d'Angleterre en eût vent: c'était le prélude de la bataille qui devait se donner bientôt.
Pour en avoir une idée précise, il est bon de savoir que l'armée anglaise, affamée vers les sources du Main, ne pouvait trouver des subsistances qu'en prenant le chemin de Hanau. Sa gauche, longeant toujours le Main au sortir des ces monticules, traversait la petite plaine de Dettingen. M. de Noailles, en connaissance de cause, tenait un détachement tout prêt pour occuper Aschaffenbourg au moment où les Anglais en sortiraient. Il avait fait dresser tout le long du Main des batteries masquées, dont il pouvait tirer à bout portant sur les colonnes des alliés en marche; la plus forte partie de son armée devait passer le Main, pour se ranger derrière un ruisseau qui du Spessart coule devant ce front, et va se jeter dans le Main: ces troupes coupaient précisément le chemin de Hanau. Le roi d'Angleterre trouvait donc à ce débouché une armée en face et des batteries en flanc. Si le maréchal de Noailles avait aussi exactement exécuté ce projet qu'il l'avait conçu avec sagesse, le roi d'Angleterre aurait été forcé, ou d'attaquer l'armée française dans un poste très-avantageux, pour s'ouvrir l'épée à la main le passage à Hanau, ou bien de se retirer par les déserts du Spessart, où ses troupes se seraient infailliblement débandées, faute de subsistances. La faim chassa les Anglais d'Aschaffenbourg, comme Noailles l'avait prévu. Les troupes, qui avaient campé par corps, ne marchaient point par colonnes, mais se suivaient par distances: premièriement les Hanovriens, puis les Anglais et enfin les Autrichiens. Le Roi était dans son carrosse auprès des troupes de Hanovre; on l'avertit pendant la marche que son avant-garde était attaquée par un gros de cavalerie française, et, bientôt après, que toute l'armée française avait passé le Main et se trouvait en bataille vis-à-vis de lui. Le Roi monte à cheval, il veut voir par lui-même: voilà la canonnade des Français qui commence; son cheval prend l'épouvante, et allait

Vor sich hatte er den Main und auf dem jenseitigen Ufer die Franzosen, im Rücken die unfruchtbaren Berghöhen des Spessart. Nur zu bald erkannte er seinen Fehler. Marschall Noailles[36] hungerte den König von England in seinem Lager aus, und da er voraussah, daß der König sich nur wenige Tage würde halten können, so begann er eine Operation, die des größten Feldherrn würdig gewesen wäre. Er nahm Dettingen ein, ließ zwei Brücken über den Main schlagen und daneben Furten für die Kavallerie herrichten. Das alles geschah, ohne daß der König von England davon Wind bekam. Es war das Vorspiel zu der kommenden Schlacht.

l'emporter au milieu des ennemis, si un écuyer ne se fût jeté en avant pour l'arrêter. George renvoya le cheval, et combattit à pied à la tête d'un de ses bataillons anglais. Les troupes avaient un petit bouquet des bois à passer; ce qui leur donna le temps d'avertir les autres corps du danger qui les menaçait. Le duc d'Aremberg et M. de Neipperg accoururent avec leurs Autrichiens, et formèrent leur armée vis-à-vis de celle des Français aussi bien que les circonstances le leur purent permettre. Ce champ de bataille n'ayant que douze cents pas de front, obligea les alliés à se mettre sur sept ou huit lignes. Les Français ne leur laissèrent pas le temps de finir tranquillement leur disposition; la maison du Roi les attaqua, perça par quatre lignes des cavalerie, renversa tout ce qu'elle rencontra, et fit des prodiges de valeur: elle aurait peut-être remporté l'honneur de cette journée, si elle n'avait pas sans cesse trouvé de nouvelles lignes à combattre. Ces attaques réitérées l'ayant mise en désordre, le régiment de Styrum autrichien s'en aperçut, et la fit reculer à son tour. Cela n'aurait pas fait perdre la bataille aux Français: la véritable cause ne doit s'attribuer qu'au mouvement imprudent de M. de Harcourt e de M. de Grammont. Ils étaient à la droite de l'armée avec la brigade des gardes françaises; ils quittent leur poste sans ordre, et s'avisent de vouloir prendre en flanc la gauche des alliés, qui tirait vers le Main: par cette manœuvre ils empêchèrent leurs batteries, qui étaient au delà du Main, et qui incommodaient beaucoup les alliés, de tirer. Les gardes françaises ne soutinrent pas la première décharge des Autrichiens: elles prirent la fuite d'une manière honteuse, et se précipitèrent dans le Main, où elles se noyèrent; d'autres portèrent le découragement et l'épouvante dans le reste de l'armée. Le prince Louis de Brunswic, qui servait dans les troupes autrichiennes, eut toutes les peines à persuader au roi d'Angleterre de faire avancer les Anglais; ce furent cependant eux qui décidèrent les Français à la retraite et à repasser le Main.
Les Français plaisantèrent de leur retraite. On appela cette action *la journée des bâtons rompus,* parce que M. de Harcourt et M. de Grammont n'avaient attaqué que dans l'espérance d'obtenir le bâton de maréchal comme une récompense due à leur valeur; on donna aux gardes françaises le sobriquet de *canards du Main;* on pendit une épée à l'hôtel de Noailles avec l'inscription: *Point homicide ne seras.* Sans doute que ce maréchal ne devait pas se tenir auprès de sa batterie au delà du Main: s'il avait été auprès de l'armée, il n'aurait jamais permis aux gardes françaises d'attaquer si mal à propos; et si les troupes étaient demeurées dans leur poste, jamais les alliés ne les auraient forcées.
Cette journée ne valut au roi d'Angleterre que des subsistances pour ses troupes. Le canon des Hanovriens fut bien servi; quelques régiments de leurs troupes et quelques régiments autrichiens, surtout celui de Styrum, s'y distinguèrent. M. de Neipperg eut le plus de part au gain de

[36] Siehe Anm. 10.

Um die Lage ganz zu verstehen, muß man wissen, daß die englische Armee, die ausgehungert mainaufwärts stand, nur dann zu Lebensmitteln kommen konnte, wenn sie den Weg über Hanau einschlug. Ihr linker Flügel mußte nach Verlassen des Berglandes am Main entlang ziehen und die kleine Ebene bei Dettingen passieren. Noailles, der das alles wußte, hielt ein Detachement bereit, um Aschaffenburg in dem Augenblick, wo die Engländer es räumten, zu besetzen. Den ganzen Main entlang hatte er versteckte Batterien anlegen lassen, die auf die Marsch-

cette bataille, et fut bien secondé par le prince Louis des Brunswic. Je tiens de ce prince, qui se trouva sur les lieux, que le roi d'Angleterre demeura pendant toute la bataille, à pied devant son bataillon hanovrien, le pied gauche en arrière, l'épée à la main et le bras droit étendu, à peu près dans l'attitude où se mettent les maîtres d'armes pour pousser la quarte: il donna des marques de valeur, mais aucun ordre relatif à la bataille. Le duc de Cumberland combattit avec les Anglais à la tête des gardes; il s'y fit admirer par sa bravoure et par son humanité: blessé lui-même, il voulut que le chirurgien pansât avant lui un prisonnier français criblé de coups.
Les alliés ne pensèrent point à poursuivre les Français, ils ne pensèrent qu'à trouver des subsistances dans leur magasin de Hanau. Le vainqueur, après avoir soupé sur le champ de bataille, poursuivit incessamment sa route pour se rapprocher de ses vivres. Ce qu'il y eut de fort extraordinaire, c'est qu'après cette bataille gagnée, le lord Stair pria par un billet le maréchal de Noailles d'avoir soin des blessés qui se trouvaient sur le champ de bataille, que les vainqueurs abandonnaient. Comme les alliés portaient tous des rubans verts sur leurs chapeaux, on attacha une branche de laurier à celui du Roi, qui la porta sans scrupule: ce sont des misères, mais elles peignent les hommes.
Cette victoire ne fit pas autant de plaisir au roi de Prusse qu'en avait ressenti le roi d'Angleterre. Il était à craindre que le ministère français, peu ferme, et découragé par une suite de revers, ne sacrifiât la gloire de Louis XV et les intérêts de l'Empereur, pour se tirer des embarras renaissants qui l'environnaient. Pour éclairer les démarches des alliés, le Roi fit partir le jeune comte Finck, sous prétexte de féliciter le roi d'Angleterre sur sa victoire, mais réellement pour veiller à la conduite du lord Carteret, et pour découvrir les négociations qui pourraient s'entamer dans ce camp. Le prince de Hesse, Guillaume, frère du roi de Suède, était très-bien intentionné pour les intérêts de l'Empereur: on se servit de son canal pour faire parvenir au lord Carteret quelques propositions d'accommodement pour concilier la Bavière et l'Autriche; mais cet Anglais n'était pas assez fin pour dissimuler le fond de ses pensées, et l'on s'aperçut qu'il ne voulait point d'accommodement; que son maître voulait la guerre, la reine de Hongrie, le trône impérial pour son époux; et que les uns et les autres désiraient également la ruine du Bavarois. Le roi d'Angleterre trahit bientôt le caractère de protecteur de l'Empire qu'il avait pris: un rôle d'emprunt est difficile à soutenir, on n'est jamais bien que soi-même. Il refusa avec fierté les dédommagements que divers souverains lui demandaient pour le dégât que ses troupes avaient commis dans leur pays, et refusa de même le payement des denrées et des fourrages que ces princes lui avaient livrés. Le Roi se servit d'une expression singulière, dans une pièce qu'il fit imprimer pour éluder ces bonifications; il y dit: ‚que c'est le moins que les princes de l'Empire puissent faire, que de défrayer l'armée de leur libérateur et de leur sauveur; que, cependant, il aviserait à les payer selon que ces États se conduiraient envers lui.' Cette hauteur acheva d'aliéner les esprits: le monarque le plus despotique ne s'exprime pas en termes plus impérieux. Le Roi agissait par intérêt; Carteret était violent: ces sortes de caractères n'emploient que rarement des expressions modérées."

kolonnen der Verbündeten aus nächster Nähe feuern konnten. Das Gros seines Heeres sollte über den Main gehen und hinter einem Bache Stellung nehmen, der vom Spessart her vor der Front der Stellung entlang in den Main fließt. Die Franzosen schnitten gerade den Weg nach Hanau ab. Beim Austritt aus dem Hügellande fand der König von England also eine Armee vor sich und Batterien in seiner Flanke. Hätte Noailles seinen Plan ebenso sorgfältig ausgeführt, wie er ihn klug entworfen hatte, so wäre der König von England gezwungen gewesen, entweder die französische Armee in ihrer höchst vorteilhaften Stellung anzugreifen, um sich mit der Waffe in der Hand den Weg nach Hanau zu bahnen, oder sich durch die Wälder des Spessart zurückzuziehen, wo seine Truppen aus Mangel an Lebensmitteln unfehlbar auseinandergelaufen wären.

Wie Noailles es vorhergesehen hatte, vertrieb der Hunger die Engländer aus Aschaffenburg. Die Truppen, die korpsweise gelagert hatten, marschierten nicht in geschlossener Kolonne, sondern folgten sich in Abständen, erst die Hannoveraner, dann die Engländer und schließlich die Österreicher. Der König fuhr in seiner Kutsche neben den hannöverschen Truppen. Während des Marsches erhielt er die Meldung, daß seine Avantgarde von einem starken französischen Kavalleriekorps angegriffen werde, und bald darauf, daß die ganze französische Armee über den Main gegangen sei und ihm gegenüber in Schlachtordnung stände. Der König steigt zu Pferde und will sich selbst davon überzeugen. Da beginnt schon die Kanonade der Franzosen. Des Königs Pferd wird scheu und wäre mit ihm mitten ins feindliche Heer durchgegangen, hätte sich nicht ein Stallmeister in den Weg geworfen. Georg stieg ab und focht von nun an zu Fuß an der Spitze eines englischen Bataillons. Die Truppen mußten durch ein kleines Gehölz. Dadurch wurde Zeit gewonnen, die übrigen Korps von der drohenden Gefahr zu benachrichtigen. Der Herzog von Aremberg[37] und Neipperg[38] eilten mit ihren Öster-

[37] Leopold Philipp Herzog von Arenberg (1690-1754), österreichischer Feldmarschall (seit 1737), Kommandeur des österreichischen Armeekorps in der Schlacht bei Dettingen; auch sein Sohn Carl (1721-1778) nahm als Offizier an der Schlacht bei Dettingen teil; vgl. *Heinrich Neu*, Leopold Philipp Karl Joseph Herzog von Arenberg, in: Neue Deutsche Biographie, Bd. 1, Berlin 1953, S. 343 und *ders.*, Karl Maria Raymund Herzog von Arenberg, ebd., S. 342-343. Im 18. Jahrhundert war die Schreibung des Familiennamens in der Form Aremberg geläufiger; vgl. *Johann Heinrich Zedler*, Großes vollständiges Universal-Lexikon, Bd. 2, Graz 1982 (Reprint der Ausgabe Halle/Leipzig 1732), Sp. 1296ff.

[38] Wilhelm Reinhard Graf von Neipperg (1684-1774) stand seit 1702 in österreichischen Diensten, 1723 Generalmajor und Erzieher des späteren Kaisers Franz I. (vgl. Anm. 14), 1733 Feldmarschall-Leutnant, 1735 Feldzeugmeister, schloß 1739 voreilig den für Österreich ungünstigen Frieden von Belgrad mit dem Osmanischen Reich, weshalb er Festungshaft erhielt, aus der er

reichern herbei und stellten ihr Heer, so gut es eben ging, dem französischen gegenüber auf. Das Schlachtfeld hatte nur 1200 Schritt Frontbreite, so daß die Verbündeten sich sieben bis acht Glieder tief aufbauen mußten. Die Franzosen ließen ihnen keine Zeit, die Aufstellung ruhig zu vollenden. Die königliche Leibgarde griff sie an, brach durch vier Kavalleriereihen, warf alles, was ihr in den Weg kam, über den Haufen und verrichtete Wunder der Tapferkeit. Vielleicht hätte sie den Ruhm des Tages davongetragen, wäre sie nicht immer auf neue Glieder gestoßen. Die wiederholten Angriffe brachten sie schließlich in Unordnung. Das merkte das österreichische Regiment Styrum[39] und warf sie nun seinerseits zurück. Dadurch hätten die Franzosen indessen die Schlacht nicht verloren. Die wahre Ursache ihrer Niederlage war ein unkluges Manöver von Harcourt[40] und Grammont[41], die mit der französischen Gardebrigade auf dem rechten Flügel des Heeres standen. Sie verließen ohne Befehl ihre Stellung in der Absicht, dem linken Flügel der Verbündeten, der sich zum Main hinüberzog, in die Flanke zu fallen. Dadurch hinderten sie ihre eignen Batterien, die jenseits des Maines standen und den Verbündeten sehr unbequem waren, am Feuern. Die französische Garde hielt nicht einmal die erste Salve der Österreicher aus. Sie ergriff schimpflich die Flucht und stürzte sich in den Main, wo sie ertrank. Nun verbreiteten sich Mutlosigkeit und Schrecken im ganzen Heere. Prinz

nach einem Jahr entlassen wurde, 1741-1742 hatte er den Oberbefehl im Ersten Schlesischen Krieg und wurde in dessen erster Phase zum Feldmarschall befördert; vgl. *Constant von Wurzbach*, Biographisches Lexikon des Kaiserthums Oesterreich, enthaltend die Lebensskizzen der denkwürdigen Personen, welche seit 1750 in den österrreichischen Kronländern geboren wurden oder darin gelebt und gewirkt haben, Tl. 20, Wien 1869, S. 159-162.

39 Es handelte sich um das Dragonerregiment Limburg-Styrum; vgl. *Jung* (wie Anm. 1), S. 79f.

40 François Duc d'Harcourt (1689-1750), befehligte als Feldmarschall den rechten Flügel der französischen Armee in der Schlacht bei Dettingen, in der er verwundet wurde, 1746 wurde er Marschall von Frankreich; auch sein jüngerer Bruder Anne-Pierre (1704-1783), ebenfalls Feldmarschall, nahm an dieser Schlacht teil und wurde verwundet, Marschall von Frankreich wurde er 1775; vgl. *M. Digne*, François d'Harcourt, in: Dictionnaire de Biographie Française, Bd. 17, Paris 1989, Sp. 622-623 und *ders.*, Anne-Pierre d'Harcourt, ebd., Sp. 617.

41 Louis Antoine Armand Duc de Gramont (1689-1745), in der Schlacht bei Dettingen Kommandeur der französischen Garde (Maison du Roi), 1734 Feldmarschall, 1738 Generalleutnant, 1742 Pair von Frankreich, fiel in der Schlacht bei Fontenoy; vgl. *Seréville*, Louis de Gramont, in: ebd., Bd. 16, Paris 1985, Sp. 931. Auch Antoine Adrien Charles Comte de Gramont (1726-1762), sein Sohn, nahm als Hauptmann im Garderegiment an der Schlacht bei Dettingen teil, 1758 wurde er Feldmarschall; vgl. *H. Tribout de Morembert*, Antoine-Adrien Charles de Gramont, ebd., Sp. 919. Die Schreibweise ‚Grammont' beruht auf einer Verwechslung mit dem entsprechenden Adelsgeschlecht; vgl. *Zedler* (wie Anm. 37), Bd. 11, Graz 1982 (Reprint der Ausgabe Halle/Leipzig 1735), Sp. 540-544 (Grammont) bzw. 544-552 (Gramont).

Ludwig von Braunschweig[42], der in der österreichischen Armee diente, konnte den König nur mit größter Mühe bewegen, Befehl zum Vorrücken seiner Engländer zu geben. Und doch waren sie es, die die Franzosen zur Umkehr und zum Rückzug über den Main zwangen.

Die Franzosen scherzten über ihren Rückzug. Man nannte diese Schlacht den ,Tag der verunglückten Stäbe', weil Harcourt und Grammont ihren Angriff nur in der Hoffnung unternommen hatten, zum Lohn ihrer Tapferkeit den Marschallsstab zu erhalten. Der französischen Garde gab man den Spottnamen ,Main-Enten'. An Noailles' Wohnung hängte man einen Degen mit der Inschrift auf: ,Du sollst nicht töten'. Freilich hätte der Marschall nicht bei seinen Batterien am andern Mainufer bleiben dürfen. Wäre er beim Heere gewesen, so hätte er der französischen Garde niemals erlaubt, so zur Unzeit anzugreifen; und hätten die Truppen ihre Stellung nicht verlassen, so hätten die Verbündeten sie niemals daraus vertreiben können.

Dem König von England trug die Schlacht bei Dettingen weiter nichts ein als Lebensmittel für seine Truppen. Die hannöversche Artillerie wurde gut bedient. Einige hannöversche und österreichische Regimenter, besonders das Regiment Styrum, zeichneten sich aus. Den größten Anteil am Siege hatte Neipperg; Prinz Ludwig von Braunschweig unterstützte ihn trefflich. Von diesem Prinzen, der Augenzeuge gewesen war, weiß ich, daß der König von England während der ganzen Schlacht zu Fuß vor seinem hannöverschen Bataillon stand, den linken Fuß zurückgesetzt, den rechten Arm mit dem Degen in der Hand ausgestreckt, etwa wie ein Fechtmeister, der einen Quartstoß ausführen will. Er gab Beweise von Tapferkeit, aber keinen Befehl für die Schlacht. Der Herzog von Cumberland[43] focht mit den Engländern an der Spitze der Garde und erregte Bewunderung durch seinen Mut und durch Menschenfreundlichkeit. Obwohl selbst verwundet, verlangte er, daß der Feldscher einen mit Wunden ganz bedeckten französischen Gefangenen vor ihm verbände.

[42] Ludwig Ernst Prinz von Braunschweig-Wolfenbüttel (1718-1788), Schwager Friedrichs des Großen, stand seit 1743 wieder in österreichischem Militärdienst, und zwar im Rang eines Feldmarschall-Leutnants, 1747 zum Generalfeldzeugmeister befördert, trat 1750 in den Dienst der Niederlande als Feldmarschall, den er 1784 beendete; vgl. *P. Zimmermann*, Ludwig Ernst, Herzog zu Braunschweig und Lüneburg, in: Allgemeine Deutsche Biographie, Bd. 19, Leipzig 1884, S. 543-546 sowie *Schnath/Lübbing/Engel* (wie Anm. 9), S. 369.

[43] William Augustus Duke of Cumberland (1721-1765), Sohn König Georgs II. von Großbritannien, erhielt den Herzogtitel 1726, 1742 Generalmajor in der britischen Armee, nach seiner Teilnahme an der Schlacht bei Dettingen wurde er 1743 zum Generalleutnant befördert, schlug

Die Alliierten dachten nicht an die Verfolgung der Franzosen, sondern nur an die Lebensmittel in ihrem Magazin zu Hanau. Der Sieger nahm das Abendbrot auf dem Schlachtfelde ein und setzte dann unverzüglich seinen Marsch fort, um zu seinen Vorräten zu gelangen. Äußerst merkwürdig ist es, daß Lord Stair nach dieser siegreichen Schlacht den Marschall Noailles brieflich ersuchte, für die Verwundeten zu sorgen, die auf dem vom Sieger verlassenen Schlachtfelde lagen[44]. Da die Verbündeten sämtlich ein grünes Band am Hute hatten, so befestigte man am Bande des Königs einen Lorbeerzweig, den er auch unbedenklich trug. Das sind Armseligkeiten, aber sie kennzeichnen die Menschen.

Dem König von Preußen machte der Sieg nicht so viel Freude wie dem König von England. Er mußte befürchten, daß das ohnedies energielose französische Ministerium, das nun vollends durch eine Reihe von Schlägen entmutigt war, den Ruhm Ludwigs XV.[45] und die Interessen des Kaisers[46] aufopfern würde, um sich aus den stets neu auftauchenden Verlegenheiten zu befreien. Um die Absichten der Verbündeten zu ergründen, sandte der König den jungen Grafen Finck[47] an den König von England unter dem Vorwande, ihn zu seinem Siege zu beglückwünschen, in Wahrheit jedoch, um auf Lord Carteret[48] ein Auge zu haben und etwaigen Unterhandlungen im Lager auf die Spur zu kommen. Prinz Wilhelm von Hessen[49], des Königs von Schweden[50] Bruder, war den Interessen

durch seinen Sieg über Anhänger des Thronprätendenten Prinz Charles Edward Stuart 1746 bei Culloden die schottische Rebellion nieder; vgl. Dictionary (wie Anm. 19), Bd. 1, S. 1408f.

44 Eine erste Verabredung war bereits eine Woche vor der Schlacht, nämlich am 20. Juni 1743, getroffen worden, eine definitive vertragliche Regelung erfolgte erst am 18. Juli 1743 zu Frankfurt am Main im sogenannten Frankfurter Kartell; vgl. *Martin Goes*, Über Verwundete und Kranke im Zusammenhang mit der Schlacht bei Dettingen, oben S. 112-126, dies S. 112ff. u. 116; vgl. auch *Handrick* (wie Anm. 1), S. 212ff.

45 Ludwig XV. (1710-1774) war 1715-1774, bis 1723 unter einer Regentschaft, König von Frankreich; vgl. *Paul Louisy*, Louis XV, in: Nouvelle Biographie Générale (wie Anm. 10), Bd. 31, Paris 1860, Sp. 842-858 und *Pierre Gaxotte*, La siècle de Louis XV, Paris 1956.

46 Siehe Anm. 20.

47 Siehe Anm. 15.

48 Siehe Anm. 19.

49 Wilhelm VIII. (1682-1760) war 1730-1751 als Vertreter seines älteren Bruders Friedrich I., der König von Schweden war (siehe Anm. 50), dessen Statthalter in der Landgrafschaft Hessen-Kassel und 1751-1760 regierender Landgraf, 1736 hatte er bereits die Grafschaft Hanau-Münzenberg geerbt; vgl. *Wolf von Both* u. *Hans Vogel*, Landgraf Wilhelm VIII. von Hessen-Kassel. Ein Fürst der Rokokozeit (Veröffentlichungen der Historischen Kommission für Hessen, Bd. 27,1), München 1964.

50 Friedrich I. (1676-1751) war 1720-1751 König von Schweden und 1730-1751 Landgraf von Hessen-Kassel, wo er allerdings seinen jüngeren Bruder Wilhelm VIII. (siehe Anm. 49) als Statthalter eingesetzt hatte; vgl. *Hugo Norman*, Fredrik I, in: Svenska män och kvinnor. Biografisk

Friedrich der Große, um 1763 entstandenes Gemälde von Johann Heinrich Christian Franke (1738-1792), Staatliche Schlösser und Gärten Potsdam-Sanssouci (Vorlage: *Aretin* – wie S. 159 –, S. 81).

des Kaisers gewogen. Man benutzte ihn, um Lord Carteret einige Vergleichsvorschläge zur Aussöhnung zwischen Bayern und Österreich zu machen. Aber der Lord war nicht verschlagen genug, um seine innersten Gedanken zu verhehlen. Man merkte, daß er von einem Vergleich nichts wissen wollte, daß sein Herr den Krieg wünschte, daß die Königin von Ungarn[51] für ihren Gatten[52] den Kaiserthron verlangte und daß es beide gleichermaßen auf den Untergang Bayerns abgesehen hatten. Der König von England gab bald seine Rolle als Schirmherr des Reiches auf. Eine erborgte Rolle ist stets schwer zu Ende zu spielen. Nur wenn man sich gibt, wie man ist, fühlt man sich wohl. Hochmütig verwarf er die Entschädigungsansprüche verschiedener Fürsten für den Schaden, den seine Truppen in ihren Ländern angerichtet; ja, er wollte ihnen nicht einmal die von ihnen gelieferten Lebensmittel und die Fourage vergüten. In einer Denkschrift, die er drucken ließ, um die Ablehnung aller Entschädigungen zu begründen, gebrauchte er einen sonderbaren Ausdruck. Er sagte nämlich: ‚Es wäre das wenigste, was die Reichsfürsten tun könnten, wenn sie das Heer ihres Befreiers und Erretters freihielten, aber er wolle darauf bedacht sein, sie nach Maßgabe ihres Verhaltens gegen ihn zu bezahlen.‘ Dieser Hochmut machte ihn vollends verhaßt. Gebieterischer kann sich der größte Despot nicht ausdrücken. Der König handelte aus Eigennutz; Carteret war heftig, und solche Charaktere bedienen sich nur selten gemäßigter Ausdrücke."

Friedrich der Große bemühte sich in aufklärerischem Sinne um eine objektive Darstellung der Vergangenheit. Recht kritisch war er gegenüber der älteren Geschichtsschreibung Brandenburg-Preußens; er selbst zog für seine Arbeit über die frühere Zeit Archivmaterial heran. Die Arbeiten über seine eigene Zeit schrieb er in erster Hinsicht zur Belehrung seiner Nachfolger, sie waren nicht zur Veröffentlichung zu seinen Lebzeiten bestimmt[53]. Als Mitwirkender am politisch-militärischen Geschehen konnte Friedrich der Große diese Werke mangels des erforderlichen Abstandes naturgemäß nicht objektiv

uppslagsbok, Bd. 2, Stockholm 1944, S. 593-594 und *Wolf von Both*, Friedrich I. v. Hessen-Kassel, in: Neue Deutsche Biographie, Bd. 5, Berlin 1961, S. 507-508.

[51] Siehe Anm. 13.

[52] Siehe Anm. 14.

[53] Zu den historiographischen Werken Friedrichs des Großen vgl. *Schieder* (wie Anm. 5), S. 365-374, *Ziechmann*, Geschichtswissenschaft (wie Anm. 31), S. 87-93, *Horst Möller*, Friedrich der Große und der Geist seiner Zeit, in: Kunisch (Hrsg.), Analecta (wie Anm. 5), S. 55-74, dies S. 58-62 und *Ulrich Muhlack*, Geschichte und Geschichtsschreibung bei Voltaire und Friedrich dem Großen, in: Johannes Kunisch (Hrsg.), Persönlichkeiten im Umkreis Friedrichs des Großen (Neue Forschungen zur brandenburg-preußischen Geschichte, Bd. 9), Köln/Wien 1988, S. 29-57.

in moderner geschichtswissenschaftlicher Art und Weise schreiben, doch bemühte er sich stets um Wahrhaftigkeit[54].

Die Beschreibung der Schlacht bei Dettingen ist Friedrich dem Großen jedenfalls recht gut und anschaulich gelungen. Er hatte sich für ihre Ausarbeitung auf Berichte und Aussagen von unmittelbar Beteiligten, von denen er ausdrücklich seinen Schwager Ludwig Ernst Prinz von Braunschweig-Wolfenbüttel erwähnte[55], gestützt. Diese Schilderung ist zugleich ein Beispiel dafür, wie der größere zeitliche Abstand zu dem Ereignis zu einer sachlichen und gemäßigten Art des Ausdruckes führte. Hatte Friedrich am 3. Juli 1743 noch über den Erfolg Georgs II. geschrieben, „daß mein Onkel – der Teufel soll ihn holen – die Schlacht gegen die Franzosen gewonnen hat"[56], so heißt es in der historiographischen Ausführung zum gleichen Sachverhalt[57]: „Dem König von Preußen machte der Sieg nicht so viel Freude wie dem König von England."

[54] Vgl. *Schieder* (wie Anm. 5), S. 373f.: „Die historischen Schriften König Friedrichs von Preußen können – abgesehen von ihren Irrtümern im einzelnen, ihren Fehlern und Flüchtigkeiten – durchaus als Quelle herangezogen werden, wenn man sich die psychologischen Voraussetzungen vergegenwärtigt, unter denen ihr Verfasser sich als Geschichtsschreiber versuchte. So ist es nicht in erster Linie das Bedürfnis des Königs[,] sich zu rechtfertigen, da er sich durch den schließlichen Erfolg genügend gerechtfertigt sah, sondern eine eigentümliche Scheu, die letzten Karten aufzudecken, jedenfalls die Grundsätze nicht preiszugeben, die sein Tun bestimmt hatten. [. . .] Dies alles muß man berücksichtigen, wenn man die Frage beantworten will, ob den Geschichtswerken Friedrichs innerhalb der Historiographie des 18. Jahrhunderts ein selbständiger Wert zukommt. Das wird man unbedingt bejahen müssen und dabei bedenken, daß ihre Bedeutung eben darin liegt, daß sie die Selbstaussagen eines Handelnden sind, der die Form von Historiographie und nicht die von Memoiren wählte, weil jene ihm in höherem Grade die Möglichkeit bot, sein Inneres zu verschleiern. [. . .] Die Leichtigkeit und die oft amüsante Anschaulichkeit Voltaires erreichte er bei allen Bemühungen nicht. Das weit größere Maß an praktischen Einsichten in die Dinge der Welt machte seine Darstellung schwerfälliger, sie erhielt dadurch eher dokumentarischen als ästhetischen Charakter. Unterschied ihn das von den Memoirenwerken, wie sie im Ancien régime erschienen sind, so kennt er andererseits nicht das gewaltsame Zurechtrücken der Wirklichkeit nach dem eigenen Willen, wie es etwa Bismarck in seinen ‚Gedanken und Erinnerungen' vornahm; dazu war er zu sehr Rationalist. [. . .] Ob Friedrichs Geschichtswerke Beachtung gefunden hätten, wenn sie nicht von einem als König in seinem Jahrhundert berühmten Autor stammten, ist eine müßige Frage. Sie waren und sind beachtlich, weil sie von einem solchen Autor geschrieben sind mit allen Belastungen und Vorzügen, die sich daraus ergaben."

[55] Siehe oben S. 168 u. 171.

[56] Siehe oben S. 160.

[57] Siehe oben S. 168 u. 172. Vgl. auch *Ragnhild Hatton*, Frederick the Great and the House of Hanover, in: Oswald Hauser (Hrsg.), Friedrich der Große in seiner Zeit (Neue Forschungen zur brandenburg-preußischen Geschichte, Bd. 8), Köln/Wien 1987, S. 151-164, zum Verhältnis Georgs II. – Friedrichs des Großen S. 157 u. 159ff., S. 160: „On reflection and with time, both rulers came to a more balanced view of each other – which again can be seen in reports of what George II and Frederick II said and wrote."

Auch die Bemerkung über Georg II., der „wie ein Fechtmeister“ den Degen in der Hand hatte, ist nicht unbedingt als Spott oder Karikatur aufzufassen[58], denn immerhin kommt sogleich folgender Satz[59]: „Er [Georg II.] gab Beweise von Tapferkeit, aber keinen Befehl für die Schlacht.“ Es ging Friedrich dem Großen also um die Tatsache, daß der britische König es unterlassen hatte, Anweisungen während der Schlacht bei Dettingen zu geben – eine Kritik, die sich bereits in seinem Schreiben an Generalmajor Rothenburg vom 3. Juli 1743 findet[60]. An den zitierten Satz schließt sich sogleich ein Lob auf den Herzog von Cumberland[61], Georgs II. Sohn, an. Eine Spitze gegen den britischen König ist hingegen der nach der Erwähnung, daß an Georgs II. Hut ein Lorbeerzweig befestigt wurde, folgende Satz[62]: „Das sind Armseligkeiten, aber sie kennzeichnen die Menschen.“ Allerdings ist der direkte Stoß durch die allgemeine Art der Formulierung abgeschwächt.

Zusammenfassend kann man sagen, daß auch heute noch die Äußerungen Friedrichs des Großen über die Schlacht bei Dettingen, und zwar sowohl die zeitlich unmittelbaren als auch die späteren, historiographischen, lesenswert sind.

[58] So *Handrick* (wie Anm. 1), S. 203, mit Angabe weiterer kommentierender Literatur.

[59] Siehe oben S. 168 u. 171.

[60] Siehe oben S. 164.

[61] Siehe oben Anm. 43.

[62] Siehe oben S. 168 u. 172.

# Das „Dettinger Te Deum“ und seine Entstehung

von Edmund Löffler

Der Kanonendonner der Schlacht bei Dettingen vom 27. Juni 1743 fand zunächst ein Echo in den Geschützsalven britischer Siegesfeiern. Mit Windeseile gelangte die Nachricht vom günstigen Ausgang der Schlacht nach Großbritannien und versetzte die Bevölkerung dort in einen wahren Freudentaumel. Georg II. war plötzlich der gefeierte Held seines Volkes, und die Königspartei benutzte die Gelegenheit, um die bisher mangelnde Beliebtheit des Herrschers beim Volke zu heben. Noch war der König von seinem kriegerischen Abenteuer auf dem Festland nicht zurückgekehrt. Seine glückliche Heimkehr aber sollte in Verbindung mit einer Dankeskundgebung für den großen Sieg bei Dettingen zu einer ganz außergewöhnlichen Feier gestaltet werden. Das machte die Komposition einer Staatskantate erforderlich.

Die Hauptstadt London war zur damaligen Zeit eines der größten Musikzentren der Welt, und bedeutende Musiker und Komponisten aus ganz Europa wirkten dort. Der berühmteste unter ihnen war der aus Deutschland stammende Georg Friedrich Händel.

Am 17. Juli 1743 begann Händel in seiner Eigenschaft als Hofkomponist mit der Komposition eines Te Deums zur Feier des Sieges bei Dettingen, das unter dem Namen „Dettinger Te Deum“ in der musikalischen Literatur bekannt ist. Es spricht für die Schaffenskraft und schnelle Arbeitsweise Händels, daß er das umfangreiche Werk vollendet und einstudiert hatte, bevor die Ankunft des Königs im November erfolgte. Am 18. und 25. November fanden in St. James öffentliche Proben zum Dettinger Te Deum statt. Der Eindruck, den das Werk schon bei dieser Gelegenheit auf die dichtgedrängte Zuhörerschaft machte, war sehr groß. Die feierliche Uraufführung, verbunden mit einer Dankeskundgebung, erfolgte in St. James am 27. November 1743 in Gegenwart des Königs und des gesamten Hofstaates.

Liturgisch gesehen versteht man unter Te Deum jenen Ambrosianischen Lobgesang, den die Kirche schon seit dem vierten Jahrhundert an hohen Feiertagen und bei besonderen Gelegenheiten anzustimmen pflegt. Jahrhunderte hindurch wurde der Text nur einstimmig, liturgisch gesungen. Mit der Entwicklung der mehrstimmigen Kirchenmusik wurden die Textworte des Te Deums auch für mehr oder minder groß angelegte Kompositionen verwendet. Unter den mannigfachen Werken dieser Art steht das Dettinger Te Deum in seiner Frische und Natürlichkeit einzigartig da.

Die Partitur, die 15 Abschnitte umfaßt, ist bis auf wenige Solonummern für großen, fünfstimmigen, gemischten Chor und Orchester geschrieben. Letzteres besteht aus der üblichen Streicherbesetzung (1. Violine, 2. Violine, Viola, Cello, Kontrabaß),

GEORGIUS II
Magnæ Britanniæ Rex
S. R. Elector Dux Brunsv.

wozu sich Oboen, Fagotte, Trompeten und Pauken gesellen. Der Grundcharakter des Werkes, das fast durchweg in der hellen Tonart D-Dur steht, ist überaus freudig, ja oftmals strahlend-triumphierend. Das tritt auch in der Instrumentation durch den für Händel geradezu verschwenderischen Einsatz von Trompeten und Pauken zutage. Der Entstehungsanlaß des Werkes und tonmalerische Absichten waren der Grund hierzu.

Das wird bereits offensichtlich in der zweiundzwanzig Takte zählenden Orchestereinleitung zu Nr. 1. Ein sehr militärisch klingendes Motiv symbolisiert in dieser musikalischen Schilderung das siegreiche Heer, das versammelt ist, um Dank zu sagen für den Sieg und die Errettung aus äußerster Kriegsnot. Da, mitten in die Siegesfanfaren und rauschenden Festesklänge des Orchesters, ertönt in breiten Akkorden der Ruf des Chores: „Herr, Gott, Dich loben wir!" Der Zuhörer ist sofort gefesselt von diesen erhabenen, weit über weltlicher Festesfreude stehenden Harmonien. Eine Welt, die zur Andacht stimmt, tut sich auf, und aus vollem Herzen kommend hört man die Worte: „Gott, wir danken Dir!" Die einzelnen Stimmen rufen sich's gleichsam zu, lösen sich ab, rufen es aufs neue, immer wieder unterbrochen von den Jubelrufen des Gesamtchores.

Mischten sich in Nr. 1 noch Elemente weltlichen Jubels, so ist Nr. 2 „Alle Welt verehret Dich, Vater alles Daseins" mit seiner immer wiederkehrenden, beglückenden Achtelbewegung Ausdruck tiefer, innerer, religiöser Freude.

Ebenso ist dies der Fall in Nr. 3 „Dir singt der Engel reiner Chor". Das Ätherische, Schwebende dieser Musik, aus der sich in ausdrucksvoller Melodieführung zuerst der Sopran erhebt, wird noch unterstrichen durch den stellenweisen Verzicht auf die Bässe.

Nr. 4 bringt Trompeten und Pauken wieder auf den Plan. Der nie ermüdende Lobgesang der himmlischen Heerscharen: „Und Cherubim und Seraphim verkündigen und preisen Dich und singen froh Dein Lob" wird realistisch zum Ausdruck gebracht durch den jubilierenden, durch viele Takte hindurch auf einem Akkord verharrenden Chor. Gewaltig die Steigerung bei den Worten „Heilig, Herr Gott Sabaoth" bis zu den weitausholenden, weltumspannenden Akkorden „Himmel und Erde sind voll Deiner Majestät".

In Nr. 5 „Der heiligen zwölf Boten Zahl preiset Dich" ist die Stimmführung polyphon. Besonders schön ist das Fugato „Und Deinen göttlichen, einzigen Sohn".

Nr. 6 „Du, König der Ehren, Jesu Christ" ist als Baß-Solo geschrieben und ein herrliches Beispiel ariosen Stils. Wie Heroldsruf erklingt es in den Trompeten und in kraftvoller Stimmführung, besonders wenn der nachfolgende Chor die Thematik der vorausgehenden Arie aufnimmt, wird der Satz zur erhabenen Königsproklamation.

Nr. 7 „Ach, Du hast nicht verachtet zu erlösen die Welt" ist eine Baß-Arie mit reiner Streicherbegleitung.

Nr. 8 beginnt mit einer kurzen, in dunkleren Farben gehaltenen Grave-Einleitung zu den Worten: „Du hast überwunden, ein Held, den Stachel des Todes". In um so strahlenderem Licht erscheint das nachfolgende „Und eröffnet das Reich Gottes den Deinen", ein genial empfundener Auferstehungshymnus von hinreißendem Schwung.

Nun verläßt Händel das freudige D-Dur und wendet sich in Nr. 9 nach B-Dur. Ein feierlich-ernstes Vorspiel der Streicher und Holzbläser leitet zu den Worten über „Du sitzest zu der Rechten bei Gott in der Herrlichkeit des Vaters". Alt, Tenor und Baß lösen sich nacheinander ab, um sich in der Folge zu wundervollem Stimmengewebe zu vereinigen. Plötzlich aber setzt die Begleitung in den Holzbläsern und oberen Streichinstrumenten aus, und bangzögernd, die Stimmen zu homophonem Satz zusammengedrängt, hört man die Worte:

„Von dannen Du kommen wirst, zu richten die Welt". Da, hell wie ein Lichtstrahl, der das Dunkel der Nacht durchschneidet, klingt es auf in den Trompeten (Nr. 10). Es ist die musikalische Vision des in unendlicher Majestät, im wachsenden Schein des Lichtes nahenden Weltenrichters.

Mit der Wendung nach dem ernsten g-Moll (Nr. 11) ringt sich demütig der Chor zu den Worten empor: „Darum flehen wir, hilf uns Armen!" Und wie Hände, die nach Halt suchen, irren die Soprane in Terzenparallelen voll schmerzlicher Empfindung umher, um endlich auf der Dominante in Erlösungssehnsucht zu verweilen: „Hilf uns, ach, so teuer Erlösten durch Dein göttliches Blut!"

Nr. 12 „Nimm uns in die Zahl Deiner Heiligen auf in ew'ger Freude, o Herr!" ist ein Chor, in dessen ernstem Gepräge noch die Erinnerung an die geschaute Vision nachzittert. So wirkt er wie ein inniges Gebet, das in seiner einfachen Gestaltung zu unendlicher Größe emporwächst.

Kraftvoll, in beseligenden Wendungen und wieder in der Tonart D-Dur beginnt das Orchestervorspiel zu Nr. 13 „Tag für Tag sei Dank und Lob Dir", ein neuer Höhepunkt Händelscher Chorkunst. Heiliger Eifer und Begeisterung bekunden sich in fugierten Einsätzen des Chors, der in Anlehnung an Nr. 4 einstimmen möchte in den Lobgesang der Cherubime und Seraphime. Wiederum lösen sich die einzelnen Stimmen aus dem Gesamtchor bei den Worten: „Und preisen Dich ewig bis an der Welt Ende". In kanonartiger Führung türmen sie sich, mit dem Alt beginnend, zu machtvoller Manifestation. In breit dahinwogenden Akkordfolgen, strahlend im Jubelgeschmetter der Trompeten und Dröhnen der Pauken, endet der Satz.

Einen kurzen Ruhepunkt bildet das nur von Streichern begleitete, höchst ausdrucksvolle Baß-Rezitativ (Nr. 14): „Erbarme Dich, o Herr! Erhalt uns rein von Missetat!" Dann beginnt das volle Orchester mit der Einleitung zum Schlußchor „Herr, auf Dir steht meine Hoffnung. Laß uns nicht zu Schanden werden!" (Nr. 15).

Diese Worte, erst vom Alt allein gesungen, werden in machtvollem Anruf vom Gesamtchor aufgenommen und bilden den Text zum gewaltig ansteigenden Schlußgesang. Wie sehr diese Hoffnung in einem unerschütterlichen Glauben verankert ist, wird erkenntlich an den immer aufs neue sich erweiternden Außenstimmen, besonders aber an den kämpferisch und kraftvoll dahinschreitenden Bässen, die mit dogmatischer Unbeirrbarkeit immer wieder den Weg zu ihrem glaubensstarken Motiv suchen und finden, vom ersten Takt bis zum Schluß-Amen ein einmaliges, musikalisches Credo.

Es ist hier noch ein Wort über das Händelsche Orchester im allgemeinen zu sagen. Um sich eine Klangvorstellung davon machen zu können, muß man bedenken, daß der Meister neben den chorisch besetzten Streichinstrumenten auch die Oboen und Fagotte chorisch zu besetzen pflegte, was ein stattliches Orchester und einen sehr vollen, satten Klang ergab. Hierzu kam bei kirchlichen Kompositionen als Generalbaßinstrument die Orgel.

In diesem Zusammenhang bleibe nicht unerwähnt die Aufführung des Dettinger Te Deums anläßlich einer Händelfeier im Jahre 1784 in London. Neben einem riesenhaften Chor und einer großen Orgel wirkte damals ein Orchester mit, das folgendermaßen besetzt war:

48 erste Geigen, 47 zweite Geigen, 24 Bratschen 21 Celli, 15 Kontrabässe, sechs Flöten, 26 Oboen, acht Fagotte, ein Doppelfagott, zwölf Hörner, 14 Trompeten, sechs Posaunen und vier Paar Kesselpauken.

Zeitgenössische Berichte lassen erkennen, mit welcher Begeisterung das Werk bereits bei seiner Uraufführung aufgenommen wurde. Es hat auch nach 250 Jahren nichts von seiner Wirkung auf den Zuhörer eingebüßt und gilt auch heute noch als Händels schönste kirchenmusikalische Komposition.

Quellen und Literatur

*Otto Erich Deutsch,* Handel – a Documentary Biography, London 1955.

*George Friderich Handel,* Te Deum for Solo Voices, Chorus and Orchestra, D major. „Dettingen Te Deum", hrsg. v. Arthur D. Walker (Edition Eulenburg, Nr. 945), London/Mainz/New York/Tokyo/Zürich 1970.

*Paul Henry Lang,* George Frideric Handel, London 1966.

*Eugen Ortner,* Georg Friedrich Händel, München 1985.

*Arthur D. Walker,* Georg Friedrich Händel. Dettinger Te Deum, in: Handel, S. III–VII.

# Monumentale Wirkung trotz sparsamer Mittel

## Anmerkungen zu Händels „Dettinger Te Deum“ unter besonderer Berücksichtigung des Schlußteiles

von Jürgen Weiß

Das gesamte „Dettinger Te Deum“ Georg Friedrich Händels läßt sich in 13 Teile oder Nummern untergliedern; es gibt allerdings auch Ausgaben mit elf[1] oder 15[2] Teilen. Das ist aber unerheblich, da das Werk in allen Fällen das gleiche ist, lediglich die Einteilung weicht etwas voneinander ab. Hier wird vom Klavierauszug der Edition Peters, d. h. 13 Nummern, ausgegangen[3]:

Nr. 1 Chor (D)[4]: Herr, Gott! Dir sei Lob! Dir sei Dank! wir preisen Dich! Du bist der Herr!

Nr. 2 Chor (D): Alle Welt verehret dich, den Vater ewig, allgewaltig.

Nr. 3 Chor (h / A): Dir singt der Engel reiner Chor, der Himmel und sein mächtig Heer.

Nr. 4 Chor (D): Vor dir Cherubim und Seraphim, von Ewigkeit zu Ewigkeit lobsingen sie vor dir, heilig Gott Zebaoth, Himmel und Erd sind voll deiner Majestät, deiner Ehre.

Nr. 5 Chor (G / H / Fis / A): Der hochgelobte Chor der Apostel preiset dich, die hochgepriesne Schar der Propheten preiset dich, die große Heerschar der Märtyrer preiset dich, die heilige Kirche durch die ganze Welt, sie bekennet dich, den Vater unermeßlicher Herrlichkeit und deinen hehren wahren eingeborenen Sohn, wie auch den heiligen Geist, den Tröster.

Nr. 6 Baß-Solo mit Chor (D): Du bist der Ehren König, o Christ, du bist der ewige Sohn des Vaters im Himmel.

[1] *George Frideric Handel*, Te Deum for Solo Voices, Chorus and Orchestra, D major. „Dettinger Te Deum“, hrsg. v. Arthur D. Walker (Edition Eulenburg, Nr. 945), London/Mainz/New York/Tokyo/Zürich 1970.

[2] Vgl. *Edmund Löffler*, Das „Dettinger Te Deum“ und seine Entstehung, oben S. 177-181.

[3] *Georg Friedrich Händel*, Te Deum laudamus, für die Aufführung eingerichtet von Karl Straube, Klavierauszug von Max Seiffert (Edition Peters, Nr. 3389), Frankfurt/London/New York 1932.

[4] In Klammern ist jeweils die Tonart angegeben.

Nr. 7 Arie
für Baß (A): Als du auf dich genommen die Erlösung der Welt, hast du nicht verschmäht der Menschheit Los.

Nr. 8 Chor (g / D): Als du siegreich zerbrachst den Stachel des Todes: Tatst du auf des Himmels Reiche für alle Frommen.

Nr. 9 Chor (B / D / g): Du sitzest zu der Rechten des Herrn in der Herrlichkeit des Vaters. Dann kommst du, so glauben wir, herab zum Gericht. Und darum flehn wir: hilf den Deinen, die du hast erlöset durch dein teuer Blut.

Nr. 10 Chor (B / g): Nimm uns auf in deiner Heil'gen Zahl zur Herrlichkeit auf ewig. O Herr, tue wohl und hilf den Deinen. Leite uns, heb' uns empor zur Ewigkeit.

Nr. 11 Chor (D): Tag für Tag sei Dank und Lob dir. Und wir preisen deinen Namen auf ewig ohn' End'.

Nr. 12 Arioso[5]
für Baß (h): Bewahr, o Herr, du treuer Gott, uns heut vor Schmach und aller Sünd. O Herr, erbarm dich, sei gnädig, laß deine Gnade leuchten auf uns, wie unsre Hoffnung zu dir steht.

Nr. 13 Chor (D): Herr, auf dich steht mein Hoffen, laß mich nicht zu Schanden werden.

Entsprechend dem alten Hymus läßt sich der gesamte Text in drei große Abschnitte einteilen:

1. Teil (Nr. 1-7): Lobpreisung und Anbetung Gottes, seines Sohnes und des Heiligen Geistes. Verehrung der Apostel, Propheten, Märtyrer. Die gesamte Kirche bekennt sich zu Gott Vater.
Die Tonarten sind entsprechend: vorwiegend D-Dur, damals die festlichste aller Tonarten. Jubelartiger Fanfarenklang durch die Trompeten. Beim harmonischen Höhepunkt, der Nr. 5, erklingen äußerst ausgefallene, man könnte sagen: erlesene Tonarten, nämlich H-Dur (wenn sich die Kirche zum Gott der Herrlichkeit bekennt), Fis-Dur (wenn sie sich zu Christus, dem Sohn, bekennt) und A-Dur (wenn sie sich zum Heiligen Geist bekennt). Die zwei kostbarsten und auch innerhalb D-Dur, der Haupttonart des gesamtem Te Deum, entferntesten Tonarten werden also bei der Umsetzung Gottes und seines Sohnes in Musik von Händel bewußt benutzt. Nr. 7 schließt mit A-Dur, einer damals sehr ausdrucksstarken Tonart. A-Dur ist gleichzeitig die

[5] Kurzer Gesangsabschnitt, einfache liedhafte Melodik, ohne die Ausdehnung einer Arie; seit etwa 1700 in der evangelischen Kirchenmusik wichtig zur einprägsamen Vertonung einer Betrachtung oder moralischen Lehre. In diesem Fall trifft beides zu.

Dominante von D-Dur, d. h., harmonisch gesehen wird eine Spannung erzeugt, die das Ohr zwingend für den nächsten Teil öffnet.

2. Teil (Nr. 8-10): Bitte, Gebet und Flehen zu Gott um Rettung. Auch Furcht vor Jüngstem Gericht.
Auch hier sind die Tonarten, die Händel wählt, entsprechend: Kamen im ersten Teil nur Kreuz-Tonarten vor, so haben wir hier nur b-Tonarten, nämlich g-Moll und B-Dur. Die Tonart g-Moll galt zu damaliger Zeit als angemessene Tonart für die Umsetzung allgemein problematischer Vorgänge.

3. Teil (Nr. 11-13): Dank und Lobpreisung, durchsetzt von der Bitte um Gnade und dem Eingeständnis menschlicher Hilflosigkeit und Unzulänglichkeit.
Am Schluß wird die größte Eindringlichkeit durch den Gebrauch der Ich-Form erreicht. „Herr laß mich nicht zu Schanden werden". Das ist Ausdruck der Ohnmacht, nicht nur der gesamten Menschheit, sondern auch jedes einzelnen, also auch Georg Friedrich Händels, vor Gott. Gemäß seinem gläubigen Protestantismus zeigt Händel aber, daß jeder von Hoffnung sich tragen lassen kann, und wählt keine Moll-Tonart, wie es vordergründig angebracht wäre, sondern läßt diese Stelle in D-Dur erklingen, der Tonart der Freude. Im Arioso, das dem Schluß vorausgeht, erklingt allerdings h-Moll, um das In-sich-Gehen und die Innigkeit des Gebetes zu Gott zum Ausdruck zu bringen.

Es folgt eine schematische Darstellung der Tonartenfolge der einzelnen Nummern im Zusammenhang. Von der Grundtonart D-Dur des Gesamtwerkes ausgehend, wird deutlich, wie bewußt und genial Händel die verschiedenen Tonarten in einen geschlossenen Spannungsbogen bringt und sich dabei eng an der Textaussage orientiert:

| | 1. Teil | | | | | | 2. Teil | | | 3. Teil | | |
|---|---|---|---|---|---|---|---|---|---|---|---|---|
| Nr: | 1, 2 | 3 | 4 | 5 | 6 | 7 | 8 | 9 | 10 | 11 | 12 | 13 |
| Tonart: | D | h A | D | G H Fis A | D | A | g | B | g | D | h | D |

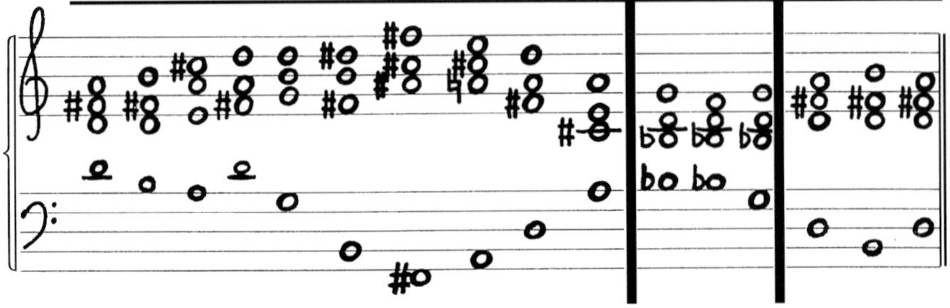

Nun einige Bemerkungen zum dritten Teil (Schlußteil): Zur Einleitung des großen Schlußabschnittes ist eine Art Trompetenfanfare zu hören, die gleichsam den Boden bereitet für die Dank- und Lobpreisung durch den Chor in Form eines feurigen Lobeschors[6]:

(Partiturausschnitt auf S. 186)

Lange nicht so häufig wie bei Bach, erklingt kurz darauf (ab Takt 36) im Chor und im Orchester eine Fuge, die aber im Vergleich zu Bach durchsichtiger konzipiert ist. Die einzelnen Themaeinsätze, die einzelnen Stimmen und ihre Fortführung lassen sich, selbst von einem ungeübten Ohr – darauf beruht ja oft die Wirkung Händelscher Musik – gut verfolgen. Das relativ leichte Erfassen dieser Fuge wird auch dadurch begünstigt, daß Händel sowohl im Chor als auch im Orchester nur Halbe und Viertel als Notenwerte benutzt, die einzelnen Stimmen von einer klaren, einfachen und einprägsamen Melodik geprägt sind und außerdem an manchen Stellen einzelne Orchesterstimmen parallel zur jeweiligen Chorstimme erklingen (z. B. Takt 36: Violine II und Alt, Takt 37: Fagott und Tenor usw.). Folge der Stimmeneinsätze: Alt, Tenor, Baß, Sopran I, Sopran II:

(Partiturausschnitt auf S. 187 ff.)

Die Fuge dauert jedoch nicht zu lange – sehr bewußt und sehr geschickt! –, und es folgt sozusagen zur Entspannung des Ohres ein herrlich klarer, von großen Notenwerten getragener, homophoner Satz, der mit mächtiger Klangfülle diese Nummer beschließt (Takte 98-109):

(Partiturausschnitt auf S. 190 ff.)

Nr. 12 besteht aus einem Baßsolo in h-Moll, einer innigen Tonart, die diesem schlichten Arioso einen ergreifenden Charakter verleiht. Es ist einer der schönsten Sätze (erinnert an Bach). Das Tempo largo, die ruhige Achtelbewegung und die spannungsvolle Harmonik verleihen dem Satz eine sanfte, wehmütige Stimmung, die der Bitte um Gnade, die der Text beinhaltet, angemessen ist. Erlesene, fast ausgefallene Harmonien, die auch etwas düster wirken, treten bei „erbarm dich“ auf:

(Partiturausschnitt auf S. 193)

[6] Die folgenden Notenbeispiele sind entnommen aus *Handel* (wie Anm. 1), S. 113, 120 ff., 131-137, 142-145 u. 153.

# Nr. 11

Allegro, non presto
Tromba I.
Organo e Bassi
7
Tr. I.
Tr. II.
Princ.
Timp.
Ob. I.
Ob. II.
Fg.
Vl. I.
Vl. II.
Vla.
S. I.
Day by day we
Tag für Tag sei
S. II.
Day by day we mag - -
Tag für Tag sei Dank
A.
Day by day we mag - ni - fy Thee, Day by day we
Tag für Tag sei Dank und Lob dir, Tag für Tag sei
T.
Day by day we mag - - ni - fy Thee, we
Tag für Tag sei Dank und Lob dir, sei
B.
Day by day we mag- ni - fy Thee, we
Tag für Tag sei Dank und Lob dir, sei
Org. e Bass.

36
Allegro non presto
Ob. I.
Ob. II.
Fg.
Vl. I.
Vl. II.
Vla.
S. I.
S. II.
Fuge
A.
and we wor - ship Thy name e - ver world with - out end,
und wir prei - sen deinen Na - men auf e - wig ohn' End,
T.
and we wor - ship Thy name e - ver world with - out
und wir prei - sen deinen Na - men auf e - wig ohn'
B.
Org. e Bass.

41
Ob. I.
Ob. II.
Fg.
Vl. I.
Vl. II.
Vla
S. I.
and we wor - ship Thy
und wir prei - sen deinen
S. II.
A.
with - out end,
auf e - wig ohn' En - de,
T.
end, with out end, and we
End, auf e - wig und wir
B.
and we wor - ship Thy name e - ver
und wir prei - sen deinen Na - men auf
Org. e Bass.

47
Ob. I.
Ob. II.
Fg.
Vl. I.
Vl. II.
Vla.
S. I.
name e - ver world with - out end,
Na - men auf e - wig oh-ne En - de,
S. II.
and we wor - ship Thy name e - ver world
und wir prei - sen deinen Na - men auf e - - -
A.
T.
wor - ship Thy name e - ver
prei - sen deinen Na - - - - - - men auf e -
B.
world
e - - - - - - - - - -
Org. e Bass.

93
98
Tr. I.
Tr. II.
Princ.
Timp.
Ob. I.
Ob. II.
Fg.
Vl. I.
Vl. II.
Vla.
S. I.
end,
-wig,
and
und
S. II.
end,
-wig,
and
und
A.
end,
-wig,
and
und
T.
end,
-wig,
and
und
B.
end,
-wig,
and
und
Org. e Bass.
6

99
Tr. I.
Tr. II.
Princ.
Timp.
Ob. I.
Ob. II.
Fg.
Vl. I.
Vl. II.
Vla.
S. I.
we wor - ship Thy name e - ver
wir prei - sen den Na - men ohn'
S. II.
we wor - ship Thy name e - ver
wir prei - sen den Na - men ohn'
A.
we wor - ship Thy name e - ver
wir prei - sen den Na - men ohn'
T.
we wor - ship Thy name e - ver
wir prei - sen den Na - men ohn'
B.
we wor - ship Thy name e - ver
wir prei - sen den Na - men ohn'
Org. e Bass.

104
Tr. I.
Tr. II.
Princ.
Timp.
Ob. I.
Ob. II.
Fg.
Vl. I.
Vl. II.
Vla.
S. I.
world with - out end.
End auf e - wig.
S. II.
world with - out end.
End auf e - wig.
A.
world with - out end.
End auf e - wig.
T.
world with - out end.
End auf e - wig.
B.
world with - out end.
End auf e - wig.
Org. e Bass.

# Nr. 12 (Baßsolo)

Largo, e piano
Violino I. II.
Viola
Basso
[Bassi]
Vouch - safe, O Lord, vouch - safe, O Lord, to keep us this day with-
Be - wahr, o Herr, du treu - er Gott, uns heut vor Schmach und
Vl. I. II.
Vla.
B.
Bass.
out sin. O Lord, have mer-cy, have mer-cy up-on us, have mer-cy. O Lord, have
al - ler Sünd. O Herr, er-barm dich, er - barm dich, sei gnädig, sei gnä-dig. o Herr, er -
Harmonien!
mer - cy up-on us, have mer - cy up-on us, O Lord, let Thy mer - cy ligh-ten up-on us, as our
barm dich, sei gnädig, o Herr, sei uns gnädig, lass Herr, dei-ne Gna - de leuchten auf uns, wie uns-re
trust is in Thee, as our trust, as our trust, our trust is in Thee.
Hoff - nung zu dir steht un-sre Hoffnung, unsre Hoff - nung zu dir steht.

* NB la Viola infra

** Mr. Abbot

Es hat eine außerordentliche Wirkung, daß Händel unmittelbar vor der triumphal wirkenden Schlußnummer dieses ergreifende, innige Baßsolo erklingen läßt.

In der folgenden Schlußnummer (13) spielen die Trompeten in der Einleitung auch die Hauptrolle, aber weniger fanfarenartig, sondern eher etwas abgeklärt, weil – wie bereits erwähnt – dieser Schluß zwar Dank und Lobpreis beinhaltet, aber auch durchsetzt ist vom Eingeständnis der eigenen Ohnmacht. Dies wird musikalisch also sehr einfühlend umgesetzt:

(Partiturausschnitt auf S. 195 ff.)

Zunächst (ab Takt 70) singt der Chor imitatorisch, um eindringlich zu wirken, die Worte „Herr auf dich steht mein Hoffen", dann ab Takt 76 homophon „laß mich nicht zu Schanden" (fast wie gesprochen!), um dann bei „Schanden" (ab Takt 79) ein ausgeprägtes Melisma (Sopran I und II) erklingen zu lassen. Händel benutzt hier drei satztechnische Mittel auf engstem Raum, die durch ihre Abwechslung und Verschiedenartigkeit das Eindringliche des persönlichen Anliegens an Gott („laß mich nicht") hervorragend zum Ausdruck bringen:

(Partiturausschnitt auf S. 198-201)

Im eindringlichen, äußerst langsamen, molto Grave wird der Satz „laß mich nicht zu Schanden werden" als Schlußpunkt gesetzt, der in einem dreifachen Forte mit mächtigem, lang ausgehaltenem D-Dur das Werk beschließt, um die Hoffnung auf Gottes Hilfe in Klang umzusetzen. Die homophone Schlußkadenz verleiht dem Werk einen schweren und prachtvollen Ausklang:

(Partiturausschnitt auf S. 202)

Nr. 13

Andante.
[Tromba I.]
[Tromba II.]
[Principal]
[Timpani]
[Oboe I.]
[Oboe II.]
[Fagotti]
[Violino I.]
[Violini II.]
[Viola]
[Soprano I.]
[Soprano II.]
[Alto]
[Tenore]
[Basso]
[Organo e Bassi]

8
Tr. I.
Tr. II.
Princ.
Timp.
Ob. I.
Ob. II.
Fg.
Vl. I.
Vl. II.
Vla
S. I.
S. II.
A.
T.
B.
Org. e Bass.

17
Tr. I.
Tr. II.
Princ.
Timp.
Ob. I.
Ob. II.
Fg.
Vl. I.
pian.
pianiss.
Vl. II.
pian.
Vla
S. I.
S. II.
Solo
A.
O Lord, in Thee, Lord, in
O Herr, auf dich, Herr, auf
T.
B.
Org. e Bass.
pian.

67
Ob. I.
Ob. II.
Fg.
Vl. I.
Vl. II.
Vla
S. I.
Thee have I trus - ted, Lord, in
dich, steht mein Hof - fen, Herr, auf
S. II.
trus - ted, have I trus - ted, Lord, in Thee, Lord, in
Hof - fen, steht mein Hof - fen, Herr, auf dich, Herr, auf
70
A.
O Lord, in Thee,
o Herr, auf dich,
T.
Lord, in Thee, Lord in
Herr, auf dich, Herr, auf
B.
Thee have I trus - ted, Lord, in Thee, Lord, in
dich steht mein Hof - fen, Herr, auf dich, Herr, auf
Org. e Bass.

73
Tr. I.
Ob. I.
Ob. II.
Fg.
Vl. I.
Vl. II.
Vla
76
S. I.
Thee have I trus - ted, let me ne - ver be con - found - -
dich steht mein Hof - fen, lass mich nicht zu Schanden wer - den, nicht zu
S. II.
Thee have I trus - ted, let me ne - ver be con - found- -
dich steht mein Hof - fen, lass mich nicht zu Schanden wer - den, nicht zu
A.
in Thee have I trus - ted, let me ne - ver be con - found - ed,
auf dich steht mein Hof - fen, lass mich nicht zu Schanden wer - den,
T.
Thee have I trus - ted, let me ne - ver be con - found-ed,
dich steht mein Hof - fen, lass mich nicht zu Schanden wer - den,
B.
Thee, in Thee have I trus - ted, let me ne - ver be con - found-ed,
dich, auf dich steht mein Hof - fen, lass mich nicht zu Schanden wer - den,
Org. e Bass.

79
Tr. I.
Ob. I.
Ob. II.
Fg.
Vl. I.
Vl. II.
Vla
S. I.
Schan
S. II.
Schan
A.
let me ne - ver be con - found -
lass, o lass mich nicht zu Schan -
T.
let me ne - ver be con - found -
lass mich nicht zu Schan -
B.
let me ne - ver be con - found - ed, let me
lass mich nicht zu Schan - den wer - den, lass mich
Org. e Bass.
5 6

84
Tr. I.
Tr. II.
Princ.
Timp.
Ob. I.
Ob. II.
Fg.
Vl. I.
Vl. II.
Vla
S. I.
- - - ed, let me ne-ver be con - found-ed, O
- - den wer - den, lass mich nicht zu Schanden wer - den, o
S. II.
- - - ed, let me ne-ver be con - found-ed, O
- - den wer - den, lass mich nicht zu Schanden wer - den, o
A.
- - - ed, let me ne-ver be con - found-ed, O
- den wer - den, lass mich nicht zu Schanden wer - den, o
T.
- - - ed, let me ne-ver be con - found-ed, O
- den wer - den, lass mich nicht zu Schanden wer - den, o
B.
ne-ver be con - found - ed, let me ne-ver be con - found-ed, o
nicht zu Schanden wer - den, lass mich nicht zu Schanden wer - den, o
Org. e Bass.

135
[Grave]
Grave
Tr. I.
Tr. II.
Princ.
Timp.
Ob. I.
Ob. II.
Fg.
Vl. I.
Vl. II.
Vla
S. I.
ne - ver be con - found - ed, let me ne - ver be con - found - ed.
nicht zu Schanden wer - den, lass mich nicht zu Schanden wer - den.
S. II.
ne - ver be con - found - ed, let me ne - ver be con - found - ed.
nicht zu Schanden wer - den, lass mich nicht zu Schanden wer - den.
A.
ne - ver be con - found - ed, let me ne - ver be con - found - ed.
nicht zu Schanden wer - den, lass mich nicht zu Schanden wer - den.
T.
ne - ver be con - found - ed, let me ne - ver be con - found - ed.
nicht zu Schanden wer - den, lass mich nicht zu Schanden wer - den.
B.
ne - ver be con - found - ed, let me ne - ver be con - found - ed.
nicht zu Schanden wer - den, lass mich nicht zu Schanden wer - den.
Org. e Bass.
Grave
Finis

# Das „Dettinger Anthem“

von Hugo Bergmann

Daß die britischen Siegesfeiern nach dem glücklichen Erfolg der verbündeten österreichischen und britischen Armee über die Franzosen in der Schlacht bei Dettingen (27. Juni 1743) ihren musikalischen Höhepunkt in Georg Friedrich Händels „Dettinger Te Deum“ fanden, ist hinreichend bekannt. Weniger bekannt ist, daß Händel neben diesem wohl großartigsten englischen Kirchenwerk der Barockzeit noch ein weiteres Werk komponierte, das den Namen Dettingen trägt: das „Dettinger Anthem“.

Die feierliche Uraufführung dieses Händelschen Anthems erfolgte zusammen mit der des Dettinger Te Deums am 27. November 1743 in Anwesenheit von König Georg II. in der königlichen Kapelle („Chapel Royal“) im St. James Palace.

Der Text des Anthems „The King shall rejoice“ wurde – wie bei den drei übrigen Händelschen Anthems – aus Psalmenversen (Psalmen 20 und 21) zusammengestellt und stimmt im 1. Satz mit dem 1727 zur Inthronisation Georgs II. als Auftragswerk komponierten ersten Händelschen Anthem überein.

Das Wort „Anthem“ ist eine altenglische Entstellung des griechischen „Antiphon“ und hat im Sprachgebrauch des Mittelalters gewöhnlich auch die gleiche Bedeutung. Hingegen diente es nach der englischen Reformation im 16. Jahrhundert zur Bezeichnung einer nicht-liturgischen Chormusik in der Volkssprache (der lateinischen Motette entsprechend), die beim Morgen- und Abendgebet gesungen wurde, und dies ist noch heute die normale Bedeutung des Wortes, obgleich es gelegentlich auch in allgemeinerem Sinne vorkommt (z. B. „National Anthem“ = Nationalhymne) und erweiternd auch auf die in der anglikanischen Kirche gesungenen lateinischen Motetten angewandt wird. Die frühesten Agenden der reformierten Kirche (die erste erschien 1549) erwähnen das Anthem nicht, wenn auch die von Königin Elisabeth I. 1559 erlassenen Vorschriften für die Geistlichkeit beim Morgen- oder Abendgebet „an hymn, or suchlike song“ vorsehen, „to the praise of Almight God in the best sort of melody and music that may be conveniently devised“. Die erste ausdrückliche Erwähnung findet sich in der Agende Karls II. vom Jahre 1662, die noch jetzt die offizielle Agende der anglikanischen Kirche ist.

Diese frühen Stücke entsprechen der Forderung der Reformatoren, die englische Kirchenmusik solle einfach sein, und stehen in auffallendem Gegensatz zu dem üppigen Stil der lateinischen Kirchenmusik, die von englischen Komponisten vor der Reformation geschrieben wurde. Sowohl damals als auch in den nachfolgenden Jahrhunderten spielte der englische Text für die Stilbildung des englischen Anthems eine wichtige Rolle. Der polyphone Stil hatte freilich ältere Wurzeln, aber das Bemühen um Einfachheit und die Rücksicht auf den englischen Text trugen dazu bei, ihm eine charakteristisch englische Prägung zu geben, die sich, ungeachtet aller Wandlungen der Ausdrucksweise, bis zum heutigen Tag gehalten hat.

Normaltyp des Anthems im späten 16. Jahrhundert war das „full anthem", d. h. ein Werk, dessen polyphoner Satz ganz vom Chor ausgeführt wurde, wenn auch nicht unbedingt immer vom vollen Chor. Byrds sechsstimmiges „Sing joyfully unto God our strength" und das sechsstimmige „Hosanna to the son of David" von Thomas Weelkes (gestorben 1623) mögen als Beispiele dienen. In Werken von diesem Typus sind – wie im gleichzeitigen Madrigal – Polyphonie und vollklingende Homophonie gegeneinandergestellt. Es ist heute üblich, diese Werke ohne Begleitung zu singen, doch geht aus einer Anzahl erhaltener alter Originalstimmen hervor, daß man sich einer instrumentalen Stütze zu bedienen pflegte.

Außer dem „full anthem" begegnen Beispiele des sogenannten „verse anthem", in welchem Abschnitte, „verses" genannt, von einer oder mehreren Solostimmen mit Instrumental-Begleitung gesungen wurden, z. B. Byrds „Have mercy upon me, o God", worin Abschnitte für Solosopran, begleitet von vier Instrumenten, mit solchen für fünf- bzw. sechsstimmigen Chor wechseln (1611). „Verse anthems" wurden auch mit einer Begleitung für Orgel statt für Instrumental-Ensemble geschrieben. „Verse anthem" und „full anthem" wurden beide auch von den Komponisten des frühen 17. Jahrhunderts gepflegt.

1642 brach der Bürgerkrieg zwischen Karl I. und dem Parlament aus, und der Sieg der Puritaner hatte die totale Unterdrückung der Kirchenmusik zur Folge.

Mit der Restauration Karls II. im Jahre 1660 lebten auch die feierlichen Gottesdienste wieder auf, und jetzt gingen die Musiker dazu über, den bemerkenswerten Stilwandel, der während der ersten Hälfte des Jahrhunderts eingetreten war, auch auf die Kirchenmusik zu übertragen. Der deklamatorische Vokalstil der italienischen Kantate und Oper war in der englischen weltlichen Musik und in Andachtsmusiken für privaten Gebrauch schon bekannt, und ein neuer Instrumental-Stil hatte die alte Auffassung vom polyphonen Stimmgewebe verdrängt. Das „verse anthem" entsprach nun weit mehr dem Zeitgeschmack. Umfangreichen Gebrauch machte man von der Chromatik, die im Elisabethanischen Anthem selten, im Madrigal aber nicht ungewöhnlich war. Eindrucksvolle Beispiele hierfür sind mehrere von Purcells Anthems. Ein anderes Kennzeichen der „verse anthems" während der Regierungszeit

Karls II. (1660-1685) war die Einführung von „Sinfonie“ und Ritornellen für Streichorchester, so daß das „verse anthem“ dieser Zeit in Wirklichkeit eine Kantate für Solostimmen, Chor und Orchester war, in der großer Nachdruck auf pathetische Deklamation und Klangpracht gelegt wurde.

Die von Händel komponierten englischen Anthems bilden durchaus eine Klasse für sich. Zwölf derselben wurden zur Aufführung in der Privatkapelle des Herzogs von Chandos geschrieben, andere für besondere Anlässe wie etwa die Krönung Georgs II. 1727. Sie haben sämtlich Orchesterbegleitung. Zur Einordnung in das übliche kirchenmusikalische Repertoire waren sie ihrer Natur nach nicht geeignet. Sie lassen die gründliche Ausarbeitung der „verse anthems“ der Restaurationszeit unter Verhältnissen wieder aufleben, wo sie eigentlich nicht mehr angebracht war.

Im späten 18. Jahrhundert verliert die englische Kirchenmusik immer mehr an Bedeutung. Ihre konservative Haltung und ihre Überschätzung der Vergangenheit führten zu einem völligen Mangel an Initiative. Zur gleichen Zeit wurde das Repertoire durch Aufnahme von Auszügen aus Händels Oratorien erweitert. Des weiteren ging man dazu über, die Werke Mozarts und anderer Komponisten des Festlandes heranzuziehen. Das Anthem, wie es in den großen Kirchen gebracht wurde, hörte auf, eine rein nationale Angelegenheit zu sein.

Georg Friedrich Händels Anthem auf den Sieg von Dettingen besteht aus folgenden fünf Sätzen:

1. The King shall rejoice
2. His honour is great
3. Thou shalt give him everlasting felicity
4. And why? Because the King putteth his trust in the Lord
5. We will rejoice in Thy Salvation

Der deutsche Text lautet:

„Der Fürst wird sich freun Deiner Macht, o Herr!
Unendlich froh wird er sein ob Deiner Gnade.
Sein Name ist groß in Deiner Gnade, Ehre und hoher Siegesruhm ward durch Dich sein Erbteil.
Du verleihst ihm ewig neue Glückseligkeit,
mach ihn froh durch den Glanz von Deinem Angesicht.
Warum? Darum, weil er setzt sein Vertraun auf den Herrn,
und in der Gnade des Allerhöchsten wird ihm nichts mißlingen.
Halleluja
Wir jauchzen laut zu Deinem Siege, frohlocken in dem Namen des starken Herrn, Halleluja.“

Händels Grab in Westminster Abbey, London.

Der erste Abschnitt des Dettinger Anthems mit seinen leuchtenden Trompetenstößen in der Einleitung versteht sich nicht nur als Abbild himmlischen Glanzes, sondern repräsentiert auch die Macht des britischen Königshauses. Der Stolz des Weltreiches konkurrierte gleichsam ganz selbstverständlich mit biblischen Vorbildern, wie die Briten beispielsweise auch im „auserwählten Volk“ des Alten Testaments in Händels Oratorien eine Prophetie auf ihre eigene politische Sendung sahen.

Händel verstand es immer wieder – wie vergleichsweise Lully am französischen Hof –, durch geschickte Ausführung seiner Kompositionen die Huld seines Königs auf sich zu lenken; König Georg II. wurde endgültig zurückgewonnen durch das „Dettinger Te Deum“, nachdem er in den Opernkämpfen teilweise zu Händels Konkurrenten übergeschwenkt war.

Die polyphone Kontrapunktik des Chorsatzes dient hier mehr der Verzierung, der Ornamentik, und ist keinesfalls Ausdruck einer göttlichen Ordnung im Sinne Johann Sebastian Bachs. Findet man in Bachscher Polyphonie das grübelnd sich Einbohrende, die dichteste und zarteste Verwicklung, so überzeugt Händel immer wieder – so auch hier – mit seiner unbegreiflichen Kunst, mit den wenigsten Tönen das meiste zu sagen, in einer Schlichtheit zu agieren, die zwar Fuge und Imitation handwerklich beherrscht, aber diese Technik mehr als Kunstschmuck einsetzt. Großbritannien mußte mit Sensationen gefüttert werden, und nur eine klar gegliederte Musiksprache konnte sich in diesen Turbulenzen allgemein verständlich machen.

Daß G. F. Händel italienische und deutsche Vorbilder in sein Werk mit einfließen läßt, zeigt der zweite Satz mit seinen Elementen der konzertierenden Kantate, z. B. mit dem Vorspiel nach Art einer Triosonate. Das Notenbild ist hier dem Text entsprechend durchsichtig und flächig angelegt, man findet die Spiegelung menschlicher Bescheidenheit vor Gottes Größe in „weißen“ Notenseiten, die schlichte Kantilene steht im Mittelpunkt, die Harmonik begnügt sich mit relativ einfachen Kadenzierungen.

Der folgende (schnellere) „Alla breve“-Chor beginnt in reiner, einfacher Fugentechnik, die die Textverständlichkeit in ihrer übersichtlichen Anordnung jedoch nie in Frage stellt, geht es doch inhaltlich um die Glückseligkeit, die der Fürst durch Gottes Huld zu erwarten hat. An entscheidenden Stellen findet Händel immer zur absolut klaren Homophonie zurück, in einer fast pompösen Ausweitung den Glanz der Krone miteinbeziehend.

Zum Stil von Kantate und Oratorium gehört die Frage des Chores „And why“? zu Beginn des nächsten Satzes. Für die Konzeption dieses Teiles hat Händel auf den Schlußchor des zweiten Aktes seines Oratoriums Semele (1743) zurückgegriffen – eine im Barock übliche Technik von Übernahmeverfahren, wie wir sie auch von J. S. Bach kennen. Die hohe Tenor-Stimme erinnert an die in dieser Epoche übliche Besetzung hoher Stimmen mit (meist italienischen) Kastraten, heutzutage durch einen Counter-Tenor besetzt.

Den Abschluß bildet eine Chorfuge, die jede harmonische Reibung nach Bachscher Manier vermeidet und in ihrer festlichen Ausstrahlung in Reminiszenz zur Einleitung mit dieser einen alles umfassenden, funkelnden Rahmen bildet. Das dem Psalmtext hinzugefügte Alleluja bildet ein zweites Thema aus, gekennzeichnet durch seine fallende Septime.

Wenn man bedenkt, daß Oper und Oratorium aus einer Wurzel erwachsen sind, daß das Oratorium keineswegs eine Art Kirchenkonzert, sondern letztendlich auch großenteils als Sproß der Versuche von Florentiner Humanisten um 1600 anzusehen ist, und dabei nicht außer acht läßt, daß Händels Oratorien und Anthems sich in ihrer inneren Konzeption gegenseitig durchdringen, so mag man verstehen, daß auch das „Dettinger Anthem" letztendlich nicht ausschließlich als geistliches Werk zu bewerten ist, sondern daß hier eigentlich ein dramatisches Talent am Werk ist, das es versteht, viele Bedürfnisse mehrerer Beteiligter – Gott, König, Volk, Händel selbst – in einem musikalisch wie menschlich überzeugenden Werk schöpferisch zu vereinigen.

G. F. Händel selbst hat, wie einem gutgemeinten Rat an den jungen Komponisten-Kollegen Gluck anläßlich dessen Besuches in London zu entnehmen ist, seine Musik in folgendem Zusammenhang gesehen:

> „Wenn Sie bei den Engländern sich wirklich durchsetzen wollen, so denken sie nicht an die Feinheit, sondern an irgendeinen exorbitanten Klang".

Vielleicht kommt man aber auch Händels Anspruch an die Musik am nächsten, wenn man eine Antwort Händels nach einer Aufführung des „Messias" auf eine diesbezügliche Frage bedenkt:

> „Ich würde es bedauern, Euer Lordschaft, wenn ich meine Zuhörer nur unterhalten hätte – ich wünschte sie zu bessern!"

Quellen und Literatur


*Otto Erich Deutsch*, Handel – a Documentary Biography, London 1955.

*Paul Henry Lang*, Georg Frideric Handel, London 1966.

*Eugen Ortner*, Georg Friedrich Händel, München 1985.

*Arthur D. Walker*, Georg Friedrich Händel. Dettinger Te Deum, in: George Friderich Handel, Te Deum for Solo Voices, Chorus and Orchestra, D major. „Dettingen Te Deum", hrsg. v. Arthur D. Walker (Edition Eulenburg, Nr. 945), London/Mainz/New York/Tokyo/Zürich 1970, S. III-VII.

# Abbildungen und Pläne der Schlacht bei Dettingen

## Ergänzung der Dettingen-Bibliographie Gustav Stadelmanns

von Helmut Winter

Für Gustav Stadelmann[1], den am 19. November 1991 im Alter von 95 Jahren verstorbenen Sammler und Mäzen, Ehrenbürger der Stadt Aschaffenburg, war die Schlacht bei Dettingen „so ziemlich das wichtigste Ereignis in unserer engeren Heimatgeschichte". Dieses kriegerische Ereignis hat ihn Jahrzehnte in seiner Tätigkeit als Sammler historischer Werke, bildlicher Darstellungen und Drucke begleitet. Im Aschaffenburger Kirsch-Verlag erschien 1929 Stadelmanns „Bibliographie der Schlacht bei Dettingen"[2]. Aus den hinterlassenen Unterlagen kann man sich ein gutes Bild machen von den vielen Schwierigkeiten bei der Durchführung dieses Vorhabens. Diese Bibliographie spielt

[1] Zu Gustav Stadelmann (1896-1991) vgl. u. a. *G[errit] W[alther]*, Gustav Stadelmann wird Ehrenbürger der Stadt Aschaffenburg. Ein Grandseigneur der Heimatforschung. Ernennung zum 85. Geburtstag am 19. August – „Sammlung Stadelmann", in: Aschaffenburger Volksblatt. Tageszeitung für Unterfranken (künftig: VB) 1981, Nr. 180 (8. August), S. 9; *E[rnst] P[feifer]*, Stadelmann 85 Jahre und Ehrenbürger. Er hat seine heimatkundliche Bibliothek mit 4000 Bänden der Stadt geschenkt, in: Main-Echo. Unabhängige Zeitung für Untermain und Spessart (künftig: ME) 1981, Nr. 187 (18. August), S. 11; Gustav-Stadelmann-Ausstellung in Karlstein. Ehrenmedaille für Heimatforscher. Eröffnung der Schau und Überreichung der Auszeichnung am Samstag um 15 Uhr, in: VB 1982, Nr. 4 (7. Januar), S. 15; Die Bibliotheken von Washington und Leningrad um Informationen gebeten. Gustav-Stadelmann-Ausstellung in Karlstein – Schlachtpläne und Kaiser-Urkunde im Original, in: ME 1982, Nr. 5 (8. Januar), S. [16]; Geschichtsverein Karlstein würdigt G. Stadelmann mit Sonderausstellung. Mit seinem Namen ist die Erforschung der Schlacht bei Dettingen eng verbunden, in: ME 1982, Nr. 7 (11. Januar), S. [18]; *Renate Welsch*, Gustav Stadelmann – ein Sammlerleben, in: Mitteilungen aus dem Stadt- und Stiftsarchiv Aschaffenburg 1 (1983-1986), S. 29-34; *Claus Morhart*, Gustav Stadelmann oder die Vermittlerrolle des Sammlers. Was aus persönlichem Interesse erworben wurde, gehört der Öffentlichkeit, in: Spessart. Monatsschrift des Spessartbundes. Zeitschrift für Wandern, Heimatgeschichte und Naturwissen 1985, Novemberheft, S. 7–8; Gustav Stadelmann am Dienstag 90 Jahre: Engagement galt stets dem geliebten Aschaffenburg, in: VB 1986, Nr. 187, S. 13; *E[rnst] P[feifer]*, Eine Heimatkunde-Sammlung, die nicht um des Besitzes willen zustandekam. Ehrenbürger Stadelmann wird 90 Jahre alt – Ein Buch soll einen Teil seiner Grafiken präsentieren, in: ME 1986, Nr. 187 (18. August), S. 15; Ehrenbürger seit 1981. Gustav Stadelmann starb mit 96 Jahren. Heimatforscher bis ins hohe Alter aktiv, in: VB 1991, Nr. 268 (21. November), S. 9; *Ernst Pfeifer*, Die Impulse, die von ihm ausgingen, leben weiter. Sammler und Ehrenbürger Gustav Stadelmann gestorben, in: ME 1991, Nr. 269 (22. November), S. 20.

[2] *Gustav Stadelmann*, Bibliographie der Schlacht bei Dettingen nebst Verzeichnis der vorhandenen Abbildungen und Pläne, Aschaffenburg o. J. [1929], 30 S., 4 Abbildungstafeln.

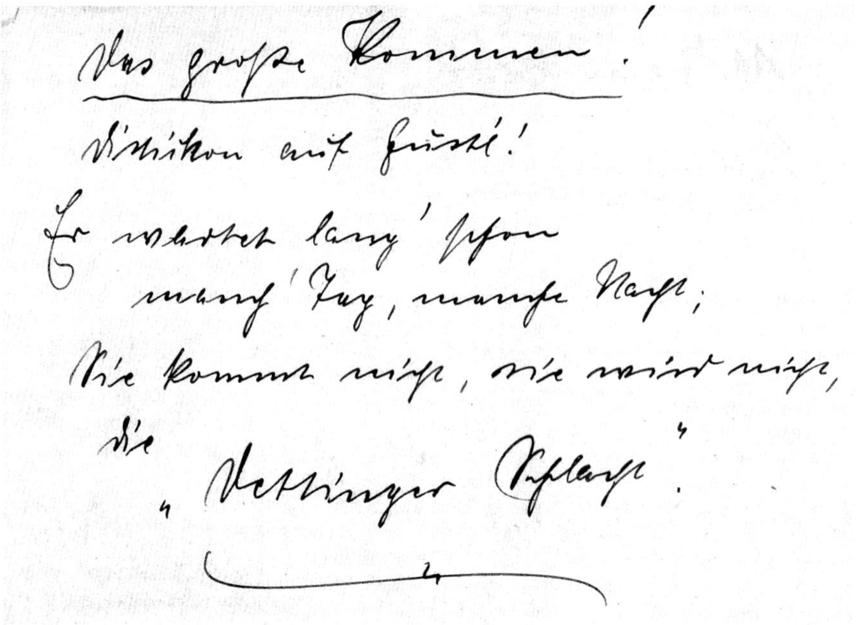

Das große Kommen!
Distichon auf Gust'l!
Er wartet lang' schon
manch' Tag, manche Nacht;
Sie kommt nicht, sie wird nicht,
die
„Dettinger Schlacht".

noch heute für die Geschichtsforschung im Umfeld des Österreichischen Erbfolgekrieges eine wichtige Rolle. Das oben abgedruckte Distichon, ein persönliches Zeugnis aus den zwanziger Jahren, geschrieben von einem Mitglied der Familie Stadelmann, gibt Auskunft über die Mühen des jungen Gustav Stadelmann.

Überzeugend, hilfsbereit, menschlich wirkte Gustav Stadelmann vor allem durch seine Bescheidenheit und seine versteckte Ironie. Exemplarisch sei aus dem Vorwort der Bibliographie zitiert[3]:

> „Die Bedeutung, welche die Schlacht von Dettingen, die so ziemlich das wichtigste Ereignis in unserer engeren Heimatgeschichte darstellt, auch für die Weltgeschichte besitzt, darzulegen und zu erläutern ist Sache

[3] Ebd., S. 3.

*Gustav Stadelmann im Alter von 75 Jahren (Aufnahme: Foto-Samhaber, Inh. Hesse, Aschaffenburg).*

eines Militärs oder Historikers, aber nicht Aufgabe eines Laien. [ . . . ] Der Schreiber dieser Zeilen hat sich ein bescheideneres Ziel gesetzt, indem er versuchte[,] eine Bibliographie und ein Verzeichnis der Pläne dieser Schlacht zusammenzustellen. Er ist sich zwar völlig klar darüber, daß er mit dieser Veröffentlichung keinem dringenden Bedürfnis abgeholfen hat, dennoch hofft er[,] den an jenem Zeitabschnitt interessierten Historikern eine kleine Erleichterung bei der Aufsuchung des Quellenmaterials bereitet zu haben."

Unten wird zunächst der zweite Teil der von Stadelmann erstellten Bibliographie mit dem Verzeichnis von 52 Abbildungen und Plänen der Schlacht bei Dettingen[4] in fotomechanischem Nachdruck wiedergegeben, dann folgt eine Auflistung (Nr. 53-109) der seit 1929 aufgefundenen Stücke.

[4] Ebd., S. 17-25.

# II. Teil

## Abbildungen und Pläne der Schlacht bei Dettingen

In diesem Abschnitt werden die Pläne der Schlacht, meist Einblattdrucke, soweit der Verfasser von ihnen Kenntnis erhielt, aufgezählt. Es ist zwar bereits ein Verzeichnis derselben von August Eichelsbacher in der illustrierten Monatsschrift „Spessart" publiziert worden (s. Anhang!), doch ist dieses sehr lückenhaft und unvollständig, da Eichelsbacher nur 6 Pläne bekannt geworden sind.

Drei Gruppen sind bei der Sichtung der folgenden Blätter zu unterscheiden: Die erste besteht aus bildlichen Darstellungen der Schlacht, welche ausschließlich in Kupferdruck ausgeführt sind und mitunter der Phantasie-Begabung ihrer Hersteller alle Ehre machen. (s. Anmerkung 1) Zumeist befindet sich auf diesen Stichen auch noch eine kleine Uebersichtskarte und eine mehr oder minder schwülstig abgefaßte Erklärung der Begebenheiten. (s. Anmerkung 2.)

Die zweite Gruppe setzt sich aus den einfachen Plänen zusammen, die bis 1830 etwa in Kupferdruck, von da an in Steindruck oder in Buchdruck hergestellt wurden. Diese Pläne entsprechen in der Mehrzahl aller Fälle ziemlich den Tatsachen und weisen daher untereinander eine große Aehnlichkeit auf. Bei einigen Blättern ist diese jedoch so auffallend, daß man füglich annehmen muß zu jenen Zeiten habe noch kein Urheberrecht bestanden. Daß eine lebhafte Nachfrage nach Dettinger Drucken vorhanden war, beweist der Umstand, daß der Kupferstecher Reinhardt in Frankfurt a. M. sogar zwei verschiedene Pläne von der Schlacht verfertigte. Ueberschrift und Erklärung der Ziffern und Buchstaben sind auf einigen Blättern sogar mehrsprachig zu finden; unter den fremden Sprachen nimmt natürlich die französische, die Gelehrtensprache des XVIII. Jahrhunderts, die erste Stelle ein.

Die dritte Gruppe endlich bilden die in Tusche oder in Farben von Hand gefertigten Schlachtenpläne, welche hier nur in Ausnahmefällen aufgenommen wurden und auch dann nur, wenn sie sich im Besitze einer öffentlichen Bibliothek oder Sammlung befinden. Zum Teil sind solche Zeichnungen Originale, zum Teil jedoch nur Nachbildungen von Stichen, die sich Teilnehmer an der Schlacht oder anderweitig an ihr Interessierte verfertigt hatten, um das Geld für die immerhin teueren und für manchen unerschwinglichen Kupfer zu sparen

---

Anmerkung 1: Eine rühmliche Ausnahme macht allerdings das Blatt Nr. 1, das eine lebendige Darstellung der Schlacht bietet.

Anmerkung 2: Diese teilweise sehr umfangreichen Beschreibungen, welche sich übrigens auch auf einigen Blättern der zweiten Gruppe vorfinden, mußten selbstverständlich in der folgenden Zusammenstellung weggelassen werden. Eichelsbacher veröffentlichte ohnedies eine solche in seinem bereits erwähnten Aufsatz. (s. „Spessart", Jahrgang 1924/25, Heft Nr. 10, S. 14—16.)

# Deutsche Kupferstiche und Pläne

a)

## Bildliche Darstellungen der Schlacht in Kupferdruck

1. Eigentliche Vorstellung, der den 27ten Junii 1743. bey Dettingen ohnweit Hanau, zwischen den Alliirten, so von Ihro Königl. Majest. von Engeland in allerhöchster Persohn commandirt worden, und den Frantzösischen Trouppen, unter Commando des Hertzog von Noailles, vorbeygegangenen scharff — und blutigen Action, worinn die Frantzosen geschlagen und von den Alliirten, sich wider über den Mayn zu retiriren, gezwungen worden, welche Situation im Kupffer in einem Land-Kärtlein deutlich zu ersehen ist, nebst angehängter Relation, derer dabey vorgefallenen Umständen.

   Die eine Hälfte des Blattes nimmt ein dekorativer Stich ein, die andere eine ausführliche Erklärung. Außerdem befindet sich auf dem Blatt ein Portrait des Königs Georg II. und eine kleine Landkarte. Das Blatt ist das schönste, welches dem Verfasser begegnete.
   Elias Baeck, à H. sculpsit et excudit Aug. Vindelicorum.
   Augspurg zu finden bey Elias Bäck, à H. Kupfferstechern, wohnhaff auf dem untern Graben. (Blattgröße: 63 cm × 36,5 cm) Cum privilegio Sacri Rom. Imperii Vicariatus et C. P. P. S. V. (Siehe Abbildung 1.)
2. Retirade und Flucht der Frantzosen über den Mayn, nach verlohrner Schlacht, bei Dettingen, im Churfürsthentum Mayntz, welche zwischen ihnen und der alliirten Königl. Englisch-Hannöverisch- und Österreichischen Armee unter ihre Königl. Majest. von Engelland höchsten Commando vorgefallen den 27ten Juny 1743.
   oben Darstellung der Flucht, unten eine kleine Karte von Franken. (anonym, Blattgröße: 24 cm × 32 cm). (Siehe Abbildung 2.)
3. Eigentliche Abbildung der Blutigen doch Siegreichen Feldschlacht bey Dettingen am Maijn, welche den 27. Junii 1743, zwischen denen Hohen Alirten, ...... und der Frantzösischen Armee vorgegangen. Die Alliirten gehen über den Kaalfluß. Im Vordergrund Handgemenge; links oben Erklärung der Buchstaben, rechts oben Plan des Treffens. (Blattgröße: 38 cm × 28 cm).
   Nürnberg von Christoph Riegel, Buch- und Kupferstichhändler.
4. Vorstellung und Beschreibung der den 27. Junii dieses 1743 sten Jahrs / bey Dettingen / ohnweit Hanau / zwischen denen Königlich Ungarischen Alliirten / so von Ihro Königl. grossbrittnischen Majestät selbsten in allerhöchster Person kommandiret worden / und den königlich französischen truppen / unter dem Commando des Duc de Noailles, vorgefallenen scharffen und blutigen Aktion, worinnen nach einem hartnäckigen Gefechte, die Franzosen endlich von den Alliirten geschlagen und wieder über den Mayn zurückzugehen gezwungen worden sind.
   mit folgender Beschreibung des Herganges der Schlacht; darüber Abbildung derselben. Erklärungen 1—19.
   Augspurg, zu finden bei David Mehrerer Brief Mahler, wohnhafft auf dem Untern Graben (Blattgröße: 34 cm × 58 cm). s. „Spessart" Jahrg. 1924/25 Heft 10, Seite 14/16.

5. Plan des den 27. Jun. 1743 bey Dettingen fürgefallenen Treffens, zwischen der Königl. Alliirten und Königlichen Französischen Armee, am Mayn Strom von Abend gegen Morgen abgezeichnet.
Mit 2 Plänen und 2 Kampfscenen.
Ueberschrift und Erklärungen (a — o) in deutscher u. englischer Sprache. (Blattgröße 37,5 cm — 32 cm).
Exz. Christoph Weigely Vidua; Joh. Sebast. Müller, sculp. Norib.
s. „Spessart" 1924/25 Heft 11, Seite 9, Ziffer 4. (Siehe Abbildung 3.)

6. eigentl. Vorstellung / und aus genauen Nachrichten hergenommene Beschreibung des über die Französische Armee unter der Heldenmüthigen Anführung des Königs in Engelland Majest. von denen Englisch- und Oesterreichischen alliirten Völkern zwischen Dettingen und Kleinostheim, 2 Stunden von Hanau, den 27. Jun. 1743 befochtenen Siegs.
oben Abbildung der Schlacht; unten Erklärungen 1—16 und 2 Spalten Text. Nürnberg zu finden bey Friedrich Wilhelm Geyer, neben der Barfüsser-Kirchen. (Blattgröße: 32 cm × 49 cm).

## b)

## Gestochene und gedruckte Pläne

7. Plan der Bataille bey Dettingen zwischen der Alliirten königl. Ungarischen und königl. Frantzösischen Armee den 27. Juniy 1743 anonym, s. l. et a. mit Erklärung A — M; 1—7.
(Blattgröße 34 cm × 23,5 cm) Siehe Anmerkung.

8. Plan über die Bataille bei Dettingen zwischen der Alliyrten Königl. Ungarischen und Königl. Frantzösischen Armée, den 27. Juny 1743.
A. Reinhardt sc. Francofurt, s. a. mit Erkl. A — M; 1—7.
(Blattgröße: 36 cm × 23,5 cm).

9. Der nämliche Plan wie Nr. 8. Unten statt Reinhardt: Berger excudit Berlin 1743 (siehe Anmerkung).

10. Carte de Guerre de L'Armée Alliée de S. M. La Reine de Hongrie..... Kriegs Charte der Königl. Ungarischen Alliirten Armee unter Commando Sr. Königl. Großbr. Majestaet Georg II. und der Königl. Frantzösischen Armee unter Commando des Marschalls Duc de Noailles an dem Maynstrohm 1743 worauf alle Campements und Marches beyder Armeen nebst dem Plan der Bataille vom 27. Juny bey Dettingen vorgesteellt werden.
Mit deutschem engl. und franz. Text.
Franckfurt am Mayn bey Ludwig Heinrich Brönner.
sculp. Ostertag A. Frank. Mog. (Blattgröße: 48 × 27 cm).

11. Vorbildung derer, drei an dem Ober-Rhein-Strom, liegenden wichtigen Vestungen, samt derer, den 27. Juny 1743, bey Dettingen zwischen denen Hohen Aliirten u. Französischen Völkern vorgegangenen Action.
anonym s. l. et a. (Blattgröße: 15,3 × 30,4 cm).

12. Plan über die Bataille bey Dettingen zwischen der Hohen Alliirten und Frantzösischen Armee. den 27. Juni 1743.
Erkl. A — M; 1—7.
anonym (Blattgröße 28 × 17 cm) s. l. et a.

13. Der Mayn-Strohm, von Obernau bis Seeligenstadt sambt umliegender Gegend, und sonderlich dem d. 27. Juni 1743 bey Dettingen fürgefallenen Treffen.
Gottfried Friederich Krieger sculpsit. — Excudit Christoph Weigely Vidua s. l. et a. (Blattgröße 26 × 16 cm).

14. Plan sur la Situation du Camp de l'Armée des Alliés pres d'Aschaffenbourg et sur la Bataille qui s'est donnée le 27 Juin 1743 entre Eux et les François aux environs de Dettingen.
B. L. delin. A. Reinhardt sc. Francof. s. a.
Francfort sur le Mayn se vend chez Henry Hutter.
Erkl. deutsch, englisch und französisch A — R.
(Blattgröße 37,5 × 25 cm).

14a Ziemlich der gleiche Plan wie der vorhergehende, nur mit einigen zeichnerischen Aenderungen (es fehlt z. B. die Windrose!)
Text, Zeichner, Stecher, Verleger wie bei Nr. 14.

15. Ordre de Bataille de l'Armée Britannique, et Autrichienne, commandée par Sa Maj. Britann. 1743.
Zu finden bey Bern. Gottl. Fridrich in Regensburg. s. a.
(Blattgröße: 18 × 28,5 cm).

16. Plan der Schlacht bei Dettingen — Beilage zu der Wahrh. und ausführl. Relation von der am 27. Junii 1743 zwischen den Alliirten und Franzosen bey Dettingen vorgefallenen Action s. l. et a.

17. Plan über die Bataille bey Dettingen zwischen der Hohen Alliirten und Frantzösischen Armee. den 27. Juni 1743. s. l. et. a.
Erkl. A — M und 1—7. anonym (Blattgröße: 28 × 17 cm.)

18. Plan über die Bataille bei Dettingen zwischen der Allijrten Königl. Ungarische und Königl. Frantzösisch. Arme den 27 Juny 1743
(Blattgröße 9,5 × 14,8 cm). (Norden unten!) s. l. et a.

19. Situation des schönen Feldtlagers derrer Königl. Gr. Brittanische Königlich Hungarischen und Hannoverischen Truppen bey Franckfurt am Mayn A. 1743, Nürnberg bey Christoph Riegel Buch- und Kunsthandlung unter der Vesten (Blattgröße 47,4 × 36,8 cm).
Mitte links, Plan der Schlacht bei Dettingen; unten Abbildung des Lagers.

20. Plan über die Bataille / bei Dettingen / zwischen / der Allijrten Königl. Ungarischen / und Königl. Frantzösischen Armée / den 27. Junij 1743. mit Erkl. A — S (37/22 cm) anonym. in dem Werk: „Historischer Kern oder Chronica der merkwürdigsten Welt-, Kriegs- und Friedensgeschichte geschichte des Jahres 1743" Hamburg 1744; zwischen S. 160/161.

21. Belli ab obitu Caroli VI Imperatoris usque ad pacem Dresdae d. 25. Dec. MDCCXLV. Factam tam in Germania quam Belgio ob Succesionem Austriacam gesti Theatrum geographice delineatum a. L. J. Krausio LL. cult. curantibus Homannianis Heredibus A. 1784. (Norib.)
Der Titel ist von kriegerischen Emblemen umrahmt. Das Blatt ist eine Uebersichtskarte der verschiedenen Kriegsschauplätze.
(Blattgröße 107 × 47 cm).

22. Plan der Schlacht von Dettingen.
Im Neuen Militärischen Journal, Hannover 1790, IV. Band.

23. Schlacht bei Dettingen, den 27. Juni 1743.
del. Abt Buchner; C. F. Schuhmacher Graveur.
mit Erkl. A — W (Blattgröße: 18 × 16 cm).
Beilage zu Steiners Schlacht bei Dettingen, Aschaffenburg 1820, Darmstadt 1834 (II. Aufl.) sowie zur Beschreibung der Schlacht bei Dettingen. Programm zur Säkularfeier in Dettingen, den 27. Juni 1843; Darmstadt 1843.

24. Plan der Schlacht von Dettingen am 27. Juni 1743 aus der Oesterr. milit. Zeitschrift; Jahrgang 1830, Heft 10. (Kupferstich). (Blattgröße: 26 × 16 cm)

25. Schlacht bei Dettingen, den 27. Juni 1743.
Bataille de Dettingen, le 72. juin 1743.
Fuchtmann gez. Lithographie (Blattgröße: 48×37 cm).
Im Atlas der merkwürdigsten Schlachten, Treffen und Belagerungen der alten, mittleren und neuen Zeit, von Fr. von Kausler. 65. Blatt. B. Herder, Carlsruhe 1831 und in der französischen Uebersetzung Merseburg, Frédéric Louis Nulandt 1839.

26. Plan der Schlacht von Dettingen am 27. Juni 1743.
Schneidawind del. der Plan ist ein Kopie von Nr. 24 (Lithographie) (Blattgröße: 26 × 16 cm).
Beilage zur Schrift: Die Schlacht von Dettingen mit ihren Vorgängen von Franz Joseph Adolph Schneidawind.
Aschaffenburg bei Th. Pergay 1838; außerdem ist diese Arbeit mit Plan im Archiv des Historischen Vereins von Unterfranken und Aschaffenburg Bd. V, Heft 1, S. 75—120 (1839) zu finden. Plan S. 120.

27. Plan der Schlacht bei Dettingen.
Beilage zum 50. Band des „Organ der militärwissenschaftlichen und Casinovereine. 1895. (= Tafel II).

28. 3 lithographierte Pläne der Schlacht von Dettingen auf Tafel XII der graphischen Beilagen zum V. Band des Werkes „der Oesterreichische Erbfolgekrieg 1740/48" Wien 1901, L. W. Seidel & S.

29. 1 Plan und 1 Skizze in Buchdruck in der ill. Wochenschrift „Das Bayerland" 24. Jahrgang, Nr. 41, München 1913 (Beiblatt S. 225 und 226).

## c)
## Handgezeichnete Pläne

30. Plan der Schlacht von Dettingen
Bes. Provinzial-Bibl. Hannover
(Blattgröße 69 × 27 cm)

31. Plan der Schlacht von Dettingen
Bes. Provinzial-Bibl. Hannover
(Blattgröße: 46 × 34,5 cm).

Außerdem besitzt das Bomann-Museum für hannoversche Heimatgeschichte in Celle eine Photographie einer Handzeichnung, welche die Schlacht bei Dettingen darstellt. Der Standort des Originals ist unbekannt. Die Ueberschrift lautet: „Vorstellung der Herrlichen Victorie, welche Sr. Königl. Maj. von Großbritannien in Höchst eigener Person, mit Dero und der Königl. Ungarischen Armee über die Königl. Frantzösischen Truppen bey Dettingen erhalten.“

Das Bild zeigt ein Gewühl von Truppenbewegungen ohne Anspruch auf historische Treue im einzelnen. Eine kurze Erläuterung über den Verlauf der Schlacht steht darunter; auch ein Verzeichnis der bedeutendsten Fürstlichkeiten und Generäle findet sich auf dem Blatt. Der Name des Zeichners hingegen fehlt.

# Englische Kupferstiche und Pläne

a)

## Bildliche Darstellungen

32. Vue de l'Armée des alliés commandée par le Roi d'Angleterre en personne à Dettingen (so zitiert bei Duplessis, doch dürfte wohl die Überschrift englisch sein. d. Verf.)
F. Daremberg delin. J. Pano sculp. Printed for Robt. Wilkinson 58, Cornhill.

b)

## Gestochene und gedruckte Pläne

33. An exakt Prospect of the forces of his most sacred Majesty King George ........ London Published according to act of Parliament August 8th 1743 by Tho. Bakewell Map and Printseller faceing Birchin lane in Cornhill.
(Möglicherweise gehört dieses Blatt auch zur Gruppe a)

34. A Plan of the Battle of Dittengen, the River Mayne and places adjacent. June 16, Einzelblatt fol.
G. Bickham Junr. sc. (London) 1743.

35. An exact Plan of the Battle of Dettingen..... S. R. Spalart P. Jourdrinier sculps.
P. Jourdrinier London 1743.

36. Plan der Schlacht von Dettingen: Beilage zu: Memorial of the Earl of Stair. p. 7 fol. 1744 (1743).

37. Plan der Schlacht von Dettingen enthalten im Gentleman's Magazine, Band XIII, 1843, Seite 434/35, mit Anmerkungen.

38. Plan der Schlacht von Dettingen enthalten in: Sir J. W. Fortesene: A History of the British Army. (Vol. II, Bk. VII) 1899.

39. Plan der Schlacht von Dettingen enthalten in: The Military Life of Field-Marshal George, First Marquess Townshend, 1724—1807. 1901. Plan Seite 18.

40. Plan der Schlacht von Dettingen enthalten in: The Political History of England. Edited by W. Hunt and R. L. Poole.
(Vol. IX. Cap. XXIII). 1909.

41. Plan der Schlacht von Dettingen enthalten in: Hon. Evan Charteris: William Augustus Duke of Cumberland: His Early Life and Times (1721—1748.) 1913. Seite 128.

# Französische Pläne

a)

## Gestochene und gedruckte Pläne

42. Plan des Positions des Armées de France et Celle des Alliés auant et pendant l'action à Dettingen le 27. Juin 1743.
Barbier del. Weis sc.
à Strasbourg chée Perrier Marchand d'Estempes sur la grande Place du College vis à vis de l'Eglise Neuf.
Erkl. 1—16; (Blattgröße 32 ×20,5 cm). Siehe Anmerkung!

43. Plan de la Bataille de Dettingen entre l'Armée de France sous les ordres du Maréchal de Noailles et celle des Alliés commandée par le Roy d'Angleterre le 27. Juin 1743.
A. Trijsz sculps. 1744. s. l.
(Francfort 1745 Paul Lenclume)
(Blattgröße: 37 ×25 cm).
in der „Histoire de la dernière Guerre de Bohême", Teil II, S. 230.

44. Combat de Dettingen du 27. Juin 1743 entre les alliés de l'Empereur et de la Reine d' Hongrie.
A Paris (c. 1745) chez le sieur Le Rouge, geographe du Roi, rue des Augustins vis à vis le panier fleuri. fol.
(Blattgröße: 34 × 26 cm).

45. (Poncelin) Combat de Dettingen du 27. Juin 1743 entre les Alliés de l'Empereur et de la Reine d' Hongrie, et l'armée de France Paris 1788 (Momeau).
anonym mit Erkl. A — R; (Blattgröße: 24 × 19 cm.)

46. Bataille de Dettingen.
Nachbildung eines von Liébaut signierten Planes der Bibliothèque nationale, Paris (wohl Plan Nr. 43) Erkl. A — M; (Blattgröße: 36×18 cm).
Beilage zur Campagne de Mr. le Maréchal de Noailles en l'anneée MDCCXLIII. Journal du Chevalier de Malbez von J. du Teil Paris 1892. bei Alphonse Picard, rue Bonaparte 82.

b)

## Handgezeichnete Pläne

47. Croquis de la bataille de Dettingen, welches dem Original des „Journal du Chevalier de Malbez" beigelegt ist (gezeichnet von diesem selbst) Bes.?

48. Plan des positions des armées de France et celle des Alliés avant et pendant l'action à Dettingen le 27. juin 1743.
(Blattgröße: 37,5 × 25,5 cm).
Bes. Bibliothèque de l'Arsenal, Paris.

49. Bataille d'Ertinghen 27. juin 1743.
Carte depuis Aschaffenbourg jusque à Seliguenstatt.
donnant: le champ de bataille le 27. juin 1743, la batterie de canon qui a suivi les ennemis.... première position de l'armée françoise, seconde position du 26. juin, position de l'armée des ennemis le 18. juin.
(Blattgröße: 39 × 28 cm).
Topographischer, kolorierter Plan.
Dieser Plan stammt von dem Marquis de Paumy d'Argenson, als er seinem Onkel, dem Kriegsminister Grafen von Argenson zugeteilt war.
Bes. Bibliothèque de l'Arsenal, Paris.

# Niederländische Pläne in Kupferdruck

50. Plan de l'Action de Dettingen du 27. Juin 1743 entre l'Armée Alliée de la Reine d' Hongrie sous ordres du Roi de la Grande Bretagne et celle de France commandée par le Maréchal de Noailles entre Hanau et Aschaffenbourg.
St. Halaire Mallet Ing. Sculps. 1743.
In 's Gravenhage, by J. A. Barrau, in de Begynstraat 1743 mit Erkl. in deutscher und niederländischer Sprache A — M; 1 — 7.
(Blattgröße: 34 × 35,5 cm).

51. Plaan van de Victoreuse Batallje by Dettingen behaald door de Geallieerde Koninglijke Hongarische, op de Koninglyke Fransche Armeen op den 27. Juny 1743.
mit langer Beschreibung des Herganges der Schlacht und einer Kopie eines Briefes von Lord Carteret an den Herzog von Newcastle mit Erkl. A — M; 1 — 7; (Blattgröße: 36 × 23 cm). anonym, Norden unten!
Te Amsterdam, by Reinier en Josua Ottens, Kaart en Boekverkoopers in de Weereld Kaart.

52. Veldslag tusschen de Geallieerde en Fransche Armeen aan den Main by Dettingen voorgevallen op den 27. Jun. 1743.
(Blattgröße: 19 × 20,4 cm).
Beilage zum „Oorlogs Toneel van EUROPA etc." Teil I. S. 352
Te Leyden 1750.

---

Anmerkung zu Nr. 9. Diese Abart fand sich nur in der Sammlung des Buchhändlers Wolf vor, welche wohl in Bälde in den Besitz der Stadt Aschaffenburg gelangt.

Anmerkung zu Nr. 7 und 42. Diese Pläne befinden sich in der Sammlung Wolf und in der Sammlung des Verfassers.

Wie wir sehen, wurde durch das ungemein rege Interesse, welches die Zeitgenossen jener vor den Toren Aschaffenburgs geschlagenen Schlacht entgegenbrachten, eine ganze Menge von Grabsticheln in Bewegung gesetzt, um den Verlauf des großen Kampfes der Mit- und Nachwelt zu überliefern.

Doch lebendiger und packender, als dies die alten Kupferstecher mit ihren einfarbigen, höchstens kolorierten Stichen vermochten, stellte in neuerer Zeit

(1879) der Maler Wilhelm Emélé eine Episode aus der Schlacht dar:[1]) Der Feldmarschall Herzog von Arhemberg beglückwünscht gerade König Georg II. zu dem entscheidenden Sieg des linken Flügels. Eine Reproduktion dieses Gemäldes gab die Kunst- und Verlangsanstalt Franz Hanfstaengl in München heraus; der Standort des Originals selbst ist dem Verfasser trotz eifrigen Nachforschens leider unbekannt geblieben.

Die letzte graphische Darstellung der Dettinger Schlacht erschien vor etwa 2 Jahren in der englischen Zeitung: „The Daily Mirror" zu London als Reklamebild. In ähnlicher Weise wie die Haus Neuerburg — Zigarettenfabrik in Köln, welche Bilderserien aus dem Leben des Kölner Bürgermeisters Overstolz in Reklameartikeln brachte, verfährt auch die „Army Club" Zigarettenfabrik in London, eins der größten Werke dieser Branche in England, indem sie ihre Anzeigen mit eindrucksvollen Darstellungen aus der englischen Geschichte schmückt. Eins dieser Bilder, das von R. Caton Woodville gezeichnet ist, führt uns nun ein Ereignis aus der Schlacht bei Dettingen vor Augen, ein Zeichen dafür, daß auch in England die Erinnerung an jene denkwürdige Schlacht noch nicht ganz entschwunden ist. Auf dem Bild sehen wir, wie König Georg, dessen Pferd gerade totgeschossen worden ist, eine zerfetzte Regimentsfahne ergreift und mit dem Ausruf: „I don't want a d——— d horse" (ich wünsche keine totes Pferd) an der Spitze seiner Truppen auf die Franzosen losstürmt. Unter dem Bild ist zu lesen: „George II. at the Battle of Dettingden 1743 (Georg II während der Schlacht bei Dettingen 1743).

Friedrich der Große schildert allerdings in seiner Geschichte des siebenjährigen Krieges (s. das Werk von Volz, Seite 141) diesen Vorfall etwas anders. Danach wurde das Pferd des englischen Königs durch die französische Kanonade scheu und wäre mit ihm beinahe mitten in die französischen Linien durchgegangen, wenn sich nicht sein Stallmeister der Zügel bemächtigt hätte. Georg stieg darauf sofort ab und focht von nun an zu Fuß an der Spitze eines englischen Bataillons weiter.

Daß auch eine Münze auf den Sieg geschlagen wurde, erwähnte bereits Herr Eichelsbacher im „Spessart" (Jahrgang 1924/25, Heft Nr. 10, Seite 16) und beschrieb sie dortselbst in eingehender Weise.

Nachträglich sei noch mitgeteilt, daß einige Tage nach der Schlacht von Dettingen das Frankfurter Kartell abgeschlossen wurde, eine Tatsache, welche im vorigen Jahre besonderes Interessse verdiente. War es doch 1928 gerade 100 Jahre her, daß der große Menschenfreund Henry Dunant, der Begründer des Roten Kreuzes das Licht der Welt erblickt hatte. Dieses Abkommen, welches Lord Stair und der Herzog von Noailles in Frankfurt a. M. trafen, war nämlich einer der ersten Verträge, die den Schutz der Verwundeten und des Sanitätspersonals, sowie die Sicherheit der Lazarette bezweckten. Es war demnach ein Vorläufer der Genfer Convention (s. Dr. E. Gurlt, Zur Geschichte der internationalen und freiwilligen Krankenpflege im Kriege, Leipzig 1873, S. 22/23).

---

[1]) s. Boetticher, Malerwerke des neunzehnten Jahrhunderts, Bd. I, S. 265, Nr. 21, und Abbildung 4.

## Ergänzung[5]

### Deutsche Kupferstiche und Pläne

a) Bildliche Darstellungen

53. Vorstellung des blutigen Treffen, welches den 27sten Junii 1743. zwischen der Alliirten und Frantzösischen Armee bey Dettingen am Mayn-Strohm gehalten worden (Holzstich).
    Mit Erklärungen 1-10.
    Anonym, sine l. et a.
    (Blattgröße: 21 × 33 cm)
    In Sammelband „Relation über die bey Dettingen den 27ten Juny 1743 zwischen denen Allijrten und Frantzosen vorgefallene Action".
    Universitätsbibliothek Marburg, VII dA 106 #

54. Vorstellung der Battaille bei Dettingen den 27 Junij 1743.
    Mit Erklärungen 1-20 (oben Mitte: Schriftrolle, von zwei Engeln gehalten).
    Außerhalb der bildlichen Darstellung, oben rechts:
    Ad Relat: Aut: Francof 1743: pag. 84.
    In: Relationis Historicae Semestralis Autumnalis Continuatio Jacobi Franci Historische Beschreibung der denckwürdigsten Geschichten, so sich in Hoch- und Nieder-Teutschland [ . . . ] vor und zwischen jüngstverflossenen Oster-Meß 1743. biß an die Franckfurter Herbst-Meß dieses lauffenden 1743. Jahrs hin und wieder in der Welt, zu Land und zu Wasser, zugetragen [ . . . ], Franckfurt am Mayn, Bey den Engelhardischen Erben zu finden. Im Jahr 1743.
    (Blattgröße: 30 × 35 cm)
    Stadt- und Stiftsarchiv Aschaffenburg/
    Universitätsbibliothek Frankfurt, Sign.: Zs 5947.

55. Eigentliche Vorstellungen der neulichst vorgegangenen BLUTIGEN SCHLACHT zwischen den Allyrten und Franzosen.
    Offenbar obere Blatthälfte eines Kupferstiches. In die bildliche Darstellung notiert sind die Zahlen 1-39 und die Großbuchstaben A-P.

[5] Pläne und bildliche Darstellungen neueren Datums (etwa ab 1950) sind nicht erfaßt. Die Kartengröße wird ab Nr. 53 in cm – Höhe x Breite – von Außenrand zu Außenrand gemessen. Die von Stadelmann gewählte Form der Bearbeitung wurde beibehalten. Besitzer und Signatur werden – soweit möglich – angegeben.

Anonym, sine l. et a.
(Blattgröße: 26,5 × 38 cm)
Stadt- und Stiftsarchiv Aschaffenburg.

56. [Schlachtszene mit Abbildung von Dettingen].
Bildliche Darstellung der Schlacht im Kupferdruck.
In die bildliche Darstellung ist der Ortsname „Dettingen" eingedruckt.
In: Teutsche Geschichten, 1743, S. 1133.
(Blattgröße: 9 × 11,5 cm)
Geschichtsverein Karlstein/Stadt- und Stiftsarchiv Aschaffenburg.

57. Vorstellung der Herrlichen Victorie, welche Sr. Königl.: Maj: von Groß Brittannien in Höchsteigener Person, mit Dero und der Königl. Ungarischen Armee, über die Königl. Frantzösischen Truppen bey Dettingen erhalten. (Handzeichnung)
Erklärungen A-L, 1-2.
Anonym, sine l. et a.
(Blattgröße: 23 × 29 cm)
Bomann-Museum Celle.

b) Gestochene und gedruckte Pläne

58. Plan du Camp des Alliés, qui se forma depuis le 28. Juin Jusqu'au 8. Aut 1743 entre Francfort et Hanau.
S.H. Speiermann del., A. Reinhardt Sc. à Francfort:
Se vend chez Philippe Henry Hutter à Francfort.
(Blattgröße: 33 × 41 cm)
Historisches Museum Hanau, Inv. Nr. B 7526.

59. Gründliche Vorstellung des bey Dettingen den 27. Juny lauffenden 1743 Jahrs vorbeygegangenen hitzigen Treffen zwischen denen Englisch Königl. Hohen Allirten und feindl. Frantzösischen Armeen, wie solche aus ihren Laagern angerucket, und das gantze Treffen formiret haben sambt den Einbruch und Flucht deren Feinden.
Erklärungen A-E.
(Blattgröße: 22 × 25 cm)
Darunter: Geographische Vorstellung der Gegend zwischen Franckfurt und Aschaffenburg darinen beyde kriegende Armeen, wie sie gelagert, und alle so wohl große als kleine Öhrter, Waldungen, Flüß, Teich, sambt allen Gränitz Scheidungen auf das accurateste dargestellet seynd.

Anonym, sine l. et a.
(Blattgröße des Doppelblattes: 41 × 28 cm)
Stadt- und Stiftsarchiv Aschaffenburg.

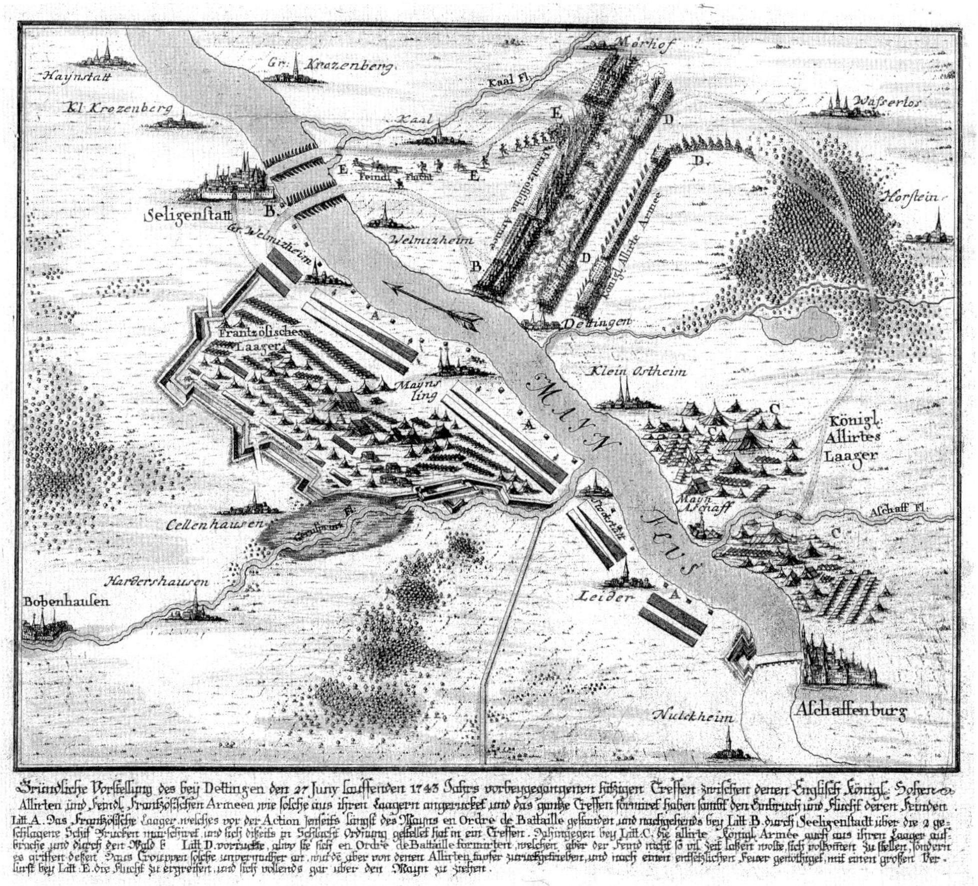


c) Handgezeichnete Pläne

60. Campus in quo habitum fuit prœlium inter gallos et Austriacos cum Anglis et Hanoveranis confoederatos prope Dettingen præsente rege Angliæ 27 junii 1743.
Zeichner Abt Hyazinth Buchner.
Erklärungen A-W.
(Blattgröße: 20 × 28,5 cm)
Handgezeichneter Plan im Sterberegister 1724-1811 der Pfarrei Seligenstadt.

61. Plan Der am 24ten [!] Junij 1743 zwischen denen alijrten Öestreichern und Engelländern mit denen Franzosen vorgefallenen Affaire bei Dettingen.
Kolorierte Handzeichnung mit schwarzem Tuschrand.
Anonym, sine l. et a.
Erläuterungen A-G.
(Blattgröße: 26,5 × 25,5 cm)
Stadt- und Stiftsarchiv Aschaffenburg.

62. Plan über die Battaile bei Dettingen zwischen der Alliyrten Königl. Ungarischen und Königl. Frantzössichen armee, den 27. Junij 1743 (koloriert).
Erklärungen A-M, 1-7.
Anonym, sine l. et a.
(Blattgröße: 23,5 × 36 cm)
Stadt- und Stiftsarchiv Aschaffenburg.

63. Plan sur la Situation du Camp de l'Armée des Alliés prés d'Aschaffenburg et sur la Bataille qui s'est donnée le 27. Juin 1743. entre Eux et les Francois aux environs de Dettingen (koloriert).
Erklärungen A-S in französischer und deutscher Sprache.
Anonym, sine l. et a.
(Blattgröße: 25 × 37 cm)
Stadt- und Stiftsarchiv Aschaffenburg.

64. Plan de la Situation du Camp de l'Armee e Alliées prés d'Aschaffenburg et de la Bataille qui s'est donné le 27. Juin 1743 entre eux et les Francois, aux environs de Dettingen (koloriert).
Oben rechts in Schriftrolle: Explication des Lettres (A-R).
Kauffmann, sine l. et a.
(Blattgröße: 28 × 41 cm)
Sammlung des Landkreises Aschaffenburg.

65. Plan de la Situation du Camp de l'Armée des Alliés prés d' Aschaffenburg et sur de la Batteille qui s'est gagné le 27. Juin 1743 par elle sous les ordres de sa Majeste Brittannique sur les Francois aux environs de Dettingen (koloriert).
Erklärungen A-S in französischer Sprache.
H. Crusen, sine l. et a.
(Blattgröße: 26 × 39 cm)
Geschichtsverein Karlstein (Leihgabe aus Privatbesitz).

66. Particuliere Carte über der Action bey Dettingen.
Erklärungen A-M.
(Blattgröße: 17 × 39 cm)
Anlage zur Handschrift „Beschreibung des in dem 1743sten Jahre von denen unter Commando Sr. May. des Königes von Gros-Brittanien gestandenen Engelländischen, Hannoverischen, Oesterreichischen, Heßischen und Holländischen Königlich-Ungarischen Alliirten wieder die Frantzosen an dem Mayn und Rhein-Strohm geführten Krieges

kürtzlich abgefaßet und mit Rißen erläutert von Johann Christoph Stövesandt".
Stadt- und Stiftsarchiv Aschaffenburg.

67. Entwurf der am 27. Juni anno 1743 zwischen denen Alliirten und denen Frantzosen ohnweit Dettingen vorgefallene Bataille.
(Blattgröße: 15 × 19 cm)
Anlage zur Handschrift von Stövesandt (wie Nr. 66).

68. Plan de la Situation du Camp de l'armée des alliiés pres d'Aschaffenburg et de la Bataille donnée entre Elle et celle des francois le 27 Juin 1743 pres de Dettingen.
Erklärungen A-U.
(Blattgröße: 19 × 33 cm)
In der Handschrift „Auszug des Journals der Campagne von 1743 vorzüglich in so weit es den Verlauf und den Ausgang der Bataille von Dettingen anbetrifft".
Verfasser: W. von Helmold, Stückjunker der hannoverschen Armee.
Hessische Landes- und Hochschulbibliothek Darmstadt, Handschrift 469.

69. Plan der den 27. Juny 1743 zwischen denen Alliirten und Frantzosen vorgefallenen Schlacht bey Dettingen.
Erklärungen A-Z, Aa-Ff.
Anonym, sine l. et a.
(Blattgröße: 21 × 37 cm)
In Sammelband „Relation über die bey Dettingen den 27ten Juny 1743 zwischen denen Allijrten und Frantzosen vorgefallene Action".
Universitätsbibliothek Marburg, VII d A 106 #

70. Plan de la Bataille de Dettingen [ . . . ] donnee le 27. du Juin entre l'armee Alliee commandee par le Roi de la Grande Br. (Georg II) et cette de la France commendee par le Marchal Duc de Noailles 174(3).
Westorientierte Karte des Mains zwischen Aschaffenburg und Seligenstadt mit kleinen Grundrissen der Orte und Truppenaufstellungen. Darunter zwei kleine Detailkarten der Gegend um Dettingen zum Schlachtverlauf, dazwischen Aufstellungen der Truppen der Pragmatischen Armee in Form einer Tafel auf einer Malstaffelei. Seitlich kalligraphische Legende A-P in Französisch und Deutsch.
Aquarellierte Federzeichnung von R. v. Hengel, 1743.
(Blattgröße: 57 × 92 cm)
Dekoratives großes Blatt mit schwarzem Tuschrand.

(Nachweis mit farbiger Abbildung in: Auktionskatalog H. Th. Wenner, Osnabrück, vom 3. November 1984, Nr. 256 u. Tafel 1)

71. Plan der Batalia bei Dettingen in Reich Anno 1743 den 27. Jun.
Anonym, sine l. et a.
Kolorierte Federzeichnung
Heeresgeschichtliches Museum Wien, Inv. Bibl. IV 24.110.

72. Abriß des Scharmützels von Dettingen.
(„Scharmützel" wurde später gestrichen und in anderer Handschrift durch „Battalie" ersetzt.)
Erklärungen A-H.
Anonym, sine l. et a.
(Blattgröße: 15 × 28 cm)
Landschaftsmuseum Seligenstadt 90/64.

73. Plan von der den 27ten Juni 1743 zwischen den Engländern und Französischen Truppen vorgefallenen Bataille bei Dettingen.
Aquarellierte Federzeichnung
(Blattgröße: 25× 51,5 cm)
Historisches Museum Hanau, B 7526

## Englische Kupferstiche und Pläne

a) Bildliche Darstellungen

74. A View of the Glorious Action of Dettingen June 16 O.S./27 N.S. between the Forces of the Allies Commanded by the KING of GREAT BRITAIN an the French Army under the Marshal Noailles.
F. Darenberg delin. J. Pano Sculp. Published according to Act of Parliament 18. July 1743. Printed for John Bowles at the Black Horse in Cornhill.
(Blattgröße: 35 × 45 cm)
(Entspricht Stadelmann-Bibliographie Nr. 32)
National Army Museum London, 7102-33-141.
Stadt- und Stiftsarchiv Aschaffenburg.

75. An Exact Representation of the GLORIOUS VICTORY Gain'd over the FRENCH at DETTINGEN on June the 16th 1743 his MAJESTY KING GEORGE being in the hottest part of the whole ACTION.
London. Publish'd according to Act of Parliam't July 8th 1743 by T. Bakewell faceing Birchin Lane in Cornhill.

Unter der bildlichen Darstellung abgedruckt: An extract of the Letter sent by the Lord Carteret to his Grace the Duke of Newcastles Office.
(Blattgröße: unbekannt)
Stadt- und Stiftsarchiv Aschaffenburg (Foto).

76. An Exact Prospect of the FORCES of his Most sacred MAJESTY KING GEORGE as they appeard when Drawn up before the BATTLE on the Plain of DETTINGEN.
Drawn on the Spot by an English Officer.
Erklärungen A-F.
(Blattgröße: unbekannt)
London. Publish'd according to Act of Parliament August 8th 1743 by Tho. Bakewell Map and Printsteller faceing Birchin Lane in Cornhill.
Unter der bildlichen Darstellung abgedruckt: An extract of a Letter from Mr. Kendall in Ld. Albemarle's Troop to his Wife.
(Entspricht Stadelmann-Bibliographie Nr. 33)
National Army Museum London, 7102-33-142.

77. Portrait des Brigadiers Thomas Brown.
Die untere Blatthälfte zeigt zwei Vignetten mit Szenen aus der Schlacht bei Dettingen.
Unterhalb der bildlichen Darstellung informiert ein Text über die Heldentaten des Thomas Brown in der Schlacht bei Dettingen.
Gezeichnet von L. P. Boitard.
Published according to Act of Parliament November 8th 1743.
(Blattgröße: 32 × 20,5 cm)
National Army Museum London, Acc. No. 6806-337.

78. George II at the Battle of Dettingden, 1743.
Zeichnung von R. Caton Woodville.
(Blattgröße: 14 × 20,5 cm)
London (ca. 1926)
Reklamebild der „Army-Club“ Zigarettenfabrik London, erschienen in „The Daily Mirror“.
Stadt- und Stiftsarchiv Aschaffenburg.

b) Gestochene und gedruckte Pläne

79. The Francfort Plan of the Battle of Dettingen.
Published according to Act of Parliam't Aug. 2 1743. Printed for Tho's Bowles in St. Pauls Church Yard, and John Bowles at the Black Horse in Cornhill. Done after a Draught made at Francfort.

Erkl. 1-10, A-M.
(Blattgröße: 19 × 35 cm)
Stadt- und Stiftsarchiv Aschaffenburg.

80. A Plan of the Battle of Dettingen.
Erklärungen a-n und 4-17.
Anonym
In: The London Magazine and Monthly Chronologer, London 1743, S. 342 und 343.
(Blattgröße: 10 × 17 cm).

81. Plan der Schlacht bei Dettingen.
In: Thomas Carlyle, History of Friedrich II. of Prussia, called Frederick the Great, Band III, London 1862, S. 679.
Erklärungen a-i.
(Blattgröße: 8,5 × 9 cm).

82. Plan of Dettingen.
In: W. H. Fitchett, Fights for the flag, London 1898, S. 55.
Walker E. Boutall sc.
(Blattgröße: 9 × 7 cm).

83. Battle of Dettingen 1743. (From an old Plan in the R.U.S./.maproom)
In: C. W. Thompson, Seventh (Princess Royal's) Regiment of Dragoon Guards. The History of the Regiment (1688-1882), London 1913.
(Blattgröße: 12 × 16 cm).

## Französische Kupferstiche und Pläne

### b) Gestochene und gedruckte Pläne

84. Alliés apres la Bataille de Dettingen, 28. Juin 1743.
(Untere Hälfte des Planes. Die obere Hälfte zeigt das Treffen von Bielefeld)
Le Rouge, 1760.
(Blattgröße: 13 × 19 cm)
Geschichtsverein Karlstein (Leihgabe aus Privatbesitz).

85. Combat de Dettingen du 27. Juin 1743 entre les Allies de l'Empereur et de la Reine d'Hongrie et l'armée de France pour servir à l'histoire du Maréchal Comte de Saxe.
Erklärungen A-R. Oben rechts: No. 22, 1er Volume.
(Blattgröße: 19 × 24 cm)

(Entspricht Stadelmann-Bibliographie Nr. 45)
Geschichtsverein Karlstein (Leihgabe aus Privatbesitz).

86. Bataille de Dettingen (Livrée le 27. Juin 1743.)
Später Druck 19. Jh.
(Der Vermerk „PL 18“ am rechten oberen Rand deutet auf ein Sammelwerk.)
(Blattgröße: 15,5 × 23 cm)
Geschichtsverein Karlstein (Leihgabe aus Privatbesitz).

c) Handgezeichnete Pläne[6]

87. Carte pour le combat du 27. juin 1743 entre partie de L'armeé du Roy et celle des alliez.
Original-Zeichnung Tusche-Aquarell.
Anonym, sine l. et a.
(Blattgröße: 31 × 27 cm)
Geschichtsverein Karlstein (Leihgabe aus Privatbesitz).

88. Plan de l'affaire de Dettingen donnée le 27.e Juin 1743 (koloriert).
Fait parmoy faultrier baron de Corvol.
Erklärungen A-E.
(Blattgröße: 13,5 × 16 cm)
Stadt- und Stiftsarchiv Aschaffenburg.

89. Bataille de Dettingen Gagnée Sur les francois par les alliés Sous les ordres et le Commandement de S.M.B. le 27. Juin 1743 (koloriert).
Erläuterungen 1-17.
Anonym, sine l. et a.
(Blattgröße: 14,5 × 38 cm)
Stadt- und Stiftsarchiv Aschaffenburg.

90. Positions Des Armées de France et de celle des alliés pandant le Combat le 27. Juin 1743 (koloriert).
Anonym, sine l. et a.
Erklärungen 1-6.
(Blattgröße: 20 × 39 cm)
Stadt- und Stiftsarchiv Aschaffenburg.

[6] Bei den handschriftlichen Plänen mit Titeln in französischer Sprache war der Zeichner in vielen Fällen wohl ein Deutscher, der sich – wie auch deutsche Verleger – der Diplomatensprache Französisch bediente. Das gilt z. B. für den Plan Nr. 95, der Bestandteil des sogenannten Browneschen Manuskripts ist. Browne war als österreichischer Feldmarschall-Leutnant Verbindungsoffizier zum Hauptquartier König Georgs II.

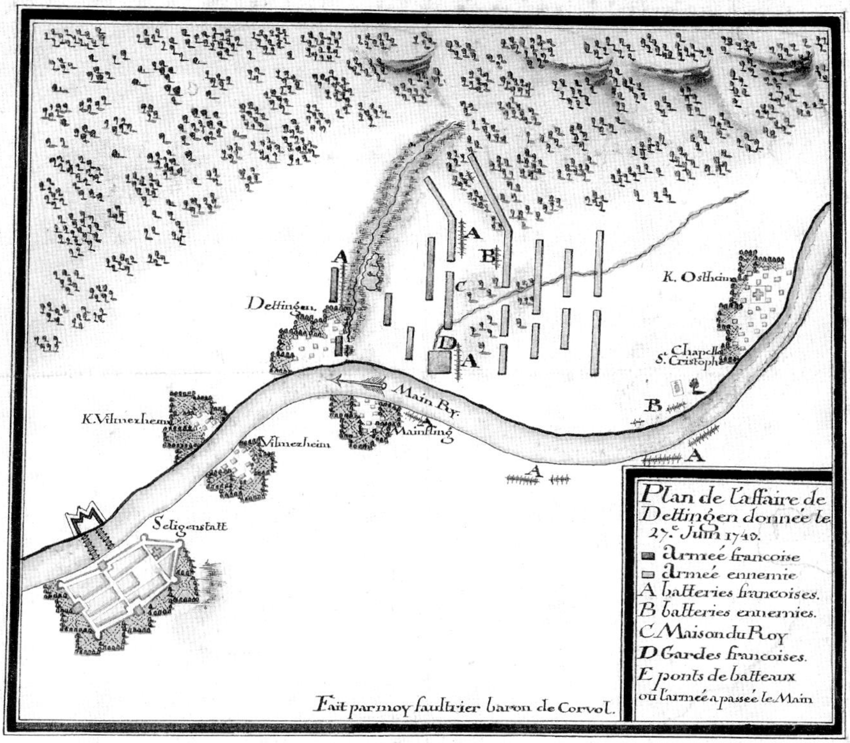


91. Plan de le Bataille Deptinquenne.
Anonym, sine l. et a.
(Blattgröße: 25 × 38 cm)
Stadt- und Stiftsarchiv Aschaffenburg.

92. Plan du Camp de l'armée des Allies pres Aschaffenburg et de la Bataille qui s'est donée entre les Francois et les Allies proche de Dettingen le 27. Juin 1743 sous les ordres de la Maj. Le Roy de la Grande Bretagne George Second.
(Kolorierte Handzeichnung)
Oben rechts: Explication des Lettres A-R.
Anonym, sine l. et a.
(Blattgröße: 26,5 × 41,7 cm)
Landeshochschulbibliothek Darmstadt, Kartensammlung,
Mappe 10/5/1.

93. Plan du Combat de Dettingen donnée le 27. Juin 1743.
Erläuterungen in französischer Sprache A-S.

Aquarellierte Handzeichnung.
Anonym, sine l. et a.
(Blattgröße: 39 × 73 cm)
Landschaftsmuseum Seligenstadt 87/325.

94. Carte Particuliere des Marches [ . . . ] avec la Bataille de Dettingen. Fait par le Groth.
(Spezialplan der Vorbereitungen zur Schlacht bei Dettingen mit Angabe der Verbündeten)
(Blattgröße: 82 × 116 cm)
Bayerisches Hauptstaatsarchiv München, Plansammlung 9673.

95. Carte Particuliere de la Battaille de Dettingen, donnée le 27. Juin, et remportée, par L'armée des alliés sur celle de France; avec la positions des deux Armées des deux cotés du Mayn, depuis le 16. J. avec une ajoute d'une autre Carte en petit qui montre la position des deux armées depuis la Battaille Jusqua' a ce jour 6. de Juillet 1743.
Anonym, sine l. et a.
(Blattgröße: unbekannt)
Österreichisches Staatsarchiv – Abt. Kriegsarchiv – Wien, III e 416-1.

## Niederländische Pläne in Kupferdruck

96. Plan van den Veldslag by DETTINGEN, voorgevallen den 27. Juny 1743 tusschen de geallieerde Koninglyke Hongarische, en de koninglyke Fransche Armeen.
Erklärungen A-H und 1-12. Oben links aufgedruckt: Pag. 21.
Anonym, s. l. et a.
(Blattgröße: 16,5 × 26,5 cm)
Stadt-und Stiftsarchiv Aschaffenburg/Geschichtsverein Karlstein.

## Gemälde

97. Die Begrüßung der alliierten Generalität bei Dettingen durch König Georg II von England nach dem Siege über die Franzosen unter Noailles.
Wilhelm Emelé (1830-1905)
Nachgewiesen in: Friedrich von Bötticher, Malerwerke des neunzehnten Jahrhunderts, Band I, Dresden 1891, S. 265, Nr. 21 und Abbildung 4.
Außerdem in: Ulrich Thieme, Allgemeines Lexikon der bildenden Künstler, 10. Band, Leipzig 1914, S. 499.

Photographie (Wien 1862) im Heeresgeschichtlichen Museum Wien, Inv. B I 15.145.

98. Landgraf Ludwig VIII von Hessen in der Schlacht bei Dettingen.
Johann Christian Fiedler (1697-1765).
Großformatiges Ölgemälde.
Im Besitz des Landesmuseums Darmstadt.
Nachgewiesen im Katalog zur Ausstellung „Zweihundert Jahre Darmstädter Kunst“. Die Maler von 1730-1830, Darmstadt 1930, S. 16, Nr. 115.

99. Die Schlacht bei Dettingen.
Ludwig Christian von Löwenstern (1702-1754).
Großformatiges Ölgemälde.
Im Besitz der Großherzoglich Hessischen Privatsammlungen Schloß Wolfsgarten.
Nachgewiesen im Katalog zur Ausstellung „Zweihundert Jahre Darmstädter Kunst“. Die Maler von 1730-1830, Darmstadt 1930, S. 20, Nr. 196. Dieser Katalog führt unter Nr. 191 vom gleichen Maler ein weiteres Gemälde, die Schlacht bei Dettingen darstellend, auf. Über Eigentum und Verbleib dieses Gemäldes ist nichts bekannt.

100. Cornet Richardson defends the Standard at Dettingen 27th June 1743.
Harry Payne (1858-1927).
Großformatiges Ölgemälde.
(Keine näheren Angaben möglich. Eine Fotografie des Ölgemäldes ist im Besitz des Geschichtsvereins Karlstein).

101. The 1st King's Dragoon Guards at Dettingen 1743. A figth for the Standard.
Harry Payne (1858-1927).
Abgebildet auf einer Postkarte der Serie „Our fighting regiments“, Nr. 3165, London (um 1890), Raphael Tuck and Son.

102. [The Fight for the Colours; Kampfszene aus der Schlacht bei Dettingen.]
Harry Payne (1858-1927).
Abbildung (ohne weitere Angaben) auf der Titelseite von: Soldier. The British Army Magazine, October 1947.

103. King George II at the Battle of Dettingen.
John Wootton (1686-1764).

Großformatiges Ölgemälde (165 × 173 cm).
National Army Museum, London.
John Wootton war zur Zeit der Schlacht bei Dettingen der führende Schlachtenmaler Großbritanniens.
Das Gemälde im National Army Museum, London, zeigt im Vordergrund König Georg II. auf einem Schimmel, daneben den Herzog von Cumberland und den Earl of Holdernese. Im Hintergrund wird eines der dramatischsten Ereignisse der Schlacht dargestellt, als die französische Reiterei (Maison du Roi) in die erste Linie der Pragmatischen Armee einbricht und englische und schottische Fußtruppen der ersten und zweiten Linie einen Korridor bilden und den Angriff abwehren.

104. King George II at the Battle of Dettingen.
John Wootton (1686-1764).
Großformatiges Ölgemälde.
Neben dem im National Army Museum ausgestellten Bild hat John Wootton ein weiteres gemalt, das sich in vielen Details und in der unterschiedlichen Gestaltung des Hintergrunds von dem unter Nr. 103 geschilderten Gemälde unterscheidet. Es befindet sich im Besitz des Marquess of Linlithgow.
Das Linlithgow-Gemälde zeigt einen größeren Ausschnitt des Schlachtfeldes. Im Hintergrund sieht man den Main und das Dorf Dettingen. Der Reiter zur Rechten des Herzogs von Cumberland ist wahrscheinlich General Ligonier.

105. The Duke of Cumberland at the Battle of Dettingen.
Dieses Gemälde (wie auch Nr. 103 und 104) wird in dem maschinenschriftlichen Manuskript von B.B. Hodgson, King George II at the Battle of Dettingen, by John Wootton, 1743, Sandhurst 1966 (National Army Museum 6508/51/19) aufgeführt.

106. Ligonier's horse charging at the Battle of Dettingen, 1743.
Abbildung (ohne nähere Angaben) in: C.W. Thompson, Seventh (Princess Royal's) Regiment of Dragoon Guards. The History of the Regiment (1688-1882), London 1913, zwischen S. 42 und 43.

107. George II. schlägt Thomas Brown zum Ritter.
Abbildung (ohne nähere Angaben) in: Festschrift zum 100jährigen Jubiläum der Freiwilligen Feuerwehr Dettingen a. Main, Dettingen 1969, S. 51.

108. Dettingen. The „Black Horse“ captures the French kettle drums. Abbildung (ohne nähere Angaben) in: Peter Young, J.P. Lawford (Hrsg.), History of the British Army, London o.J., S. 47.

109. George II at the Battle of Dettingen in 1743. Abbildung (ohne nähere Angaben) in: Daily Mirror, Sydney, Juni 1957. (Das Gemälde befindet sich in einer Gaststätte in „The Rock's“, einem der ältesten Stadtteile von Sydney).

---

Zum Abschluß sei erwähnt, daß es im Musée de l'Armée in Paris ein 1,3 × 0,45 m großes Diorama der Schlacht bei Dettingen gibt, das 1787 angefertigt wurde und das älteste in den Beständen des Museums ist; vgl. Marcel Baldet, Von der Tonfigur zum Bleisoldaten, Düsseldorf 1962, S. 61 u. 68 (Abbildung).

# Anmerkungen zur inhaltlichen Konzeption des Ausstellungsraumes „Die Schlacht bei Dettingen 1743" im Heimatmuseum Karlstein

von Erhard Bus

## Museum als Lernort

Unter dem Motto „Kultur für alle" versuchte man Anfang der siebziger Jahre in Frankfurt am Main, eine neue Epoche kommunaler Kulturpolitik einzuleiten. Der Anspruch war, durch ein entsprechendes Angebot die kulturellen Einrichtungen für eine möglichst breite Bevölkerungsschicht verständlich und attraktiv zu machen. Der politische Vorsatz nach der „Demokratisierung der Kultur" wirkte sich nachhaltig auf das öffentliche Leben Frankfurts aus und hatte natürlich entscheidenden Einfluß auf die Neukonzeption des Historischen Museums der Stadt[1].

Bisher standen in den Museen die schönen und interessanten Objekte ohne umfangreiche textliche Ergänzung im Mittelpunkt der Präsentation. Man ging von dem Grundsatz aus, daß sich ein entsprechendes Exponat selbst zu vermitteln vermag. Allerdings setzte man dabei auf ein historisch gebildetes und kulturell privilegiertes Publikum, das bislang fast ausschließlich alleine das kulturelle Angebot der Städte nutzte und keiner ausgiebigen Erklärungen bedurfte.

Das Modell Historisches Museum Frankfurt mit einer starken Gewichtung auf die didaktische Komponente bei der musealen Präsentation löste in der ganzen Bundesrepublik eine heftige Kontroverse über das Selbstverständnis und die Aufgabe derartiger Einrichtungen aus. Sicherlich schoß man in Frankfurt auch mit einigem über das Ziel hinaus (Betonarchitektur, überdimensionierte Dokumentationstafeln oder störungsanfällige Technik), doch belebte die Idee eines „Museums als Lernort" die längst überfällige Diskussion.

[1] Zur Diskussion um das Historische Museum und zur neuen Zielsetzung kommunaler Kulturpolitik in Frankfurt vgl. *Detlef Hoffmann, Almut Junker* u. *Peter Schirmbeck* (Hrsg.) Geschichte als öffentliches Ärgernis oder: Ein Museum für die demokratische Gesellschaft. Das Historische Museum in Frankfurt a. M. und der Streit um seine Konzeption, Fernwald-Steinbach/Wißmar 1974; *Ellen Spickernagel* u. *Brigitte Walbe* (Hrsg.), Das Museum: Lernort contra Musentempel, Fernwald-Steinbach/Wißmar 1976; *Annette Kuhn* u. *Gerhard Schneider* (Hrsg.), Geschichte lernen im Museum, Düsseldorf 1978; *Hilmar Hoffmann*, Kultur für alle, Frankfurt 1979.

In den Folgejahren führte dies vielerorten zu einer Veränderung der musealen Struktur. Nicht nur in Groß- und Mittelstädten griff man die innovativen Forderungen auf, sondern auch im ländlichen Bereich änderte sich manches an den traditionellen heimatkundlichen Ausstellungen. Der didaktische Anspruch der musealen Präsentation findet immer – denn dieser Prozeß ist noch lange nicht abgeschlossen – stärkeres Gewicht.

Die erarbeitete Feinkonzeption stellt den Bildungsauftrag von Museen in den Vordergrund, deshalb beschränkt sich die Ausstellung „Die Schlacht bei Dettingen 1743"[2] nicht allein auf das Kampfgeschehen, sondern untersucht die Hintergründe, beschäftigt sich mit den Leidenden der Geschehnisse und setzt die Verständlichkeit der Präsentation mit an vorderste Stelle.

## Anforderungen an ein modernes Museum

Bevor die Überlegungen zur inhaltlichen Gestaltung des Ausstellungsraumes „Die Schlacht bei Dettingen 1743" dargelegt werden, sollen vorweg einige grundsätzliche Anregungen zur späteren musealen Arbeit gegeben werden.

Es kann heute bei der Einrichtung eines Museums nicht mehr darum gehen, eine Verwahrmöglichkeit für Altertümer zu schaffen, die im Laufe der Zeit zu einer heimatkundlichen Rumpelkammer verkommt. Dafür sind öffentliche Investitionen zu schade. Die Aufgaben und Möglichkeiten eines modernen Museums sollten vielgestaltiger Natur sein und über die quantitative Präsentation von angesammelten Objekten hinausgehen.

Sammeln, Bewahren, Erforschen, Präsentieren und Bilden sind, in Schlagworten zusammengefaßt, die Aufgaben, die heute ein Museum – auch ein kleines in einer kleinen Kommune – leisten soll. Wie diese programmatischen Schlagworte in die Realität umgesetzt werden können, kann hier nur angedeutet werden.

Was die beiden ersten Punkte betrifft, so müssen die Mindestanforderungen im Hinblick auf Magazinierung und Konservierung gewährleistet sein.

Die Inventarisierung des Bestandes als erster Schritt des Forschens ist in Karlstein noch nicht hinreichend geleistet, wird aber wohl bald in Angriff genommen. Der Begriff „Forschen" darf im Zusammenhang mit der Arbeit an einem kleinen Museum nicht im wissenschaftlich-akademischen Sinn verstanden werden, sondern eher als das Ordnen und Vergleichen der Exponate, um ihre Funktion und Aufgabe zu „begreifen". Doch beschränkt sich lokalgeschichtliches Forschen nicht auf die Bearbeitung der Museumsobjekte. Ergän-

[2] Konzipiert von TERRA INCOGNITA, Institut für kulturgeschichtliche Medien e.V., Frankfurt am Main; dabei handelt es sich um ein Kollegium von Geisteswissenschaftlern, Museumseinrichtern und -designern.

zung kann dies durch die Auswertung anderer Quellengattungen finden, z. B. historische Fotoaufnahmen und Interviews (oral history, Zeitzeugen befragen). Ziel muß es aber immer bleiben, die Ergebnisse dieser Forschungen zu erhalten und der Öffentlichkeit zu präsentieren, sei es in der klassischen Form einer Sonderausstellung, als Publikation, als Vortrag oder als Demonstration von fast Vergessenem.

In traditionellen Heimatmuseum kommt der Bildungsauftrag meist zu kurz. Oft verstehen die Leiter solcher Einrichtungen unter Museumspräsentation das Zeigen möglichst aller ihrer Objekte, allenfalls nach Typ sortiert und mit sparsamster Beschriftung versehen. Dies hat dann auch mehr den Charakter von Sammlungen als von modernen Museen und vermittelt wenig von den politischen Rahmenbedingungen und Lebensbedingungen der Menschen in früheren Zeiten.

Eine wichtige Zielgruppe für das Karlsteiner Museum sollten Jugendliche sein, sei es als Einzelbesucher oder als Schulklasse. Und gerade für sie sind verständliche und zum Hinschauen einladende Schautafeln und Vitrinen entscheidend.

Der Museumsbetrieb sollte mittels adäquater Ergänzungen zur Dauerausstellung für eine permanente Belebung der Einrichtung und des Außenbereichs sorgen. Brauchtumspflege (Keltern, Kochen, Einmachen etc.), Demonstrationen verschiedenster Art, Sonderausstellungen, Exkursionen, Führungen, Vorträge, gesellige Veranstaltungen werden dabei zahlreiche Möglichkeiten der Information, Unterhaltung und Integration bieten.

## Zur Präsentation der Schlacht bei Dettingen

Inhaltlich ist die Ausstellung so konzipiert, daß sie sowohl einen Überblick zum Kampfgeschehen selbst gibt als auch andere Fragestellungen aufgreift[3]. Ziel ist es, sowohl die historischen Zusammenhänge zu erläutern als auch in Ausschnitten zumindest die Lebensbedingungen der von der militärischen Auseinandersetzung Betroffenen zu zeigen.

Die Intention geht dahin, anhand des Dettinger Beispiels die Schrecken von Schlachten und Kriegen zu dokumentieren. Denn die museale Präsentation

[3] Für den Einstieg in die Epoche des Absolutismus sind hier empfohlen: *Robert Mandrou*, Staatsräson und Vernunft, 1649-1775 (= Propyläen-Geschichte Europas, Bd. 3) Frankfurt/Berlin/Wien 1975 und *Heinz Duchhardt*, Das Zeitalter des Absolutismus (Oldenbourg Grundriß der Geschichte, Bd. 11), München 1989. Zum Aspekt der internationalen Beziehungen: *ders.*, Altes Reich und europäische Staatenwelt 1648-1806, München 1990. Die beiden letztgenannten Titel bieten sowohl eine kurze Gesamtdarstellung als auch einen Überblick über die Forschung und eine umfangreiche Auswahlbibliographie.

von militärischen Auseinandersetzungen muß heute hauptsächlich das Ziel verfolgen, durch das realistische und umfassende Zeigen der Kriegsgreuel und ihrer Ursachen das friedliche Zusammenleben der Menschen und Völker zu fördern.

Der in der „Skizzierung der Rahmenkonzeption“ vom September 1991 formulierte Anspruch, die machtpolitischen und sozialgeschichtlichen Hintergünde der Ereignisse vom Juni 1743 zu vermitteln, bedingt die Dokumentation von vier thematischen Schwerpunkten, die von einigen Einzelpunkten ergänzt werden. Quantitativ gesehen heißt dies, die thematischen Schwerpunkte werden auf zwei Schautafeln behandelt und die Einzelaspekte jeweils auf einer.

Der Dokumentationsteil wird neben dem Schlachtverlauf auch den historischen Kontext ausreichend berücksichtigen. Ein weiterer Schwerpunkt der Dokumentation muß denjenigen gewidmet sein, die beim historischen Geschehen die Betroffenen waren. In diesem Fall die Soldaten und die Teile der Zivilbevölkerung, die unmittelbar unter den Kriegsereignissen und -folgen litten. Daneben finden einige Besonderheiten im Zusammenhang mit der Schlacht bei Dettingen, wie z. B. die topographischen Bedingungen, eine gesonderte Darstellungsform[4].

Der museale Bestand an Exponaten läßt vieles zu wünschen übrig. Dies machte es notwendig, die verstärkte Präsentation von Repliken, Dioramen und Inszenierungen einzuplanen, damit auch die visuellen Bedürfnisse der Besucher befriedigt werden können.

Die Schautafeln stellen die wichtigsten Informationsträger dar. Sie sind immer so gestaltet, daß sie sowohl Text und Abbildungen enthalten. Der Stil der Texte soll sowohl dem Anspruch der Information als auch dem nach allgemeiner Verständlichkeit dienen.

Unabhängig von diesen notwendigen inhaltlichen Prämissen ist es die Absicht der Konzeptionisten, die sinnliche Wahrnehmung der Besucher anzusprechen. Schon beim Eintritt in den Ausstellungsraum geschieht dies durch die erste Inszenierung: eine nachgestellte Zeitatmosphäre, ergänzt durch Utensilien wie Landkarten, eine uniformierte Puppe, Militaria usw. Weiterhin bietet sich die Anfertigung von zwei Dioramen mit den szenischen Darstellungen eines Spießrutenlaufens und einer Plünderung an.

Für den Ausstellungsraum hat sich somit folgende thematische Aufteilung ergeben:

[4] Kürzlich ist eine detaillierte und auf breitem Quellenmaterial fußende Darstellung zu dieser Thematik erschienen: *Wolfgang Handrick*, Die Pragmatische Armee 1741 bis 1743. Eine Alliierte Armee im Kalkül des Österreichischen Erbfolgekrieges (Beiträge zur Militärgeschichte, Bd. 30), München 1991. Sie ergänzt die vorhergehenden Darstellungen und geht in manchen Bereichen über diese hinaus.

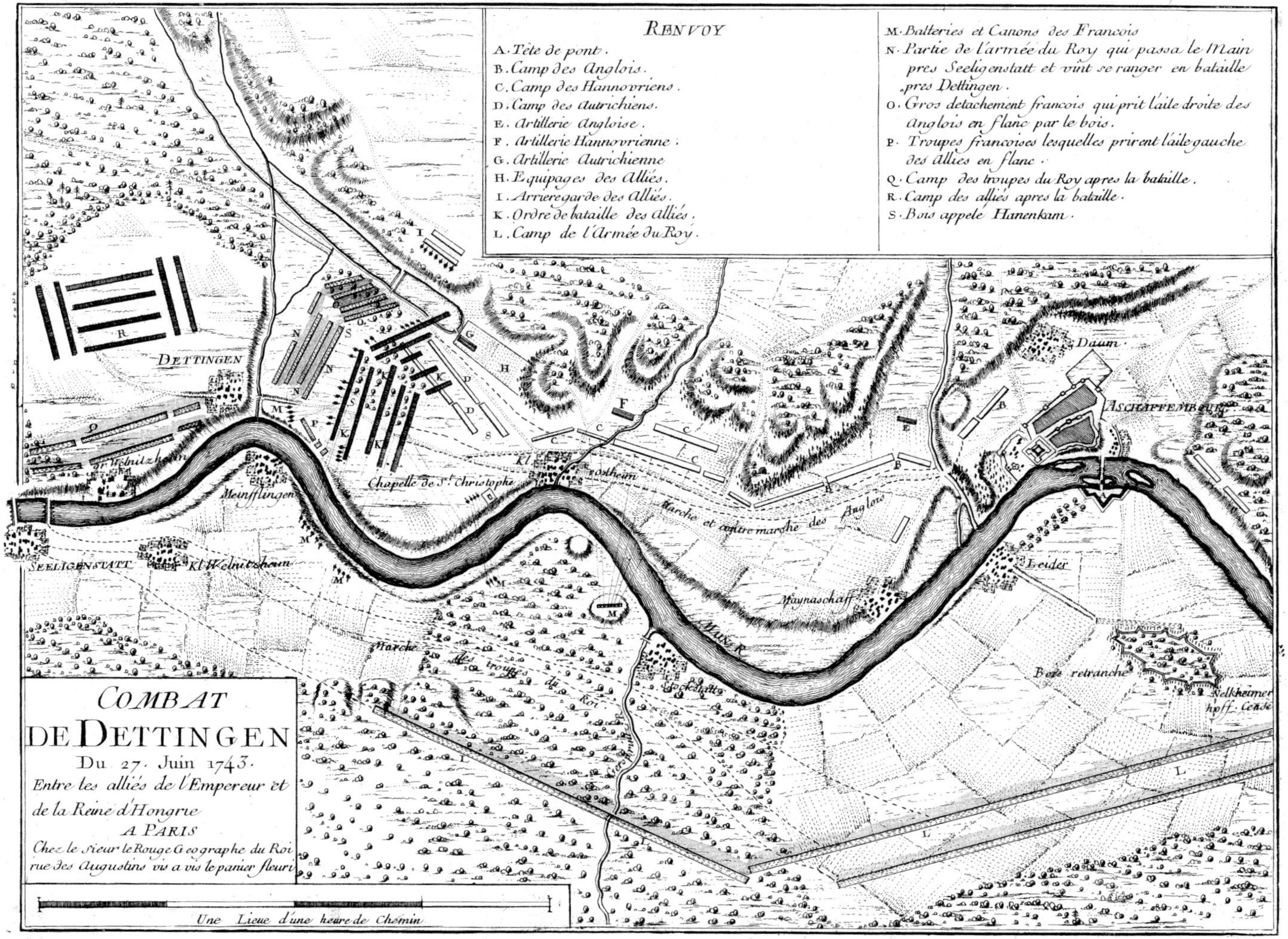

RENVOY
A. Tête de pont.
B. Camp des Anglois.
C. Camp des Hannovriens.
D. Camp des Autrichiens.
E. Artillerie Angloise.
F. Artillerie Hannovrienne.
G. Artillerie Autrichienne
H. Equipages des Alliés.
I. Arrieregarde des Alliés.
K. Ordre de bataille des Alliés.
L. Camp de l'Armée du Roy.
M. Batteries et Canons des Francois
N. Partie de l'armée du Roy qui passa le Main pres Seeligenstatt et vint se ranger en bataille pres Dettingen.
O. Gros detachement francois qui prit l'aile droite des Anglois en flanc par le bois.
P. Troupes francoises lesquelles prirent l'aile gauche des Alliés en flanc.
Q. Camp des troupes du Roy apres la bataille.
R. Camp des alliés apres la bataille.
S. Bois appelé Hanenkam.
COMBAT DE DETTINGEN
Du 27. Juin 1743.
Entre les alliés de l'Empereur et de la Reine d'Hongrie
A PARIS
Chez le sieur le Rouge Geographe du Roi rue des Augustins vis a vis le panier fleuri
Une Lieue d'une heure de Chemin
DETTINGEN
ASCHAFFEMBOURG
Daum
Leider
Maynaschaff
MAYN R.
Bois retranché
Chapelle de St. Christophe
Marche et contremarche des Anglois
Marche des troupes du Roi
Meinfflingen
SEELIGENSTATT
Kl. Welnitzheim

Die Dokumentation (Schautafel – Text mit Abbildungen) erörtert vier thematische Schwerpunkte

I Soldatenleben und Kriegführung im Absolutismus
II Historischer Kontext
III Verlauf der Schlacht bei Dettingen
IV Folgen für die betroffene Zivilbevölkerung und Soldaten

und vier Einzelaspekte:

1 Soldatenleben im Feld/Zelt
2 An der Schlacht bei Dettingen beteiligte Regimenter
3 Händels Te Deum / Britische Militärmusik
4 Kriegführung in der Neuzeit

Trotz der oben geforderten starken Ausrichtung auf die didaktische Komponente bei der Ausstellungskonzeption möchte jeder Museumsmacher ästhetische und interessante Exponate präsentieren. Dies kann in Karlstein nur in sehr begrenztem Maße geschehen. Der Fundus des Museums hinsichtlich der Schlacht bei Dettingen ist quantitativ und qualitativ recht bescheiden. Vorhanden sind u. a. Kugeln, Karten, der Grabstein eines französischen Offiziers, ein Trompetenmundstück, das Wappenteil einer Kanone und ein Gewehr. Im Besitz des Auftraggebers sind eine Reihe von zeitgenössischen Drucken (Porträts, Studien oder Landkarten mit dem Schlachtverlauf). Die Verwendung einiger dieser Abbildungen für die Präsentation ist geplant.

Als Hilfsmittel zur Gestaltung der Schautafeln stehen u. a. Landkarten, die die machtpolitische Situation zur Mitte des 18. Jahrhunderts verdeutlichen, und Milieustudien, die etwa das beschwerliche Leben der Soldaten illustrieren, zur Verfügung.

Der Ablauf der Ausstellung ist so konzipiert, daß jeder thematische Schwerpunkt eine separate Präsentation findet. Das heißt, Schautafeln, Vitrinen und Diorama/Inszenierung stehen nahe beieinander und bilden eine optische und inhaltliche Einheit.

## Inhaltliche Schwerpunkte und didaktische Ziele

Ein Museum muß sich, will es übersichtlich werden und nicht nur ein ausgesprochenes Fachpublikum ansprechen, auf die Darstellung des Nötigsten beschränken. Dies gilt in Karlstein bei dem zur Verfügung stehenden Raumangebot von 60 $m^2$ in besonderem Maße. Dennoch bleibt der Anspruch nach einer umfassenden Information mit didaktischer Zielsetzung, ohne den Besucher mit einem erhobenen Zeigefinger belehren zu wollen. Im einzelnen ist folgendes beabsichtigt:

## zu I Soldatenleben und Kriegführung im Absolutismus

Hier soll der Museumsbesucher das schwere und jede Art von Kriegsromantik entbehrende Soldatenleben im 18. Jahrhundert kennenlernen. Die Formen der Werbung, des Drills und der Militärstrafen sind Aspekte, die besondere Berücksichtigung finden. Daneben sind die Grundlagen und die Regeln der Kabinettskriegführung während des Absolutismus zu verdeutlichen.

## zu II Historischer Kontext

Die Abteilung geht weit über das Dettinger Geschehen hinaus. Nach Ansicht dieses zweiten Demonstrationsteils soll der Besucher in der Lage sein, historische Zusammenhänge und Ursachen zu erkennen. Die Themen „Britisch-französischer Weltgegensatz" und „Pragmatische Sanktion" erklären Hintergründe und Ursachen des Krieges.

## zu III Verlauf der Schlacht bei Dettingen

Der Verlauf, das Ergebnis, die besonderen Bedingungen und der politische und militärische Stellenwert der Schlacht bei Dettingen sollen dem Betrachter verdeutlicht werden. Daneben wird der Versuch unternommen, mit Hilfe von historischem und aktuellem Kartenmaterial die topographischen Besonderheiten der Region zwischen Aschaffenburg und Hanau und den Ablauf des Feldzuges mit der Schlacht zu verdeutlichen.

## zu IV Folgen für die betroffene Zivilbevölkerung und Soldaten

Ziel der Präsentation soll es hier sein, Kriege im Absolutismus nicht als eine lockere Abfolge von Schlachten zu verstehen, sondern als andauernde Belastung und Bedrohung. Ebenso wird der Besucher sehen, daß Kriege immer Not und Leid für die Bevölkerung mit sich bringen.

## zu 1 Soldatenleben im Feld/Zelt

Die Schautafeln zu I und 1 verfolgen die Absicht, anstelle von falschen romantischen Vorstellungen eine realistische Darstellung des Soldatenlebens im 18. Jahrhunderts zu zeigen. Dazu gehört auch das schwere und entbehrungsreiche Dasein im Feld und im Lager.

## zu 2 An der Schlacht bei Dettingen beteiligte Regimenter

Das vorhandene Diorama bedarf einiger Ergänzungen, um das Geschehen von 1743 realistischer zu präsentieren. Die o. g. Farbtafeln vermitteln dem Museumsbesucher einen optischen Eindruck des äußeren Erscheinungsbildes der an der Schlacht beteiligten Militärkontingente.

## zu 3 Händels Te Deum / Militärmusik im Absolutismus

Die Entstehungsgeschichte, Intention und den künstlerischen Wert von Händels Te Deum sollen den Besuchern vor Augen und zu Ohren geführt werden. Daneben erfährt er einiges über die Funktion und die Ausstattung der Militärmusik in der Epoche.

## zu 4 Kriegführung in der Neuzeit

Der musealen Präsentation von Kriegsereignissen muß in erster Linie die Absicht zugrunde liegen, realistisch über die Greuel des Geschehenen zu informieren und keine Idealisierung von Kriegen zu betreiben. Daneben sollte im Falle der Darstellung der Schlacht bei Dettingen 1743 auch, zumindest ansatzweise, ein Vergleich mit der Art der Kriegführung in anderen Epochen (Dreißigjähriger Krieg, Weltkriege des 20. Jahrhunderts) geleistet werden.

## Schlußbemerkung

Ein Museum darf kein statisches Gebilde sein, das, einmal eingerichtet, sich immer in der gleichen Form präsentiert. Sicherlich muß eine Dauerausstellung für eine längere Frist konzipiert sein, doch können ergänzende Veranstaltungen das Angebot erweitern und das Gezeigte vertiefen.

Dabei sind qualifizierte Führungen für Schüler und interessierte Bürger der erste Schritt. In Zukunft können Sonderausstellungen mit verwandter Thematik (z. B. Leben der Landbevölkerung im 18. Jahrhundert, Zinnfigurendioramen oder die territoriale Entwicklung Unterfrankens in der Neuzeit) gezeigt werden.

Abschließend sei noch auf eines hinzuweisen. Es ist notwendig, über den Gedenkstein hinaus, das ehemalige Schlachtfeld in der Karlsteiner Gemarkung in die Präsentation des Themas „Die Schlacht bei Dettingen 1743" einzubeziehen.

# Abbildungsverzeichnis

Sofern bei den jeweiligen Abbildungen nicht anders angegeben, befinden sich die Vorlagen in den Beständen des Stadt- und Stiftsarchivs Aschaffenburg bzw. des Geschichtsvereins Karlstein, deren Dettingen-Sammlungen größtenteils von Gustav Stadelmann zusammengetragen wurden.

Die hier folgende Konkordanz der wiedergegebenen Abbildungen und Pläne der Schlacht bei Dettingen verweist einerseits von den Buchseiten auf die Nummern der oben (S. 213-236) abgedruckten Auflistung und andererseits von deren Nummern auf die Seiten dieses Buches mit den entsprechenden Abbildungen.

# Register

Bei diesem Register handelt es sich um einen kombinierten Orts- und Personenindex; außerdem wurden einige thematisch wichtige Begriffe wie z. B. Pragmatische Sanktion oder solche aus der Mythologie wie z. B. Engel, Cherubim und Heiliger Geist aufgenommen. Alle erwähnten Kriege sind unter dem Stichwort ‚Kriege' zu finden, ebenso alle Friedensschlüsse, Waffenstillstandsabkommen usw. unter dem Stichwort ‚Verträge'. Regenten sind unter ihrem Land eingeordnet, römisch-deutsche Kaiser aber unter dem Stichwort ‚Kaiser'; Volks- und Landesnamen, z. B. Deutsche und Deutschland, sind unter dem Namen des Landes zusammengefaßt. Anmerkungsliteratur wurde nicht in das Register aufgenommen.

ä, ö und ü wie ae, oe und ue behandelt; ß steht zwischen s und ss; ff. = nur die beiden folgenden Seiten.


Aachen: 21, 32, 164, s. Verträge
Adelpsen-Dragoner: 84
Albemarle
— Lord: 228
— William Count of: 114
Albrecht I.: s. Bayern
Algesheim: 104
Altona: 118
Alzenau: 90
Ambrosius: 177
Amerika: 32
Amsterdam: 219
Andlau, Schwadron: 85
Angelsachsen: 25
Anna Stuart: s. Großbritannien
Antwerpen: 79
Apch(i)er, Claude-Annet de Chateau-Neuf, dit le Comte bzw. Duc d': 74
Apostel: 182 f.
Arberg, Regiment: 79 f., 83, s. Neu-Wallonien
Arberg, Carl Anton Graf: 83
Aremberg = Arenberg: s. d.
Arenberg, Regiment: 79-82, 108
Arenberg
— Carl Prinz von: 82, 100, 169
— Leopold Philipp Herzog von: 25, 40, 42 ff., 55, 70, 73, 80, 82, 100, 102, 106, 109 f., 167, 169, 220
Argenson, Comte d': 219
Arhemberg = Arenberg: s. d.
„Army Club": 220, 228
Arneth, Alfred von: 29
Artois, Bataillon: 84
Aschaffenburg: 40, 44, 47, 50, 55, 64, 67, 71, 73, 78, 85, 87-90, 92 ff., 98 ff., 102, 104 ff., 110-114, 120, 134 ff., 139, 141 f., 144, 156, 166, 168 f., 209, 211, 215 f., 219, 221-232, 243
— Brücke: 88 ff., 134, 136
— Katharinenspital: 139 f.
— Landkreis: 225
— Nilkheimer Hof: 90
— Oberkellerei: 64, 78, 92
— Pfarrei St. Agatha: 135
— Pfarrei zu Unserer Lieben Frau: 135
— Rathaus: 144
— Stadt(verwaltung): 44, 144
— Stadt- und Stiftsarchiv: 221-232, 245
— Stift: 44
— Vizedomamt: 44, 87, 134 ff.
— s. auch Damm, Obernau, Schweinheim
Aubeterre, Bataillon: 85
Augsburg: 213
Augstein, Rudolf: 29
Augusta Vindelicorum: s. Augsburg
Augustus: 130 f.
Augustusburg, Schloß: 159
Auvergne
— Bataillone: 85
— Brigade: 84
— Regiment: 73, 100
Ayen, Louis Duc d': 73 f., 86, 95, 99

Bach, Johann Sebastian: 185, 207 f.
Baeck (auch: Bäck), Elias: 213
Bakewell, Thomas: 217, 227 f.
Baldet, Michel: 236
Balincourt, Claude-Guillaume Testu Marquis de: 74
Barbier, Zeichner: 218
Barrau, J. A.: 219
Bassigny, Bataillon: 85
Bayen, Duc = Ayen, Duc d': s. d.
„Bayerland", Das: 216
Bayern: 9, 11, 14 f., 17, 19 ff., 23, 29, 35, 37 f., 40, 42-45, 50, 65, 75, 87, 109 f., 126, 147, 157, 162, 168, 174
— Herzöge (bzw. und Kurfürsten)
— — Albrecht I.: 11
— — Karl Albrecht: s. Kaiser Karl VII.
— — Max III. Joseph: 21
Bayreuth
— Dragoner: 56
— Fürstentum: 17
Béarn, Bataillon: 85
Beauffremont, Schwadronen: 85
Beaujolais, Bataillon: 85
Bechtheim: 126
Belgien: 11, 215
Belgrad: 82, 169, s. Verträge
Belle-Isle, Charles Louis Auguste Fouquet Duc de: 12, 33, 38
Bentzel(-Sternau)
— Franz Jakob Kuno Freiherr von: 93
— Johann Jakob Joseph Freiherr von: 93, 98, 104, 109
Berchény
— Husaren-Regiment: 44, 85
— Schwadronen: 85
Berchény = Berkény: s. d.
Berger, Stecher: 214

Berkény (auch: Berchény), Ladislas-Ignace de Bercsény Comte bzw. Duc (als ungarischer Magnat) de: 74
Berlin: 19, 157, 160f., 214, s. Verträge
Berwick, Bataillon: 85
Beuvron, Comte de: 72, 75
Bickham, George, jun: 217
Bielefeld: 229
Bigorre, Bataillon: 85
Biron, Bataillon: 85
Biron, Louis-Antoine de Gontaut Duc de: 74
Bismarck, Otto Fürst von: 40, 175
Bland-Dragoons: 83
Bligh, Bataillon: 83
Blondel, französischer Minister: 52
Böhmen: 9, 11, 15, 17, 20, 38, 40, 47, 134, 161, 218
Böselager, Bataillon: 84
Bötticher, Friedrich von: 220, 232
Boitard, Louis Philippe: 228
Booth, Bataillon: 85
Boufflers
— Charles-François Duc de: 63, 72ff., 99f.
— Louis-François Marquis de: 63
Boufleurs = Boufflers: s. d.
Borch, Bataillon: 84
Bourbon (Fürstenhaus): 9, 17
Boutall, Walker E.: 229
Bowles
— John: 227f.
— Thomas: 228
Brabant: 126
Brancas
— Brigade: 85
— Schwadronen: 85
Brandenburg (Fürstenhaus bzw. Markgrafschaft): 12, 28, 158, 161, 174
Braunschweig-Lüneburg: 18, 25, 33, 39f., 42ff., 47, 50, 52f., 56f., 63, 67, 75, 84, 86, 88, 108, 121f., 125ff., 133ff., 140, 147, 149, 158, 166f., 169, 171, 213, 215ff., 222, 225f.
— Herzog Georg II.: s. König Georg II. von Großbritannien
— s. auch Hannover
Braunschweig-Wolfenbüttel: 149
— Carl Herzog von: 64, 82
— Ferdinand Prinz von: 64
— Ludwig Ernst Prinz von 64, 80, 167f., 171, 175
Breisgau: 11
Bremen
— Herzogtum: 147
— Kürassiere: 84
Breslau: 12, 17, 157, s. Verträge
Britannien: s. Großbritannien
Brockmann, Günther: 148, 150
Brönner, Ludwig Heinrich: 214
Broglie
— Albert Duc de: 65
— François Marie Duc de: 17, 19, 42, 75, 94
Brown, Thomas: 228, 235
Browne
— Johann Georg von: 24, 80
— Maximilian Ulysses Reichsgraf von: 53, 230
Brückmann, Johann Jacob: 52, 57, 84
Brühl: 159
Brüssel: 83
Buchanan, britischer Wundarzt: 121ff.
Buchner, Hyazinth: 216, 223
Bülow-Kürassiere: 84
Bünau, Heinrich Graf von: 87ff., 93f., 98
Bulkeley, Bataillon: 85
Bulkeley, François Comte de: 74
Buoncompagni, Ugo: s. Papst Gregor XIII.
Bussche-Dragoner: 84
Byrd, William: 204

Caesar
— Gaius Iulius: 127, 130f.
— Gaius Iulius, Octavianus: s. Augustus
Calais: 32
Calenberg-Hannover: s. Braunschweig-Lüneburg
Campbell, Bataillon: 83
Campbell-Dragoons: 83
Campbell, Sir John: 125
Campe, Bataillon: 84
Cannae: 163
Cantlie, Sir Neil: 118
Capons de Boxadores, Ramos Chevalier: 79
Capua
— antik (= Santa Maria Capua Vetere): 163
— modern: 163
Carabiniers
— Regiment: 85
— Schwadronen: 85
Carl, Prinz: s. Lothringen
Carlyle, Thomas: 59, 229
Cartagena (Südamerika): 38
Carteret, John, Earl of Granville: 17, 29, 33, 55, 102f., 112, 162, 168, 172, 174, 219, 228
Celle: 217, 222
Chabo, Schwadronen: 85
Chabrillant, Schwadronen: 85
Chanclos, Regiment: 79
Chanclos de Rets-Brisulia, Carl Urban Graf: 83, 114
Chandos, Duke of: 205
Charost, Schwadronen: 85
Charteris, Evan: 218
Chartres, Bataillone: 85
Chartres, Louis-Philippe Duc de: 73, 89
Chérisey, Louis de: 73
Cherubime: 179f., 182
Chevreuse, Marie-Charles-Louis d'Albert de Luynes Duc de: 74
Chotusitz: 17
Clare, Bataillon: 85
Clausewitz, Carl von: 22
Clausthal: 149
Clayton, britischer General: 70, 100
Clermont, Prince, Schwadronen: 85
Clermont, Louis de Bourbon-Condé Comte de: 73
Clermont-Tonnere, Schwadronen: 85
Coldstream Guards: 83
Colonel général

— Brigade: 85
— Schwadronen: 85
Condé, Bataillone: 84
Cope, britischer General: 106
Cope-Dragoons: 83
Cornhill: 217, 227 f.
Corvol, Baron de: 230 f.
Courieres, Graf: 83
Crusen, H.: 225
Culloden (Moor): 106, 172
Cumberland, William Augustus Duke of: 44, 55, 59, 66, 70, 73, 100, 106, 168, 171 f., 176, 218, 235

Dänemark: 118, 160 f.
„Daily Mirror", The, London: 220, 228
„Daily Mirror", The, Sidney: 236
Damm: 78, 88, 90
Darenberg, F., Zeichner: 217, 227
Darmstadt: 216, 226, 231, 233
Dauphin
— Bataillone: 85
— Brigade: 85
Dauphine, Bataillon: 85
David: 204
Den Haag: 165, 219
Desing, Anselm: 109 f.
Dettingen: 7 f., 19, 22, 24 ff., 29, 31, 33, 36, 38, 42, 45 ff., 50-55, 58-62, 64-69, 71 ff., 76-80, 82, 85 ff., 90 ff., 94-104, 106-112, 114 f., 117 f., 121, 123, 125-129, 133-136, 140 ff., 144 f., 148, 151 ff., 155, 157 f., 160, 163-172, 175 ff., 203, 205, 209-245
Dettinger Anthem: 203 ff., 207 f.
Dettinger Te Deum: 177, 179-203, 207, 242, 244
Deutschland: 19, 23, 32, 42, 53, 64, 110 f., 119, 145, 177, 207, 214 f., 219, 221 f., 225 f., 230, 237, s. auch Reich
Dieburg: 89, 104
Dillon, Bataillon: 85
Dörnhof: 78
Dörnigheim: 45, 100, 102
Dörrmorsbach: 78
Dombes, Louis-Auguste de Bourbon Prince de: 73, 89
Donau: 14, 47, 67
Dragoon Guards: 233
Droysen, Johann Gustav: 29
Dresden: 21, 165, 215, 232, s. Verträge
Druchleben, General: 79
Duchhardt, Heinz: 22
Dünkirchen: 40
Düsseldorf: 236
Dunant, Henri: 220
Duplessis: 217
Duras, Emmanuel-Félicité Duc de: 74
Duroure, Bataillon: 83

Ebersbach: 78
Egmont
— Brigade: 85
— Schwadronen: 85
Eichel, August Friedrich: 161
Eichelsbacher, August: 212, 220
Elisabeth I.: s. England
Elsaß: 65
Emelé, Wilhelm: 220, 232
Endres, Johann Christoph: 105, 108
Engel: 182, 221
Engelhardische Erben: 221
England: 25, 33, 106, 203 ff., 208, 214 f., 217 f., 220, 227 f., 235, s. Großbritannien
— Könige bzw. Königinnen
— — Elisabeth I. Tudor: 33 f., 203 f.
— — Heinrich I.: 33
— — Heinrich VIII.: 147
— — Jakob II.: 33
— — Karl I.: 204
— — Karl II.: 203 ff.
— — Maria Tudor: 33 f.
— — Stephan von Blois: 33
— Prinzessin Maud: 33
Erlenbach: 78
Erthal
— Franz Ludwig Freiherr von: 92, 111
— Friedrich Carl Joseph Freiherr von: s. Mainz
— Philipp Christoph Freiherr von: 90, 92 f.
Esselbach: 106
Esterhazy
— Regiment: 44
— Schwadronen: 85
Esterhazy, Valentin de: 44
Eu
— Bataillone: 85
— Brigade: 85
Eu, Louis-Charles de Bourbon Comte d': 72 f., 99 f.
Eugen, Prinz: s. Savoyen
Europa: 9, 11 f., 14 f., 17, 22, 28, 30, 32, 111, 146, 160, 165, 177, 219
Everle: 82

Fechenheim: 114, 119, 126
Feldkahl: 78
Ferdinand I.: s. Kaiser
Fiedler, Johann Christian: 233
Finck von Finckenstein, Karl Wilhelm Graf: 160-163, 168, 172
Fitchett, W. H.: 229
Flandern: 17, 21, 40, 42, 66
Fleury, Schwadron: 85
Fleury
— André-Hercule de Rosset de Rocozel Marquis de: 72
— Hercule-André de: 9, 12, 30
Flörsheim: 126
Florenz: 208
Fontenoy: 21 f., 50, 53, 55, 57 f., 66, 86, 125, 170
Forchbach: 52 f., 71
Fortescue, Sir John W.: 24 f., 40, 217
Foto Alfen: 156
Foto-Samhaber: 211
France Royal, Bataillone: 85
Frank, Jakob: 221

Franke, Johann Heinrich Christian: 173
Franken: 213
Frankfurt am Main: 7, 14 f., 20, 43 f., 64, 87, 89, 98, 102, 104, 106, 108 f., 114, 116, 161 f., 172, 212, 214 f., 218, 220 ff., 228, 237 f., s. Verträge
Frankreich: 7, 9, 11 f., 14 f., 17, 19-23, 25, 29 f., 32 f., 38 ff., 42-45, 47, 50, 52 f., 55-59, 63-67, 70, 84, 86-90, 92-95, 98 ff., 102-106, 108, 110-114, 119, 121, 125, 127, 132, 134 ff., 140 f., 144, 146 ff., 150 f., 153-158, 160, 162-172, 203, 207, 212-227, 229-232, 235 f., 242 f.
— Kaiser
— — Napoléon I.: 23, 30, 38, 57, 65
— Könige
— — Ludwig XIV.: 27, 30, 33, 88, 146, 156
— — Ludwig XV.: 27 ff., 37, 40, 47, 50, 70, 72-75, 114, 168, 172, 230
— — Ludwig XVI.: 50
Französische Revolution: 32, 50, 55, 57, 65
Freiburg im Breisgau: 11
Freigericht: 92
Fridrich, Bernhard Gottlieb: 215
Friedberg: 111
Friedrich II., der Große: s. Preußen
Frohnhofen: 78
Fuchtmann, Zeichner: 216
Füssen: 21, s. Verträge

Gaisruck, Regiment: 79-82
Gaisruck, Franz Sigmund Graf von: 80, 82
Garde, Brigade: 71, 85
Gardes françaises: 50, 52, 57, 66, 104
Gee, britischer Oberstleutnant: 52
Gemmingen, Reinhard Freiherr von: 80
Generalstaaten: s. Niederlande
Genf: 116, 220, s. Verträge
Gent: 120
Georg I.: s. Großbritannien
Georg II.: s. Großbritannien
Georg III.: s. Großbritannien
Geyer, Friedrich Wilhelm: 214
Gießen: 111
Glab, Conradt: 142
Glattbach: 78, 141-144
Glatz (Grafschaft): 19, 157
Glogau: 12
Gluck, Christoph Willibald Ritter von: 208
Goethe, Johann Wolfgang von: 7 f., 40
Goldbach: 78
Gontaut, Charles-Antoine-Armand Marquis de: 72, 75
Goßmann, Jakob: 106
Gott (Sabaoth/Zebaoth): 179 f., 182 ff., 194, 203 ff., 207
Grammont = Gramont: s. d.
Gramont, Schwadronen: 85
Gramont
— Antoine Adrien Charles Comte de: 86, 170
— Louis Antoine Adrien: 43, 52, 55, 74, 84, 86, 103, 167, 170 f.
Gravenhage, s': s. Den Haag
Gregor XIII.: s. Papst
Gregorianischer Kalender: s. Kalender
Grenadier Guards: 83
Großbritannien: 14, 17, 19-22, 24 f., 28 ff., 32 f., 38 ff., 42-45, 47 f., 53, 56-59, 65 ff., 75, 83 f., 86-90, 92-95, 98 ff., 102-106, 108, 110-113, 119 f., 126 f., 132-135, 140 ff., 144 f., 148, 150 f., 153 ff., 158, 160 ff., 165-172, 176 ff., 203, 207 f., 213 ff., 217-220, 222-227, 230 ff., 235 f., 242 f.
— Könige bzw. Königin
— — Anna Stuart: 32, 34
— — Georg I.: 32
— — Georg II.: 18 f., 25, 28 f., 39, 42-45, 47, 50, 52, 58 f., 62, 66 f., 69 f., 82 ff., 87 ff., 100, 102 f., 105 f., 108, 110-113, 118, 123, 133, 135, 140, 145, 147 f., 150-156, 158, 160-169, 171 f., 174-178, 203, 205, 207 f., 213 ff., 217-220, 222 f., 225-228, 230-233, 235 f.
— — Georg III.: 147
Groß-Gerau: 43
Großostheim: 90
Großwelzheim: 62, 71, 73, 95
Groth, le, Zeichner: 232
Grünmorsbach: 78
Grumbkow, Friedrich Wilhelm von: 28
Guastalla: 103
Guiterez Marquese de los Rios, Don Francesco de: 83
Gumbel, Conradt: 142
Gurlt, Ernst Friedrich: 220

Habsburg (Fürstenhaus): 9, 11 f., 14 f., 34 f., 37, 39, 52, 134, 156 f., 162
Händel, Georg Friedrich: 8, 108, 177, 179-185, 194, 203, 205-208, 242, 244
Haesling, Daniel: 151 f., 156
Hafenlohr: 106
Hahnenkamm: 47
Haibach: 78, s. Dörnhof
Hainaut, Bataillon: 85
Hamburg: 152, 215
Hammerstein-Kürassiere: 84
Hanau
— Grafschaft: 105, 172
— Stadt: 42 f., 47, 50, 63, 65, 67, 70, 73, 75, 79, 88 ff., 100, 102, 105, 108, 110 f., 113, 118, 163, 166, 168 f., 172, 213 f., 219, 222, 227, 243
Handasyd, Bataillon: 83
Handrick, Wolfgang: 25
Hanfstaengl, Franz: 220
Hannibal: 163
Hannibal, Martin: 148 ff., 156
Hannover
— Fürstenhaus: 32 f., s. Braunschweig-Lüneburg
— Stadt: 43, 152, 160 ff., 216
Harcourt, Schwadronen: 85
Harcourt
— Anne-Pierre d': 170
— François Duc d': 72, 75, 86, 99 f., 167, 170 f.
Harz: 147, 149
Haslang, Joseph Xaver Freiherr von: 87 ff., 94, 98

Hassencamp, Johann Matthäus: 111
Haus des Königs bzw. Königliches Haus: s. Maison du Roi
Haus Neuerburg: 220
Hawley-Dragoons: 83
Hawley, Henry: 62
Heidelberg: 43
Heiliger Geist: 182 f.
Heinrich VIII.: s. England
Heinrichsthal: 142, 144
Heister, Regiment: 67, 79-82
Heister, Albert Graf: 83
Helmold, W. von, Verfasser: 226
Hengel, R. v., Zeichner: 226
Hennersdorf: 21
Herder, B., Verleger: 216
Hesse, Heinz-Otto: 211
Hessen-Darmstadt, Ludwig VIII. Landgraf von: 233
Hessen-Kassel: 17, 20, 39 f., 42, 50, 63, 65, 67, 75, 79, 88, 105, 111, 166, 172, 225
— Friedrich Landgraf von: s. Schweden
— Georg Prinz von: 79
— Wilhelm VIII. Landgraf von: 20, 39, 43 f., 168, 172
Heün, Michel: 142
Heuer-Kretschmer, Dorothea: 98
Hochkirch: 64
Hodgson, B. B.: 235
Höchst: 43, 120, 135, 165
Hörstein: 45, 62, 92
Hösbach: 78
Hohenfriedberg: 21, 56, 64
Holdernese, Earl of: 235
Holland: s. Niederlande
Homann, Verlag: 215
Honeywood-Curassiers: 83
Horse Grenadier Guards: 83
Horse Guards: 121
Howard, Bataillon: 83
Hunt, W., Herausgeber: 218
Husaren: 38, 45, 64
Huske, Batallion: 83
Hutter, Philippe Henry: 215, 222

Iglau: 17
Ilten, Thomas Eberhard von 56, 84
Indien: 32, 66
Innerösterreich: 11
Iren, Brigade: 85
Irland: 64, 88, 133, 148, 150 f., 158
Italien: 9, 11 f., 17, 88, 145, 163, 204, 207 f.

Jeremias: 154
Jessel, Mordge: 62
Jesus Christus: 179 f., 182 f.
Johannesberg: 45, 64, 78, 136, 140 f.
— Amt: 78
Johnson, Bataillon: 83
Jordan, Charles Etienne: 27
Joseph I., Kaiser: s. Kaiser
Joseph II., Erzherzog bzw. Kaiser: s. Kaiser
Jourdrinier, P.: 217
Julianischer Kalender: s. Kalender
Jung-Arenberg, Regiment: 79, 82
Jung-Spörcken, Bataillon: 84
Jung-Wolfenbüttel, Regiment: 79 f.

Kahl
— Fluß: 213
— Ort: 45, 90, 92, 103, 140
Kaiser, römisch-deutsche: 34, 94, 98, 146, 162, 168, 174, 213
— Ferdinand I.: 11, 35
— Franz I.: 7, 15, 21, 64, 134, 147, 160 f., 168 f., 174
— Joseph I.: 9, 11, 34 f.
— Joseph II.: 24, 109, 132
— Karl V.: 35
— Karl VI.: 9, 33 ff., 37, 215
— Karl VII.: 7, 11 f., 14-17, 19 ff., 28 f., 35, 39, 43, 65, 87, 94, 98, 102, 109 f., 147, 153, 156, 160, 162 f., 168, 172, 174, 218, 229
Kalender
— Altrömischer: 130
— Gregorianischer: 131 ff., 155
— Julianischer: 127, 130 f., 133, 155
— Verbesserter: 132
— Verbesserter Reichs-: 132
Kanada: 53, 66
Karl I.: s. England
Karl II.: s. England
Karl II.: s. Spanien
Karl VI.: s. Kaiser
Karl VII.: s. Kaiser
Karl Albrecht: s. Bayern
Karlsruhe: 216
Karlstein: 238, 244
— Geschichtsverein: 222, 225, 229 f., 232 f., 245
— Heimatmuseum: 155, 237 ff., 242
Karlstein-Dettingen: 141, s. Dettingen
Karolinger (Fürstenhaus): 130
Karthago: 163
Kauffmann, Zeichner: 225
Kausler, Fr. von, Herausgeber: 216
Kay: 66
Keilberg: 78
Keith, James: 64
Kellstadt: s. Kesselstadt
Kelsterbach: 43
Kendall, britischer Soldat: 228
Kesselsdorf: 21
Kesselstadt: 105
Khevenhüller, Ludwig Andreas Graf von: 17, 109
Kinsky, Graf: 27
Kintzig: 73
Kirche: 177, 182 f., 203
Kirsch-Verlag: 209
Kleinostheim: 44, 50, 55, 57, 78, 90, 95, 136, 141, 214
— Kapelle St. Christoph: 50
Kleinschnellendorf, Schloß: 15, s. Verträge
Kleinwallstadt: 92
Klopp, Onno: 29

Köhler, Karl: 112
Köln
— Erzstift: 14, 20
— Stadt: 220
Königliches Haus: s. Maison du Roi
Königsberg: 154
Königsegg-Rothenfels, Joseph Lothar Graf von: 103
Kolin: 58, 64
Kopenhagen: 161
Koser, Reinhold: 29
Kraus, L. J., Zeichner: 215
Krefeld: 55
Kriege
— Achtzigjähriger Krieg: 146
— Bayerischer Erbfolgekrieg: 65
— Deutsch-Französischer Krieg: 119, 125
— Dreißigjähriger Krieg: 23, 33, 244
— Erster Schlesischer Krieg: 19, 157, 165, 170
— Erster Weltkrieg: 29, 244
— Jülisch-Bergischer Erbfolgestreit: 37
— Kreuzzüge: 32
— Nordischer Krieg: 9
— Österreichischer Erbfolgekrieg: 7 ff., 22 ff., 28 ff., 37, 39, 66, 135, 140, 147, 157, 210, 216
— Polnischer Thronfolgekrieg: 9, 32 ff.
— Siebenjähriger Krieg: 23, 28, 39, 58, 65 f., 220
— Spanischer Erbfolgekrieg: 9, 11, 30, 39 f.
— Türkenkriege: 11, 146
— Zweiter Punischer Krieg: 162
— Zweiter Schlesischer Krieg: 20 f., 157, 165
— Zweiter Weltkrieg: 23, 29, 113, 119, 244
Krieger, Gottfried Friederich: 215
Kunersdorf: 28, 66
Kurbayern: s. Bayern
Kurhannover: s. Braunschweig-Lüneburg
Kurköln: s. Köln, Erzstift
Kurmainz: s. Mainz, Erzstift
Kurpfalz: s. Pfalz
Kursachsen: s. Sachsen
Kurstaat: s. Mainz, Erzstift

L., B., Zeichner: 215
Lacy, Franz Moriz Graf: 64
Lafeldt: 66
Lahn: 42
Lamont-Houdancourt, Monsieur de: 73
Landau: 82, 110
Langenbeck, Konrad Johann Martin: 124 f.
Larrey, Jean Dominique: 124
Leipzig: 220, 232
Lenclume, Paul: 218
Le Rouge: 229
Liébault, Maler: 218
Life Guards: 83
Ligne
— Claude, Regiment: 79-82
— Ferdinand, Regiment: 79-82
Ligne
— Claudius Lamoral Fürst von: 80, 83
— Ferdinand Prinz von: 80, 83
Ligonier, John: 43, 235
Ligonier-Curassiers: 83
Limburg-Styrum
— Regiment: 167, 170 f.
— Schwadron: 79-82
Limburg-Styrum, Otto Graf von: 83
Lindenfels, österreichischer Oberstleutnant: 80
Lindig: 141
Linlithgow, Marquess of: 235
Linz: 14, 17, 20, 67, 70, 109
Lobkowitz, Johann Georg Prinz von: 94 f.
Lobositz: 58
Lodge, Sir Richard: 111
Löwenstern, Ludwig Christian von: 233 f.
Lohr: 92, 105
London: 33, 42, 87 ff., 94, 98, 156, 177, 181, 206, 208, 217, 220, 227 ff., 235 f.
— British Museum: 156
— St. James: 177, 203
— Westminster Abbey: 206
London Magazine, The: 229
Lorges, Louis de Durfort-Duras Comte de: 74
Los Rios, Regiment: 79-82
Los Rios de Guitterez, Franz Marchese: 79
Lothringen: 20, 33, 160 f.
— Franz Stephan Herzog von: s. Kaiser Franz I.
— Karl Prinz bzw. Herzog von: 17, 65, 109
Lothringen-Habsburg (Fürstenhaus): 15
Ludwig XIV.: s. Frankreich
Ludwig XV.: s. Frankreich
Lüneburg-Celle: s. Braunschweig-Lüneburg
Lukas, Evangelist: 121
Lully, Jean Baptiste: 207
Luttanges, französischer Generalleutnant: 74
Luxembourg, Charles-François-Frédéric de Montmorency Duc de: 74, 95, 103
Luxemburg: 80

Madrid: 9
Mähren: 11, 17
Märtyrer: 182 f.
Mahon, Lord: 40
Mailand
— Herzogtum: 11
— Stadt: 21
Mailly, Schwadronen: 85
Main: 40, 42 ff., 47, 50, 52, 57, 59, 64, 67, 70 ff., 84, 87-90, 93 f., 98 ff., 102-105, 110, 113 f., 126, 134, 140, 148, 165-171, 213 ff., 217, 219, 221, 225 f., 232, 235
Mainaschaff: 78, 90, 136
Mainflingen: 95
Mainz
— Erzstift: 44, 87-90, 92 f., 95, 103-106, 135, 140 f., 213
— — Erzbischöfe und Kurfürsten
— — — Friedrich Carl Joseph Freiherr von Erthal: 92
— — — Johann Friedrich Carl Graf von Ostein: 44, 64, 87 f., 90, 92 ff., 103 f., 106, 108 f., 135 f.
— — — Philipp Carl von Eltz: 89
— Stadt: 42, 44, 87-90, 92 ff., 98, 104, 106, 108 f.

Maison du Roi: 55 f., 62, 67, 70, 73, 85, 95, 98, 100, 103, 167, 170 f., 235
Malbez, Chevalier de: 218
Mallebois, Jean Marquis de: 40
Mallet, St. Halaire: 219
Malowetz, Ignaz Freiherr von: 80
Malplaquet: 30
Mann, Thomas: 29
Marburg: 111, 221, 226
Marche, la, Bataillon: 85
Marcus Aurelius: s. Römisches Reich
Maria Theresia: s. Ungarn
Marine
— Bataillone: 85
— Brigade: 85
Marlborough, John Churchill Duke of: 40, 55
Mars: 148
Marschowitz: 20
Mathai, Peter: 93, 109
Maud: s. England
Max III. Joseph: s. Bayern
Maxen: 66
Mehrerer, David: 213
Menzel, Johann Daniel von: 45
Merget, mainzischer Hofkammerrat: 93, 98, 103
Merseburg: 216
„Messias", Der: 208
Mestre de Camp
— Brigade: 85
— Schwadronen: 85
Middachten, Bataillon: 84
Milner, Ernst von: 80
Miltenberg: 85
Minden: 53, 55
Minerva: 148
Mittelrhein: 110
Mömbris: 45, 78, 106
Mollwitz: 12, 37, 82
Momeau, Verlag: 218
Monroy, Bataillon: 84
Mons: 79 f., 82
Montal, Charles-Louis de Montsaulnin Comte du: 74
Montigny-Kürassiere: 84
Montmart, Bataillon: 85
Mosbach, Franz Rudolf: 104 ff., 108 f.
Moskau: 38
Mozart, Wolfgang Amadeus: 205
Müller, Johann Sebastian: 214
München: 7, 17, 21, 216, 220, 232

Namur: 83
Napoleon I.: s. Frankreich
Navarre
— Bataillone: 85
— Brigade: 85
Neapel, Königreich: 14
Neckar: 42
Neipperg, Wilhelm Reinhard Graf von: 40, 43, 47, 55, 67, 82, 88, 167-171
Neuruppin: 158
Neu-Wallonien, Regiment: 81 ff., s. Arberg
Neuwied: 126
Newcastle, Duke of: 219, 227
Nicaea, Konzil: 131
Nice, Bataillon: 85
Nied (Frankfurt-): 120
Niederlande (spanische bzw. österreichische): s. Österreichische Niederlande
Niederlande, Vereinigte (Generalstaaten): 14, 21, 30, 39 f., 44, 66, 146, 172, 219, 225
Niederrhein, Landschaft: 17
Niederschönenfeld: 109, s. Verträge
Nikolsburg: 17
Nilkheimer Hof: s. Aschaffenburg
Nivernais, Bataillone: 85
Noailles
— Bataillone: 85
— Brigade: 71, 85
— Schwadronen: 85
Noailles
— Adrien Maurice Duc de: 19, 42 f., 47, 49, 52 f., 55, 58 f., 63, 65, 70-75, 86, 89, 93 ff., 98 ff., 102 ff., 106, 110 ff., 114, 134, 158, 164, 166-169, 171 f., 213 f., 218 ff., 226 f., 232
— Philippe Comte de: 74, 86
Norditalien: 21
Nürnberg: 94 f., 213 ff.
Nulandt, Frédéric Louis: 216

Oberbessenbach: 78
Obernau: 78, 92, 136, 139, 215
Oberösterreich: 14, 17
Oberpfalz: 42
Oberrhein: 110, 214
O'Connor, Daniel: 80
O'Donel: s. O'Donnell
O'Donnell, Karl Graf: 52, 70
Österreich: 9, 11 f., 14 f., 17, 19-25, 28 ff., 33, 35, 37 f., 40, 42 f., 45, 47, 50, 52 f., 56 f., 64 ff., 78 f., 81 f., 84, 86, 88, 90, 94, 98 ff., 102 f., 105 f., 108, 110, 126 f., 134 f., 140, 147, 157 f., 160 f., 166-171, 174, 203, 213-216, 222-225
— Erzherzoginnen
— — Anna: 11
— — Maria Amalie: 11, 35
— — Maria Josepha: 11, 35
Österreichische Niederlande: 9, 11 f., 19, 21, 39, 42, 79 f., 88 f., 126, 215
O'Nelly, Regiment: 80
Onslow, Bataillon: 83
Orléans
— Bataillone: 84
— Brigade: 84
Orr, Michael: 25
Osmanisches Reich: s. Türkei
Osnabrück: 227
Ostein: s. Mainz, Erzstift
Ostende: 40
Ostertag, Heinrich Jonas: 214
Osthofen: 126
Ostindien: 28
Ottens
— Josua: 219

— Reinier: 219
Oudenarde: 59
Overstolz, Kölner Bürgermeister: 220

Panduren: 38, 45, 64
Pano, J., Kupferstecher: 217, 227
Papst
— Clemens VII.: 147
— Gregor XIII.: 131
Paris: 40, 50, 52, 57, 89, 123, 165, 218 f., 236, s. Verträge
Parma: 103
Parther: 148
Passau: 14
Paumy d'Argenson, Marquis de: 219
Payne, Harry: 232
Pecquiny, Michel Ferdinand d'Alberg d'Ally Duc de: 74, 114
Penthierre: s. Penthièvre
Penthièvre
— Bataillone: 85
— Schwadronen: 85
Penthièvre, Louis-Jean-Marie de Bourbon Duc de: 73 f., 89
Pergay, Theodor: 216
Perrier, Kupferstichverkäufer: 218
Pesne, Antoine: 159
Peters, Verlag: 182
Petit, Jean Louis: 123
Pfaffenhofen: 21
Pfalz (Rheinpfalz): 17, 20, 37
Pfungstadt: 43
Philipp V.: s. Spanien
Picard, Alphonse: 218
Pier, Bataillon: 83
Piémont
— Bataillone: 85
— Brigade: 85
Pitt, William: 33, 39, 65
Podewils, Heinrich Graf von: 160 f.
Polen: 9
— König Friedrich August III.: 9, 35, s. Sachsen
Poncelin, Kartenzeichner: 218
Ponsonby, Bataillon: 83
Pontpietin-Dragoner: 84
Poole, R. L., Herausgeber: 218
Potsdam: 164, 173
Prag: 14 f., 19 f., 38, 53, 58
Pragmatische Armee: 19, 33, 37, 40, 42, 44 f., 47, 50, 52 f., 55 f., 62 ff., 67, 79, 86-89, 94, 104, 134 ff., 142, 145, 147 f., 158, 163 ff., 226, 235
Pragmatische Sanktion: 9, 11, 21, 33 ff., 37, 147, 243
Preßburg: 17
Preußen: 12, 14 f., 17, 19 ff., 23, 29 f., 37, 39 f., 64, 66, 154, 157 f., 160 f., 163 f., 168, 172, 174 f.
— Könige
— — Friedrich II., der Große: 11-15, 17, 20 f., 23, 25, 27-30, 32-35, 37 f., 42, 47, 58, 65 f., 157-165, 168, 171-176, 220, 229
— — Friedrich Wilhelm I.: 12, 37
Prié, Regiment: 79-82
Prié Turinetti Marquis de Pancaliere, Johann Anton: 80, 83
Pringle, John: 118, 120
Puchrucker, Carl von: 80
Pulteney, Bataillon: 83
Purcell, Henry: 204
Puritaner: 204
Propheten: 204
Puységur, Jacques-François-Maxime de Chastenet (ab August 1743: Marquis) de: 74

Quastalla: s. Guastalla
Quebec: 53

Ranby, John: 123
Ranke, Leopold von: 29, 88, 94, 104
Reich, Heiliges Römisches, Deutscher Nation: 11, 15, 17, 20 ff., 27, 29, 32, 34, 38, 87 f., 93, 127, 130-133, 135, 153, 155, 158, 160 ff., 168, 174, 227
Reigersberg, Leopold Josef Freiherr von: 93 ff., 103 f., 106
Regensburg: 11, 70, 215, s. Verträge
Reine, la, Schwadronen: 85
Reinhardt, Andreas, d. J.: 109, 212, 214 f., 222
Rhein: 19, 42, 63, 105, 111, 140, 166, 225, s. Mittelrhein, Oberrhein
Rhein-Main-Gebiet: 42
Rheinsberg (Ort und Schloß): 157, 160, 163
Richardson, britischer Kornett: 233
Rich-Dragoons: 83
Richelieu, Louis-François-Armand du Plessis Duc de: 25, 74
Riegel, Christoph: 213, 215
Rinteln: 111
Rochechouart, Louis de, Duc De Mortemart: 72, 99 f.
Rochoart: s. Rochechouart
Rocoux: 66
Rohan
— Bataillone: 85
— Brigade: 85
Roi
— Bataillone: 85
— Brigade: 85
— Schwadronen: 85
Römisches Reich: 145, 162
— Kaiser Marcus Aurelius: 148
Rom: 127, 145, 162
Roßbach: 22, 55 f.
Rotes Kreuz: 113, 220
Rothenburg, Friedrich Rudolf Graf von: 163 f., 176
Rothenfels: 106
Royal Cravattes, Schwadronen: 85
Royal Horse Guards: 83
Royal Marine, Bataillon: 84
Royal Pologne
— Brigade: 85
— Schwadronen: 85
Rußland: 14, 20, 34, 64, 160 f.

Sachsen, Moritz Graf von: 55, 66, 229
Sachsen: 9, 11, 14 f., 17, 19 ff., 29, 35, 37, 87, 160 f.
— Herzog und Kurfürst Friedrich August II.: 9, 15, 35
Saint-André, Monsieur de: 73
Salisches Recht: 33
Salm, Regiment: 79-82, 108
Salm-Salm-Hoogstraaten, Nikolaus Leopold Rheingraf Fürst von: 55, 57, 79 f., 82
Samariter, Barmherziger: 121
Sandhurst: 25, 235
Sankt Pölten: 14
Santayana, George: 7
Sardinien: 20, 103
Sauer
— Hans Michel: 142
— Michel: 142
Savoyen: 17, 21
— Eugen Prinz von: 28, 37, 55
Schiller, Friedrich von: 29
Schimborn: 78
Schirmer, Christian: 153 f., 156
Schlesien: 11 f., 19 ff., 33 f., 37 f., 66, 157
Schmettau, Samuel Graf von: 164
Schneidawind, Franz Joseph Adolph: 216
Schneidt, Gottfried Christian von: 90, 92 f., 105
Schönborn
— Joseph Franz Bonaventura Graf von: 44, 87, 93, 104, 108, 135 f.
— Rudolf Franz Erwein Graf von: 104, 108
Schottland: 64, 106, 162, 171, 235
Schuhmacher, C. F., Graveur: 216
Schulenburg, Bataillon: 84
Schultzen-Kürassiere: 84
Schwanheim (Frankfurt-): 43
Schweden: 14, 39, 152, 168, 172
— König Friedrich I.: 39, 168, 172
Schweinheim: 78
Schweizer Garde: 50, 85 f.
Scots Greys: 83
Scots Guards: 83
Seckendorff, Friedrich Heinrich Reichsgraf von: 20, 65, 109
Ségur, Henri-François Comte de: 74, 114
Seidel, L. W., & Sohn, Verlag: 216
Seligenstadt: 50, 52, 63, 70 f., 84, 87, 92-95, 98 f., 103 f., 108, 110, 215, 219, 223, 226 f., 232
„Semele“: 207
Seraphime: 179 f., 182
Seydlitz, Friedrich Wilhelm von: 56
Shiga, Kiyoshi: 118
Sillehouette, Seigneur de: 112
Sindlingen: 43
Smith, Adam: 30
Soden: 78
Soldier. The British Army Magazine: 233
Sommerfeld, Bataillon: 84
Soor: 21
Sourbiron, Bataillon: 84
Soubise, Prinz von: 74, 95, 103
Sowle, Bataillon: 83
Spalart, S. R., Zeichner: 217
Spanien: 9, 11 f., 14, 17, 30, 34, 38, 58, 83, 146
— Könige
— — Karl II.: 9
— — Philipp V.: 9, 12
Speiermann, S. H., Zeichner: 222
Spessart: 57, 59, 64, 89, 105, 108, 142, 144, 166 f., 169
„Spessart“: 212 ff., 220
Speyer: 43, 89, 110
Spörcken, Bataillon: 84
Spörcken, August Friedrich Freiherr von: 84
Stadelmann, Gustav: 7, 25, 209 ff., 219 ff., 227 f., 230, 245
Stair, John Dalrymple Earl of: 25, 40, 42 ff., 47, 55, 59, 63, 88 ff., 94 f., 100, 102, 112 ff., 118, 165 f., 168, 172, 217, 220
Stair-Dragoons: 83
Steiermark: 11
Steinbach: 78
Steiner, Johann Wilhelm Christian: 24, 165, 216
Steinheim: 73, 100, 102
Stephan von Blois: s. England
Sternberg: 59
Stettin: 160, 163 f.
Stövesandt, Johann Christoph: 226
Strasbourg: s. Straßburg
Straßbessenbach: 78
Straßburg: 218
Stockholm: 152
Stockstadt: 50, 90, 93
Struensee, Johann Friedrich: 118
Stuart, Fürstenhaus: 32 f.
— Prince Charles Edward: 106, 172
Styrum: s. Limburg-Styrum
Südamerika: 38
Sulzbach: 78
Sydney: 235

Talleyrand, Schwadronen: 85
Talmont, Prinz von: 74
Teil, J. du, Herausgeber: 218
Thieme, Ulrich: 232
Thompson, C. W., Autor: 229, 235
Tibs, T., Medailleur: 154 ff.
Tingry, Charles François Christian de Montmorency Prince de: 74
Tirol: 11
Toskana: 11, 161
Touraine
— Bataillone: 85
— Brigade: 57, 85
Townshend, George Marquess: 217
Traun, Otto Ferdinand Graf von Abensberg und: 64, 66
Trebur: 43
Treitschke, Heinrich von: 29
Trenck, Franz Freiherr von: 45
Trier, Erzstift: 130
Trijsz, A., Kupferstecher: 218
Tuck, Raphael, and Son: 233
Türkei: 28, 146, 169

Ungarn: 9, 11, 17, 27, 38, 108 ff., 134, 160 f., 168, 174, 213 ff., 217 ff., 222, 224, 229, 232
— Königin Maria Theresia: 7, 9-12, 14 f., 17, 19 ff., 27 ff., 35, 38, 67, 93, 109 f., 134, 160 f., 168, 174, 218 f., 229
Unterafferbach: 78
Unterfranken: 216, 244
Untermain(gebiet): 73, 88 f., 100, 102

Vallière, Monsieur de: 72
Vauban, Sébastian Le Prestre de: 40
Versailles: 12, 33
Verträge
— Frieden von Aachen (1748): 7, 21, 64
— Frieden von Belgrad (1739): 169
— Frieden von Berlin (1742): 19, 157
— Präliminarfrieden von Breslau (1742): 17, 19, 38, 157
— Frieden von Dresden (1745): 21, 215
— Frankfurter Vertrag (1741): 14
— Vertrag von Frankfurt/Frankfurter Kartell (1743): 63, 114, 116, 172, 220
— Frankfurter Union (1744): 20
— Frieden von Füssen (1745): 21
— Genfer Konvention (1864): 116, 220
— Waffenstillstand von Kleinschnellendorf (1741): 15
— Vertrag von Niederschönenfeld (1744): 109
— Pariser Allianzvertrag (1744): 20
— Regensburger Vertrag (1546): 11
— Wormser Traktat (1743): 19 f.
Vexin, Bataillon: 84
Villars, Louis Duc de: 27
Villeroi, Schwadronen: 85
Vintimille, Schwadronen: 85
Vogue, Schwadronen: 85
Voltaire (François Marie Arouet): 15, 25, 27 f., 82, 163, 175
Volz, Gustav Berthold: 220
Vorderösterreich: 11

Waldegrave, James Earl of: 59
Walldürn: 44
Wallenstein, Albrecht von: 29
Wallonen: 53
Walpole, Robert: 17, 30
Waterloo: 22, 58
Weelkes, Thomas: 204
Weigel, Christoph: 214 f.
Weis, Kupferstecher: 218
Welfen (Fürstenhaus): s. Braunschweig-Lüneburg
Wellington, Arthur Wellesley Duke of: 22, 45
Wendt-Dragoner: 84
Wenighösbach: 78
Wenner, H. Th., Antiquar: 227
Westenrieder, Lorenz von: 110
Westfalen: 40
Whigs: 88
Wien: 9, 12, 14, 17, 24, 38, 82, 109, 216, 227, 232 f.
Wildenstein, Johann Georg Freiherr von: 87 f., 90, 93
Wilkinson, Robert: 217
Wittelsbach (Fürstenhaus): 14 f., 162
Wolf, Otto: 219
Wolfe, James: 53
Wolfenbüttel, Regiment: 80 ff.
Wolfenbüttel: s. Braunschweig-Wolfenbüttel
Wolfsgarten, Schloß: 233
Wolga: 119
Woodvile, R. Caton: 220, 228
Wootton, John: 233, 235
Worms: 19 f., 63, 89, 104, 126
Wrangel, Bataillon: 84
Wrede-Kürassiere: 84
Würzburg: 47, 67, 111

Zahn, Hanns: 92
Zastrow, Bataillon: 84
Zellerfeld (Clausthal-): 149
Znaim: 17
Zwingenberg: 63

H.-B. S.

Klein Ostheim
17
20
2
1
20